Religião

Liberdade

Violência

# Pensando
# Bem ...
um olhar original a respeito de

Educação

Ciência

História

Comportamento

Política

Consulte nosso catálogo completo e últimos lançamentos em **www.editoracontexto.com.br**.

# Hélio Schwartsman

Religião

Liberdade

Violência

## Pensando Bem ...
um olhar original a respeito de

Educação

História

Ciência

Comportamento

Política

editora contexto

*Capa*
Thomás Coutinho

*Imagem da capa*
©Mousemd / Dreamstime.com

*Diagramação*
Gustavo S. Vilas Boas

*Edição de textos*
Carla Bassanezi Pinsky

*Revisão*
Lilian Aquino

Dados Internacionais de Catalogação na Publicação (CIP)
Vagner Rodolfo CRB-8/9410

S399p    Schwartsman, Hélio, 1965-

Pensando bem... um olhar original a respeito
de liberdade, religião, história, política, violência,
comportamento, educação, ciência / Hélio Schwartsman. –
São Paulo : Editora Contexto, 2016.
304 p.

ISBN: 978-85-7244-966-3

1. Política.  2. Cultura.  3. História.  4. Jornalismo.
5. Ciência.  I. Título.

2016-117

CDD 300
CDU 3

Índices para catálogo sistemático:
1. Ciências Sociais 300
2. Ciências Sociais 3

2016

Editora Contexto
Diretor editorial: *Jaime Pinsky*
Rua Dr. José Elias, 520 – Alto da Lapa
05083-030 – São Paulo – SP
PABX: (11) 3832 5838
contexto@editoracontexto.com.br
www.editoracontexto.com.br

A Marcos Schwartsman,
*in memoriam*

# Sumário

# Introdução

"Para todo problema complexo existe uma solução clara, simples e errada." A frase do jornalista norte-americano H. L. Mencken (1880-1956) vem bem a calhar num mundo que parece tornar-se a cada dia mais polarizado. A polarização, como se sabe, exacerba os raciocínios ideológicos, cuja marca é justamente oferecer soluções claras e simples para nossos problemas. A dificuldade é que problemas complexos frequentemente exigem abordagens complexas, o que torna necessariamente erradas as supostas soluções simples oferecidas pelo pensamento ideológico.

Se há uma fórmula geral para tratar problemas, ela passa pelo reconhecimento de que eles podem ser complexos, exigindo respostas complexas. É possível até mesmo que não comportem uma solução, hipótese em que, se tomarmos atitudes para lidar com eles, devemos estar cientes de que o resultado será, no melhor dos casos, só parcialmente satisfatório.

Há vantagens nesse caminho menos cômodo de aceitar a complexidade. A mais óbvia delas é que nos tornamos menos vulneráveis aos charmes da ideologia. E os pensamentos de manada prescritos pela ideologia de esquerda ou de direita, ainda que ofereçam conforto intelectual e possam eventualmente dar respostas corretas a uma ou outra questão específica, mais cegam do que nos fazem ver. Nenhuma teoria é tão boa que produza soluções antes mesmo de o problema ter sido formulado.

É munido desse espírito que tento escrever minhas colunas para a *Folha de S.Paulo*. É munido desse espírito que, a convite da Editora

Contexto, agora reúno algumas delas neste livro. A ideia foi selecionar textos pouco datados e, ao mesmo tempo, recentes. Dividi o livro em oito capítulos, que contemplam temas recorrentes para mim (liberdade, religião, história, política, violência, comportamento, educação e ciência).

Há alguns textos que caberiam em mais de um capítulo. Afinal, os temas não são estanques e conversam entre si. Mas essa divisão ajuda o leitor a acompanhar minha linha de raciocínio em áreas estratégicas. A obra pode ser lida a partir de qualquer ponto, mas se seguir a ordem proposta, o leitor poderá entender, de forma sistemática, a minha visão geral sobre essas questões.

Agradeço a Carla Bassanezi Pinsky e ao pessoal da Contexto pela laboriosa tarefa de encontrar os melhores textos em meio a um mar de tinta.

Bem-vindos e bom proveito!

# LIBERDADE

A liberdade é mais do que um impulso coletivo ou desejo individual. Ela também tem valor instrumental. Ao possibilitar que diferentes pessoas se dediquem a seus interesses da forma que melhor lhes aprouver e obtenham ganhos diferenciados por isso, a liberdade revelou-se um formidável propulsor da inventividade, que está na base do incrível progresso material e, por que não dizer, moral que a humanidade experimentou nos últimos 300 anos. A seguir, algumas reflexões sobre o tema.

# O NOVO MORALISMO

Dizem que a prostituição é a profissão mais antiga do mundo. Pode ser, mas séculos e séculos de tradição não garantem que a atividade seja bem-aceita. A pretexto de combater o tráfico de mulheres, algumas feministas, agências governamentais de vários países e a própria ONU promovem uma verdadeira campanha contra o meretrício.

É claro que o tráfico é uma realidade que precisa ser reprimida. Existem mulheres e até alguns homens que, levados para outros países, são mantidos em condições de semiescravidão e forçados a pagar dívidas com sexo. Mas também há pessoas que, diante da escolha entre trabalhar de sol a sol numa função aborrecida e mal remunerada ou fazer alguns programas por semana, optam pela segunda alternativa.

Se essa é uma decisão livre, ou melhor, se não envolve mais coação do que a presente nas motivações do trabalhador com carteira assinada que oferece um terço de seu dia ao patrão, não vejo como condená-la sem recorrer a um moralismo extemporâneo e injustificável.

O problema é que as definições legais utilizadas para combater o tráfico, notadamente o Protocolo de Palermo, são amplas demais, abarcando tanto as situações de abuso como a prostituição legítima. Nos países civilizados, como Holanda, Alemanha, Suíça e Nova Zelândia, essa atividade é perfeitamente legal e está regulamentada. Michês de ambos os sexos e seus intermediários pagam taxas e impostos, têm direito aos benefícios sociais oferecidos a todos os trabalhadores e podem anunciar livremente os seus serviços.

Lamentavelmente, parte das feministas e dos militantes de direitos humanos já não se contenta em defender o direito das pessoas tomarem suas próprias decisões, preferindo dizer também como elas devem viver suas vidas. É a volta do moralismo, agora com ares de beneficência.

# A ÉTICA COMO MEIO

A ética é um meio, e não um fim em si mesmo, disse um político acusado de corrupção. Vale explorar mais a afirmação.

Num sentido muito trivial, ela está correta. Exceto por alguns kantianos patológicos, ninguém sustenta que a ética é a meta final da humanidade. As pessoas costumam escolher outros objetivos para dar significado às suas existências, como a salvação, no caso de religiosos, ou apenas viver uma boa vida, como preferimos os incréus.

É preciso, porém, cautela ao reduzir a ética a um instrumento. Mesmo filósofos consequencialistas, que utilizam resultados práticos, e não princípios abstratos, como critério para julgar escolhas, vêm se tornando cada vez mais cuidadosos. Em suas formulações mais modernas, éticas consequencialistas já não sustentam que o indivíduo deve decidir cada um de seus atos avaliando os resultados esperados. Além de jamais termos acesso a todas as informações relevantes para fazer as contas, somos preguiçosos demais para nos engajar em reflexões complexas diante de escolhas às vezes banais.

É por isso que ganhou espaço o chamado consequencialismo das regras. Em vez de calcular o resultado de cada ação, nós o fazemos em relação a regras. Em vez de elucubrar se, assassinando um notório criminoso, produzirei bem-estar para o mundo, devo me perguntar se a adesão à norma "não matarás" resulta em maior ou menor felicidade geral, devendo assim ser acatada ou rejeitada.

O bacana no consequencialismo de regras é que ele reduz um pouco o vale-tudo das formas mais clássicas, conservando o pé na terra que éticas principistas muitas vezes ignoram.

A ética pode ser meio, mas é um muito especial, que precisa ser tratado com cuidado para não conspurcar os próprios fins aos quais serviria de instrumento.

# ÀS FAVAS COM A AUTONOMIA

É preciso proibir o cigarro e banir dos supermercados e restaurantes produtos que façam mal à saúde. Já que as pessoas não sabem o que é melhor para elas, cabe ao Estado intervir, fazendo o que é certo.

Essa é versão caricata das ideias da filósofa Sarah Conly, autora de *Against Autonomy: Justifying Coercive Paternalism* (Contra a autonomia: justificando o paternalismo coercitivo). Se abandonarmos a caricatura e lermos a obra com atenção, veremos que Conly é muito menos polêmica do que parece e do que quer fazer parecer. É verdade que ela se põe contra o virtual consenso na academia norte-americana (e, num grau um pouco menor, no próprio Ocidente) de que as escolhas das pessoas devem ser respeitadas, mas ela de modo algum chega a propor um Estado absolutista que tome decisões pelos cidadãos. Ao contrário, sugere algumas medidas que ela acredita serem capazes de prevenir esse tipo de situação.

É fato que ela defende o veto ao cigarro, mas se revela simpática à legalização da maconha. O paradoxo se explica. Para Conly, o prazer proporcionado pelo ato de fumar é principalmente um prazer negativo, isto é, deriva da supressão do desconforto que o fumante experimenta quando se vê privado de sua dose de nicotina. Já o prazer da maconha é, para ela, equiparável ao de um vinho e outras bebidas alcoólicas, que, se utilizadas de forma sábia, tornam a vida mais interessante sem comprometer a saúde do consumidor.

Não concordo muito, mas deixemos isso de lado por enquanto e examinemos melhor os raciocínios de Conly. Embora ela defenda uma ética consequencialista, como John Stuart Mill (1806-1873), pretende refutar as teses libertárias deste autor, notadamente a crítica que ele faz ao paternalismo. Para Mill, no que diz respeito a seu próprio corpo e mente, o indivíduo pode fazer o que bem entender. Qualquer intervenção do Estado no curso de ação de uma pessoa só é legítima se for para impedir que terceiros sejam prejudicados.

O argumento principal de Conly é o de que toda a filosofia libertária de Mill repousa no pressuposto de que os seres humanos (pelo menos os adultos não loucos) são agentes racionais, que fazem sempre (ou pelo menos quase sempre) as escolhas que mais os beneficiam. Só que, ao longo das últimas duas ou três décadas, psicólogos e economistas comportamentais juntaram uma coleção de evidências que provam, para além de qualquer dúvida razoável, que as pessoas são "intratavelmente irracionais". Pior, os erros e as falhas determinados por nossos vieses cognitivos não podem ser consertados por campanhas educativas nem pela introspecção.

O problema não está tanto em que não sejamos capazes de saber o que queremos. A maioria de nós não tem dúvida em relação a grandes objetivos mais ou menos universais, como manter a saúde, guardar dinheiro para a aposentadoria etc. A questão é que os vieses cognitivos são especialmente eficazes em solapar nossas estratégias para chegar a esses fins. Por mais que tentemos evitar, nossos cérebros valorizam muito mais o presente do que o futuro e reputam qualquer perda como duas vezes pior do que um ganho no mesmo valor. É só para garantir que alcancemos nossas metas mais elevadas, diz Conly, que o paternalismo deve entrar para dar uma mãozinha.

Há aqui uma distinção importante que salva Conly de tornar-se um Stalin de saias. Ela não está afirmando que o Estado deve decidir o que é melhor para as pessoas, mas sim que o Estado deve facilitar as coisas para que as pessoas cumpram os objetivos que elas próprias elegeram, mesmo que isso signifique ir contra desejos secundários que surjam no meio do caminho. Tenho dúvidas quanto à exequibilidade de tal projeto, mas o fato de Conly diferenciar essas coisas já evita que ela se converta numa pregadora evangélica.

Na verdade, ela afirma com todas as letras que a ideia de criar uma sociedade na qual cada indivíduo atinja a perfeição moral, que animou e ainda anima tantas legislações, é uma tremenda de uma canoa furada. O exemplo mais gritante é a Lei Seca que vigorou nos anos 1920 e 1930 nos EUA e só fez aumentar o poder dos gangsters, sem reduzir drasticamente os problemas relacionados ao abuso do álcool.

Para Conly, o paternalismo coercitivo só se justifica se obedecer a quatro critérios:

1. A atividade a ser banida precisa estar em clara contradição com nossos objetivos de longo prazo;
2. As medidas precisam ser efetivas, isto é, não podemos estar diante de uma nova Lei Seca (curiosamente, ela não explica por que o banimento do cigarro não seria um caso desses);
3. Os benefícios precisam ser maiores do que os custos, tanto materiais como psicológicos, de modo que uma medida que melhore muito a saúde das pessoas deve ainda assim ser vetada se produzir muito sofrimento;
4. A medida em consideração precisa ser o melhor meio de obter o fim desejado.

As ideias da autora talvez fiquem mais claras se recorrermos a exemplos concretos. Existe toda uma família de decisões paternalistas coercitivas que o Estado toma por nós sem que ninguém reclame. Elas incluem a proibição de produtos carcinogênicos em alimentos, itens de segurança obrigatórios em veículos. Um libertário obstinado, entretanto, poderia (e deveria) queixar-se dessa interferência que o priva do direito de comprar um carro mais barato, ainda que sem *airbag*, um produto que ele não pretende mesmo usar. Difícil discordar de que isso configure um caso de venda casada, prática proscrita pelo Código do Consumidor.

Um pouco mais polêmicas, mas ainda relativamente bem aceitas, são as normas que obrigam motociclistas a utilizar o capacete e motoristas a afivelar o cinto de segurança. Outro exemplo pouco contestado é a necessidade de apresentar prescrição médica para a compra de certos remédios.

Como diz Conly, já que aceitamos o paternalismo coercitivo em tantas esferas, por que não sair do armário e assumir de vez que a prática é necessária e contribuiria para nos tornar mais felizes?

A pergunta é boa. Pessoalmente, acho que Conly menospreza o problema da informação incompleta que, em alguma medida, afeta todas as éticas consequencialistas. Nós simplesmente não temos como calcular o valor subjetivo que o fumante atribui a suas baforadas para proclamar que elas valem menos que a sua saúde. Pelo menos para os tabagistas mais militantes, o banimento do fumo configura uma violação ao terceiro critério proposto pela autora.

Esse tipo de problema se multiplica por todas as esferas. Não consigo imaginar ninguém que tenha uma tara por gorduras trans ou por corantes carcinógenos, mas posso perfeitamente imaginar um motociclista que preze de tal forma sentir o vento na cara que faça questão de não usar o capacete ou o sujeito que dê tanto valor ao aqui e agora (e tem antecedentes extremos de doença cardíaca na família) que prefira não poupar para a aposentadoria.

Tais imperfeições, inerentes a qualquer modelo consequencialista, fazem com que eu prefira o paternalismo libertário, proposto por Richard Thaler e Cass Sunstein (em *Nudge: o empurrão para a escolha certa*), ao coercitivo de Conly. Ao contrário da filósofa, eles creem que o Estado pode e deve induzir o cidadão a optar pelo que se afigura como a melhor decisão, sem, contudo, obrigá-lo a isso. É preciso, dizem eles, sempre deixar uma porta de saída, para que situações particulares possam receber soluções particulares.

Assim, é legítimo que a cantina da escola esconda salgadinhos e outras comidas pouco saudáveis atrás do balcão e exponha apenas frutas e alimentos de alta qualidade nutricional. Boa parte das crianças, dizem os autores, irá para as frutas, mas a liberdade de comer *junk food* estará preservada.

De modo análogo, poderíamos deixar que motociclistas dirigissem com a cabeça exposta sem risco de ser multados, desde que fossem ao órgão de trânsito para demonstrar que contrataram um seguro que cobre esse tipo de acidente e assinassem formulários isentando terceiros de responsabilidade por sua eventual morte. Se as pesquisas que apontam a tendência do ser humano de permanecer no *statu quo* estão bem calibradas, a esmagadora maioria dos condutores dificilmente se daria ao trabalho de correr atrás disso. É possível que parte dos que tentassem até desistissem ao ler os termos de responsabilidade. No atacado, seria como se tivéssemos a lei do capacete, mas sem a coerção da medida.

Evidentemente, a porta de saída torna a lei menos eficaz. Mas tendem a escapar aos rigores da regra justamente aquelas pessoas que dão mais valor ao ato que se pretende proibir ou controlar. Tanto o critério 3 de Conly como a filosofia geral do consequencialismo foram respeitados.

O livro de Conly é bom e nos faz ver as muitas contradições de nosso sistema de regulação, que, no fundo, refletem as contradições de nossas tergiversações éticas, mas não creio que ela tenha conseguido desbancar Mill, que, em *On Liberty*, escreveu: "Na parte que concerne apenas a ele mesmo [o indivíduo], à sua independência, o direito é absoluto. Sobre si mesmo, o seu corpo e sua mente, o indivíduo é soberano". Como muito bem demonstrou o autor, isso não serve apenas para satisfazer nossos egos, mas é o próprio fundamento da democracia.

# O OVO DA DISCÓRDIA

O aborto é moralmente justificável? Esqueça essa pergunta. Não chegaremos tão cedo a um consenso. Proponho, então, analisar a questão sob outro ângulo: mulheres que abortam voluntariamente merecem ir para a cadeia?

Se você respondeu afirmativamente, prepare-se para as consequências. Estima-se que ocorra no Brasil 1 milhão de abortos induzidos por ano (utilizo aqui o número calculado por Mario Francisco Giani Monteiro e Leila Adesse para 2005). Para encarcerar toda essa mulherada, como exige a lei, o país precisaria construir, a cada dia, a bagatela de 5,5 presídios femininos (unidades de 500 vagas).

A conta é conservadora porque não considera os médicos, as enfermeiras e as comadres que mereceriam ser presos na qualidade de cúmplices. Seria também necessário edificar um bom número de orfanatos para abrigar as crianças que ficariam desassistidas, enquanto suas mães cumprem pena. Também teríamos de criar brigadas médico-policiais especializadas em identificar e processar as criminosas e quem as tenha ajudado.

Imagino que, exceto por empreiteiros de olho nos lucrativos contratos, ninguém deseja uma realidade dessas para o Brasil. E manter uma lei que manda pôr na cadeia pessoas que não queremos ver numa penitenciária é uma boa definição de hipocrisia. Médicos, mais do que qualquer outra categoria, devem abster-se de fazer juízos morais sobre o comportamento de seus pacientes.

Independentemente do que se pense sobre o aborto, isso não é matéria para o direito penal. Na verdade, espanta-me a pouca fé dos religiosos que defendem leis duras. Se Deus existe, é onisciente e acha mesmo que interromper a gravidez é um pecado horrível, saberá punir na outra vida quem o cometeu, dispensando-nos de fazê-lo aqui na Terra.

# BIG DATA

*Big Data: uma revolução que transformará vidas, trabalho e pensamento*, de Viktor Mayer-Schonberger e Kenneth Cukier. Apesar do subtítulo grandiloquente, não se trata de um daqueles exageros bem ao gosto de editores.

A dificuldade de obter dados sempre foi um obstáculo para a Ciência. Foi para contorná-la que desenvolvemos conceitos como amostragem e as ferramentas estatísticas para interpretá-los. Mas hoje, com o avanço das tecnologias da informação, é relativamente fácil armazenar quantidades antes inimagináveis de dados e analisá-los, descobrindo correlações das quais nem suspeitávamos.

As possibilidades são tremendas. Buscas no Google indicam com rapidez e precisão o avanço de epidemias, o Twitter diz quais filmes serão *blockbusters*, sabemos até que é mais seguro comprar um carro usado laranja do que de outras cores (por alguma razão, seus donos são mais cuidadosos). Isso muda a forma de fazer ciência e de ganhar dinheiro.

O sucesso da Amazon (onde comprei meu *Big Data*) está em oferecer ao cliente aquilo que o algoritmo diz que ele vai querer comprar. Funciona.

Os autores, embora reconheçam virtudes no *big data*, não são evangelistas. Eles apontam os muitos riscos envolvidos. No plano epistemológico, vale lembrar que correlação não é causa e, para descobrir o porquê das coisas, ainda precisaremos de teorias e experimentos controlados.

Na seara da filosofia, as coisas são mais inquietantes. À medida que os modelos se sofisticam, ficam melhores em prever comportamentos. Já conseguimos identificar motoristas com maior probabilidade de provocar acidentes, pessoas mais propensas a ficar doentes e criminosos com mais chance de reincidir. Como devemos usar essas informações? Podemos punir preventivamente o sujeito que está prestes a cometer um delito? Será que a autonomia e o livre-arbítrio sobrevivem à era do *big data*?

# O SUICÍDIO

Não há dúvida de que é preciso tomar medidas para reduzir as mortes autoinfligidas, que, na maioria dos casos, estão associadas a doenças mentais e são causa de óbito evitável. Como diz o ditado, "o suicídio é uma solução permanente para um problema temporário".

A crescente medicalização do fenômeno, entretanto, acabou tirando de foco o rico debate filosófico em torno da matéria, que, se não tem lá muita relevância prática, ainda é valioso para a história das ideias.

Na Antiguidade, temos Platão como um ferrenho opositor do suicídio e os estoicos no polo oposto, afirmando que ele sempre é uma opção quando nos vemos impedidos de gozar uma vida pujante.

O cristianismo, mais especificamente santo Agostinho e santo Tomás, porém, faz uma condenação radical da autoquíria, decretando que praticá-la constitui uma ofensa a Deus. Tal posição é majoritária, embora não unânime entre os filósofos mais ou menos até o século XVIII, quando passa a ser contestada por autores como David Hume e, em seguida, pelos românticos, pelos libertários e por alguns existencialistas.

Mesmo que não se comprem os argumentos pró-suicídio, eles contribuíram para secularizar a questão, diminuindo a carga que pesa contra os que tentam tirar a própria vida, e serviram para revogar medidas legais absurdas que existiam contra eles, como a possibilidade de ser preso e ter os bens confiscados.

É importante seguir com a discussão filosófica, abordando pontos que ainda causam controvérsia, como o direito ao suicídio assistido em caso de doenças incuráveis e até que ponto é legítimo tomar medidas coercitivas para evitar que alguém se mate, mesmo em situações que pareçam menos racionais que a anterior.

# À FLOR DA PELE

Foi Porfírio (*c.* 234-*c.* 305) quem definiu o homem como animal racional. Ele estava errado, mas isso não é tão mau. Afinal, se fôssemos racionais o tempo todo, ninguém daria gorjeta num restaurante a que não pretende voltar e esposas abandonariam seus maridos doentes para ficar com um parceiro saudável. Num mundo perfeitamente racional, havendo garantias de que não seremos apanhados, sempre vale a pena roubar a carteira do melhor amigo. A moral e a ética estão fundadas em nossas emoções.

Isso não significa que um temperinho racional não seria bemvindo. Por mais que tente, não compreendo a reação da multidão de franceses que protesta contra a aprovação do casamento gay. O que dois adultos fazem de forma consensual entre quatro paredes em matéria de sexo não é da conta de mais ninguém e, se o Estado confere a casais heterossexuais uma série de direitos, não há justificativa racional para não estendê-los a pares do mesmo gênero. Até faria sentido se os manifestantes estivessem reclamando das perdas fiscais que a medida implicará, mas não parece que seja este o caso.

De modo análogo, não entendo bem a insistência dos gays no casamento de papel passado. Eles estão basicamente procurando sarna para se coçar. Dado que 55% dos matrimônios franceses acabam em divórcio e que os direitos fundamentais estão assegurados tanto na figura do casamento quanto do pacto civil, ao qual homossexuais já têm acesso, na maioria dos casos seria mais prático e barato jamais oficializar as núpcias. Essa ao menos tem sido a opção de cada vez mais franceses. Embora o instituto do pacto civil tenha sido criado em 1999 para contemplar os gays, hoje 95% dos que recorrem a ele são casais heterossexuais.

Mesmo sem pretender chegar a um mundo 100% racional, que seria um lugar ruim de viver, deveríamos pensar duas vezes antes de dar plena vazão a nossas emoções morais.

# O FULCRO DA QUESTÃO

Quando se pensa em alterar a legislação de drogas, as pessoas põem-se a debater se a maconha faz mais ou menos mal do que o álcool, se o consumidor de drogas alimenta ou não as organizações criminosas e problemas parecidos. São controvérsias importantes e não me furto a discuti-las. Penso, porém, que existe uma questão anterior que raramente é abordada e que define os termos de todas as demais. Trata-se do tipo de Estado em que desejamos viver: que poderes lhe concederemos e de quanta liberdade estamos dispostos a abrir mão.

Não creio que caiba a nenhuma autoridade, mesmo que eleita democraticamente, imbuída de plena sabedoria e das melhores intenções, determinar o que eu posso ou não ingerir. Estamos aqui lidando com uma esfera da privacidade que, a meu ver, não deve estar sujeita a regulação estatal senão em aspectos muito limitados, a exemplo da norma que impede pessoas embriagadas de dirigir.

Evidentemente, quando abraçamos essa opção, precisamos aceitar o que vem com ela. Se as drogas não devem ser proibidas, precisam ser legalizadas ou pelo menos toleradas. Isso significa que haverá mais gente exposta a elas, com um provável aumento do número de dependentes – embora o tamanho desse efeito permaneça uma incógnita.

Ainda mais difícil é estimar o que ocorreria com a criminalidade numa legalização. Os cartéis ficariam privados de uma fonte de lucros fáceis e isso tende a enfraquecê-los, o que é bom. Mas eles poderiam tentar compensar a perda de receita com mais delitos violentos, o que é péssimo.

Incertezas não faltam, mas penso que a própria ideia de democracia fica enfraquecida se tirarmos das pessoas a possibilidade de fazer escolhas, aí incluídas as erradas.

# A LEI, ORA, A LEI...

Há um paradoxo fundamental envolvendo as leis. Embora não tenham o poder de moldar a sociedade, como muitos erroneamente ainda acreditam, elas são mesmo assim um valioso instrumento de transformação. A contradição é apenas aparente, como veremos a seguir.

Comecemos pelo direito penal e os costumes. Uma visão ingênua, mas ainda muito comum, assevera que devemos criminalizar todas as condutas que consideramos moralmente reprováveis. Mesmo que não estejamos dispostos a investir muitos recursos no cumprimento dessas normas – porque são difíceis de fiscalizar ou não se encontram no alto das prioridades policiais –, já teremos feito um imenso bem, ao sinalizar para a população o que é certo. É nesse contexto que se justificariam propostas legislativas como a criminalização da homofobia e a chamada Lei das Palmadas.

Receio que essa concepção embaralhe um pouco causas com efeitos. Parece-me mais razoável sustentar que, quando o Congresso cogita adotar essas medidas, é porque a maior parte das pessoas já as internalizou e elas estão em vias de tornar-se um consenso social. A lei servirá no máximo para punir uma pequena minoria que tende a rejeitar as inovações em todas as circunstâncias. Podemos até pôr essa gente recalcitrante na cadeia, mas o efeito terá sido menos de sinalização do que de castigo.

O grande jurista alemão Friedrich Karl von Savigny (1779-1861) foi direto ao ponto quando afirmou que nem vale a pena tentar codificar em lei matérias relativas a costumes. Esse tipo de regulação se dá primeiramente pelos próprios hábitos da população, depois, por decisões judiciais, em nenhum caso pela vontade arbitrária do legislador.

A grande verdade é que superestimamos o alcance do direito penal. A esmagadora maioria dos humanos – algo como 98% ou 99% das pessoas – segue o principal das convenções sociais sem precisar de nenhum estímulo adicional como a ameaça de prisão. Se revogássemos amanhã todas as leis que punem o homicídio, a quase totalidade dos cidadãos continuaria se comportando como sempre se comportou.

A rigor, essa já é um pouco a situação no Brasil hoje. Considerando que a taxa de resolução de homicídios das nossas polícias é de 8% (a estimativa é do sociólogo Julio Jacobo Weiselfisz), é racional resolver uma disputa difícil eliminando seu oponente à bala. A chance de não ser preso é bem maior do que a de ser. Não obstante, a quase totalidade dos brasileiros jamais matou alguém e nem irá fazê-lo, mesmo conhecendo esse número.

Exceto em casos muito especiais, a proporção de criminosos violentos numa sociedade é sempre uma fração de não mais de 2% da população total. Isso não implica, é claro, que os 98% restantes sejam 100% honestos. Um interessante livro do economista comportamental Dan Ariely sustenta que somos 90% honestos, isto é, que nossos cérebros resolvem a contradição entre o desejo de obter vantagens e a necessidade de cultivar uma autoimagem lapidada roubando só um pouquinho.

Suas experiências mostraram que, na média, as pessoas se sentem confortáveis trapaceando em algo entre 10% e 15%.

Seria até possível arguir que o conformismo social, isto é, o impulso de seguir as regras e não se desviar do comportamento percebido como padrão, é um problema tão ou mais grave do que o da criminalidade. A aceitação acrítica de regras e convenções, sejam elas ditadas por uma autoridade ou simplesmente praticadas pelo grupo, está na origem de fenômenos como o nazismo, os totalitarismos comunistas e as guerras de religião. Se o ser humano tem um lado negro, ele fica ainda mais escuro quando participa da dinâmica de massas.

Essa constatação não é exatamente surpreendente, quando consideramos a questão da coesão social à luz da evolução. Muito antes de o homem ter sido capaz até de articular um juízo com forma lógica semelhante à de uma norma – o que antecedeu em centenas de milênios o Estado e a escrita –, já vivíamos em bandos que precisavam evitar conflitos. Desenvolvemos, portanto, um incrível potencial de influenciar uns aos outros por meio do *soft power* e aceitar o *statu quo*, sem, contudo, perder a capacidade de reagir diante do que víamos como grandes injustiças. Na verdade, essa é uma característica que repartimos com vários outros primatas.

Não estou, com essas reflexões, advogando pela abolição de todas as leis. Nossas sociedades se tornaram um pouco mais complexas do que as do Pleistoceno e as comunidades de 150 indivíduos deram lugar a países de vários milhões de habitantes com os mais diferentes *backgrounds* culturais.

O que eu quero dizer é que os efeitos das leis são mais sutis do que parecem à primeira vista. É claro que precisamos dar um jeito naqueles que não se conformam às normas e recorrem à violência. Nós utilizamos o direito penal para neutralizá-los, retirando-os de circulação por um tempo e recomendando a outras pessoas que cogitam de recorrer ao crime que pensem duas vezes antes de fazê-lo. Não é muito eficiente, mas não inventamos nada melhor para pôr no lugar. De toda maneira, a regra aqui desempenha mais um papel negativo (suprimir desvios) do que positivo (incentivar comportamentos desejáveis).

As leis que acabam desempenhando maior papel transformador são aquelas tidas como mais aborrecidas, aí inclusas as disposições do direito tributário e regulamentações técnicas.

Elas tendem a ser mais eficazes porque interferem em nossos hábitos e comportamentos sem que nos demos conta. Se a carga tributária sobre o chuchu for muito menor do que a que incide nos brócolis e isso resultar numa diferença de preço considerável, eu e a gloriosa torcida do Corinthians vamos acabar consumindo mais do primeiro do que do segundo vegetal.

E as implicações podem ser complexas. A canetada do governo que reduziu impostos sobre veículos fez com que milhares de famílias brasileiras realizassem o sonho de comprar um carro. Para tanto, muitas tiveram de endividar-se. E isso teve impacto sobre outras decisões de compra, o que resulta numa redistribuição de lucros e prejuízos ao longo de toda a cadeia. Se os empresários e operários da Ford ganharam, o dono da pousada para a qual a família viajaria nas férias se não tivesse adquirido o veículo perdeu.

Políticas tributárias têm alcance a um só tempo sutil e profundo. A epidemia de obesidade nos EUA, por exemplo, está vinculada aos fartos subsídios oferecidos aos produtores de milho, do qual se extrai a alta frutose que adoça refrigerantes e uma série de outras guloseimas que ficaram perigosamente baratas.

O poder dos impostos para alterar hábitos é tamanho que o psicólogo Geoffrey Miller diz que, manipulando-os, podemos promover verdadeiras revoluções comportamentais, em tempo recorde e quase sem sangue.

No limite, poderíamos substituir partes da legislação penal por regulação tributária e sanitária. Seria possível, por exemplo, tentar controlar o consumo de drogas não através de penas de prisão, que já se mostraram muito pouco efetivas, mas de impostos (preço) e do *soft power* social. Para os que acham que isso é delírio, vale lembrar que essa combinação improvável já fez com que a prevalência do uso do tabaco no Brasil caísse de 32%, em 1989, para 17,2% em 2008.

A grande dificuldade aqui é que é praticamente impossível antecipar todos os efeitos das mudanças. Mesmo as mais simples podem esconder surpresas – tanto desagradáveis como agradáveis. O problema é matemático. Há um descompasso entre o sistema regulador, isto é, as leis, e o regulado, a sociedade. Enquanto o primeiro tende a ser extremamente simples, traduzível em juízos discretos, o segundo é terrivelmente complexo, subsumindo os desejos, os interesses e as necessidades conflitantes de milhões de pessoas. Sempre que editamos uma lei ou baixamos uma portaria prognosticamos, quando muito, seus efeitos mais imediatos e mais óbvios. Somos em geral incapazes de enxergar suas implicações profundas. Leis são um assunto sério demais para ficar a cargo apenas de políticos.

# LIBERDADE DE EXPRESSÃO

Por que devemos ser contra a censura, seja ela prévia ou póstuma?

Como já alertava o filósofo John Stuart Mill, no século XIX, existem muitas formas de oprimir uma pessoa. Dois candidatos fortes a fazê-lo são o Estado, com suas leis e corpo policial nem sempre razoáveis, e a sociedade, por meio das "opiniões e sentimentos prevalecentes". O único modo de contrapor-se a isso é assegurar ao indivíduo um núcleo de liberdades irredutíveis, entre as quais se destacam as de pensamento, expressão e reunião. Se eu puder me juntar a quem pense como eu, tenho chance de escapar da "tirania da maioria".

O interessante é que os benefícios dessa tolerância institucionalizada não ficam restritos ao indivíduo. Ela está na base de instituições que definem a modernidade, como a liberdade acadêmica e, com ela, o desenvolvimento tecnológico e científico, e a imprensa que, ainda que muito imperfeitamente, ajuda a controlar os apetites de nossos governantes.

Mais do que isso, a liberdade de expressão, ao assegurar que todos os temas possam ser discutidos sob todas as perspectivas, contribui para a sociedade encontrar o balanço entre mudança e estabilidade. Tome-se o caso da moral. Um debate aberto facilita o ajuste fino entre a saudável contestação e o necessário consenso.

É importante frisar que a liberdade de expressão só faz sentido se for estabelecida de maneira forte, ainda que não absoluta. Ninguém, afinal, precisa de garantias para dizer o que todos querem ouvir. Esse instituto só se torna relevante quando permite que mesmo ideias que nos pareçam desprezíveis, incluindo manifestações nazistas, racistas e biografias não autorizadas, circulem livremente. O tempo e um pouco de sorte acabam se encarregando de enterrar o que é lixo e preservar o que é útil.

# PATERNALISMO LIBERTÁRIO

A obrigatoriedade de as montadoras instalarem *airbags* e freios ABS em todos os veículos novos foi mantida. Fico feliz, mas não resisto a levantar uma interessante e até certo ponto incômoda discussão filosófica.

Até que ponto o Estado pode interferir em transações voluntárias entre vendedores e compradores? No caso dos freios, é decerto legítimo tornar o sistema ABS um item de fábrica. Um veículo que não consegue parar, afinal, representa ameaça não só para o motorista e seus passageiros como também para terceiros. Mas será que esse raciocínio vale para o *airbag*?

Não me parece absurdo que alguém dispense esse item em troca de preço menor no automóvel. Vale observar que o poder público admite que motociclistas circulem sem esse tipo de proteção. Além disso, atividades bem mais perigosas, como alpinismo de altitude e mergulho em cavernas, são perfeitamente legais.

A discussão é análoga à da obrigatoriedade do cinto de segurança. Cabe ao Estado impedir que um cidadão faça mal a si mesmo? Meus instintos libertários dizem que não, mas meu pendor consequencialista sugere que sim. Trata-se, afinal, de interferência pequena que salva vidas.

Há um meio de conciliar essas duas intuições, recorrendo ao "paternalismo libertário" proposto por Richard Thaler e Cass Sunstein. A ideia aqui é reconhecer que seres humanos frequentemente fazem escolhas erradas e, através de desenhos institucionais, tentar empurrá-los para as certas, mas sem autoritarismo.

No caso do *airbag* e do cinto, em vez de coagir, bastaria exigir do interessado que assinasse meia dúzia de formulários isentando fabricantes e o Estado de qualquer responsabilidade por sua escolha. Como o viés de inércia é forte, o mais provável é que um número reduzido de libertários obstinados se desse ao trabalho. As virtudes públicas da obrigatoriedade são conservadas, e a liberdade individual, preservada.

# A VIDA QUE QUEREMOS VIVER

Cabe ao Estado impedir que cidadãos façam mal a si mesmos? Alguns dizem que o poder público tem legitimidade para inibir condutas que imponham custos adicionais à sociedade (como a do sujeito que não usa cinto de segurança: se ele sofrer um acidente, suas lesões, mais graves, vão onerar mais o sistema de saúde).

O raciocínio é tentador, mas não o compro. O problema com esse argumento é que ele é poderoso demais. Praticamente todas as nossas escolhas têm impactos sobre os que nos cercam. Se como demais, fico obeso e tenho mais probabilidade de desenvolver doenças que onerarão os copartícipes de meu plano de saúde e o Estado, que, na eventualidade de morte precoce, terá de arcar com mais anos de pensão para a viúva.

E as coisas podem ficar sutis. Estatísticas mostram que mulheres nulíparas apresentam risco aumentado para câncer de mama. Se aceitamos a tese do custo extra, por que parar no cinto? Por que não obrigar todos a manter um peso saudável e exigir que todas as mulheres engravidem?

Não creio que seja possível nem desejável chegar a tais minúcias de controle sobre a vida das pessoas. Cada um de nós precisa ficar doente de vez em quando e morrer de alguma coisa. Analisando as coisas *a posteriori*, sempre poderemos correlacionar moléstias e óbitos a alguma escolha ou hábito do cadáver.

Penso que é mais lógico tratar o SUS e o INSS como um seguro clássico, no qual o cliente tem direito à indenização independentemente de ter culpa pelo sinistro. Até dá para introduzir certas cláusulas especiais, como um imposto diferenciado para produtos nocivos (cigarro, álcool etc.), mas sem proibições absolutas. É uma regra meio socialista, mas acho que é assim que deve ser, ou abrimos flanco para que o Estado defina a vida que devemos viver.

# CIGARROS GENÉRICOS

Merece apoio a proposta de que cigarros sejam vendidos em embalagens genéricas, dos quais conste só o nome do produto e o fabricante – além, é claro, dos já tradicionais alertas do Ministério da Saúde –, sem espaço para cores e outros elementos gráficos que possam caracterizar-se como mensagens publicitárias.

Calma, não me converti à causa dos que acham que, no embate entre saúde e liberdades individuais, a primeira deve sempre prevalecer. Continuo defendendo a legalização das drogas e da eutanásia, mesmo reconhecendo que utilizá-las não é a coisa mais saudável que você pode fazer.

O ponto é que a vida não se mede só em comprimento. Se um determinado indivíduo acha que o tabaco lhe proporciona prazer e pensa que vale a pena trocar alguns anos de existência terrena para conservar essas doses de bem-estar, quem somos nós para contestar-lhe esse direito?

Se há um papel legítimo para o Estado aqui é assegurar que as pessoas tenham acesso às informações relevantes para a tomada de decisões, que incluem as estatísticas sobre os óbitos e moléstias provocados pelo fumo e até quantidades módicas de contrapropaganda, que podem mobilizar aspectos emocionais.

Voltando à regulação dos maços de cigarros, a questão aqui é que o cérebro humano já é por natureza mais vulnerável do que deveria aos charmes de substâncias psicoativas, sendo, portanto, uma covardia colocar a indústria da publicidade para reforçar essa tendência.

Se ainda não se convenceu, façamos um experimento mental. Imaginemos que estamos num imenso Uruguai onde todas as drogas acabaram de ser legalizadas. Você gostaria de ligar a TV e ver modelos em trajes sumários anunciando as virtudes de uma nova marca de cocaína? Por mais libertários que sejamos, não me parece moralmente aceitável estimular as pessoas a adotarem comportamentos de risco.

# LIMITES DO HUMOR

Até onde o humor pode ir? Vale gozar da religião dos outros? E quanto a piadas francamente racistas, sexistas e homofóbicas? Sou da opinião de que, enquanto o alvo das pilhérias são instituições e mesmo grupos, vale tudo. Balanço um pouco quando a vítima é uma pessoa física específica, hipótese em que talvez caiba discutir alguma forma de indenização.

Tendemos a ver o humor como um aspecto lateral e até menor de nossas vidas, mas isso é um erro. Ele desempenha múltiplas funções sociais, algumas delas bastante importantes, ainda que não muito visíveis. O filósofo Henri Bergson, por exemplo, observou que o temor de tornar-se objeto de riso dos outros reprime as excentricidades mais salientes do indivíduo. O humor funciona aqui como uma espécie de superego social portátil. Nisso ele até se parece com as religiões, só que vai muito além.

O psicólogo evolucionista Steven Pinker atribui aos gracejos a propriedade de azeitar as relações sociais. O tom de brincadeira permite-nos comunicar de modo amigável a um interlocutor uma informação que, de outra maneira, poderia ser interpretada como hostil. Isso pode não apenas evitar o conflito como ainda dar início a uma bela amizade.

Talvez mais importante, o humor é uma formidável arma que os mais fracos podem usar contra os mais fortes. O riso coletivo é capaz de sincronizar reações individuais, o que o torna profundamente subversivo. As piadas que se contavam no Leste Europeu sobre as agruras do socialismo, por exemplo, ao possibilitar que as pessoas revelassem suas desconfianças em relação aos governos sem expor-se em demasia, contribuíram decisivamente para a derrocada dos regimes comunistas que ali vigiam.

Temos aqui três excelentes razões para deixar o humor tão livre de amarras legais quanto possível. Quem não gostar de uma piada sempre pode protestar, dizer que não teve graça ou até caçoar de volta.

# TOLERAR A INTOLERÂNCIA

Até admito que a liberdade de expressão não seja absoluta. Penso que gritar "fogo!" num teatro lotado quando não há incêndio deve constituir ilícito, mas, tirando essas situações em que uma declaração objetivamente falsa representa perigo real e imediato, tudo o mais deve ser tolerado. Isso inclui os discursos falsos que não trazem ameaça premente e os verdadeiros, ainda que concretamente danosos.

Se não for assim, a liberdade de expressão não faz sentido. Ninguém precisa de garantias para falar mal do câncer ou pedir a paz mundial. Como afirmou o linguista e ativista de esquerda Noam Chomsky, "se você é a favor da liberdade de expressão, isso significa que você é a favor da liberdade de exprimir precisamente as opiniões que você despreza".

Daí decorre, creio, que a democracia, ao contrário do que se apregoa, deve, sim, admitir pregações nazistas, racistas e antidemocráticas. No instante em que o sujeito tenta colocar essas ideias em prática, aí é hora de chamar a polícia. Existe, afinal, uma fronteira mais ou menos natural entre o discurso e a prática. É melhor aproveitá-la do que atribuir a alguém o poder de arbitrar entre o que é ou não uma declaração aceitável.

E por que dar tanto espaço para gente que no fundo quer acabar com a tolerância? A liberdade de expressão, ao assegurar que todos os temas possam ser debatidos sob todos os ângulos, catalisa a necessária reciclagem dos consensos sociais. Num passado não muito remoto, queimar infiéis, prender adúlteros e manter escravos eram ideias respeitáveis que tinham o amparo da opinião pública.

Se você acredita que, no longo prazo, a razão tende a prevalecer e acha isso bom, não há como não defender uma versão forte da liberdade de expressão. O preço a pagar, que é ouvir tolices como as proferidas pela apresentadora de TV Rachel Sheherazade, é quase uma pechincha.

# MACONHA PELAS RAZÕES ERRADAS

É claro que cada um é livre para defender o que achar melhor, mas devo dizer que algo me incomoda na estratégia de grupos de ativistas para pressionar pela legalização da maconha com base em suas propriedades medicinais.

Não me entendam mal. Sou pela legalização não só da maconha como de todas as drogas. É fato ainda que a *Cannabis* apresenta várias moléculas de interesse médico, que deveriam ser exploradas clinicamente.

O que não me parece muito certo na tática escolhida é que ela aposta na corrosão das normas e não em sua modificação, como seria mais honesto. Foi este o caso de alguns estados norte-americanos que passaram a admitir o uso de maconha em contexto médico e logo viram surgir uma indústria de consultas com profissionais de saúde cujo único intuito era encontrar uma "moléstia" que justificasse a emissão da carteirinha de usuário para qualquer um que desejasse. Com ela, o paciente poderia comprar a erva para tratar quase tudo, de dor nas costas a caquexia.

Não gosto desse caminho por várias razões. A mais trivial é que ele contribui para esvaziar a própria noção de lei. Apesar da miríade de normas estúpidas que assola o mundo, a ideia de que a sociedade pode impor regras que valem para todos os membros ainda é fundamental.

Também me parece ruim associar a maconha com remédio. Isso pode fazer com que se perca de vista que se trata de uma droga, ou seja, que vem com uma porção de efeitos colaterais que podem ser danosos.

Mais importante, a estratégia de comer pelas beiradas faz com que as pessoas deixem de travar o bom combate. Ao circunscrever o debate da legalização apenas à maconha e pelas razões erradas, perde-se a oportunidade de formular o argumento essencial, a saber, que o Estado não tem legitimidade para decidir o que um cidadão, de posse das informações relevantes e sem prejudicar terceiros, pode fazer consigo mesmo.

# EMPÁFIA HIPOCRÁTICA

O caso da grávida obrigada a fazer uma cesariana contra a sua vontade atesta o fracasso da medicina e da Justiça brasileiras.

Em primeiro lugar, faltou à médica habilidade para convencer a futura mamãe de que a situação era grave – se é que era mesmo; obstetrícia não é ciência exata – e requeria o procedimento cirúrgico. Como a natureza dotou nossa espécie de instintos de sobrevivência e materno fortes, o mais provável é que, com a abordagem adequada, ela tivesse sucesso.

O que sobrou na doutora foi a empáfia hipocrática. Numa sociedade democrática, médicos são prestadores de serviço. Cabe a eles propor ao paciente o que lhes pareça a melhor estratégia terapêutica, sem nunca deixar de apontar os riscos e indicar possíveis alternativas. A decisão final, porém, compete exclusivamente ao paciente ou seu responsável legal.

Se o médico não concordar, pode exigir que o paciente assine termos que o isentem de responsabilidade e tem ainda o direito de deixar o caso. Mas é só. Mobilizar a polícia para ir contra a vontade de um paciente que não esteja em surto psicótico representa a falência da medicina.

Pior só a intervenção da Justiça. Aqui, o Judiciário, no afã de fazer o bem, atropelou sua própria razão de ser, que é assegurar um núcleo de garantias fundamentais, entre as quais está a recusa a procedimentos médicos. Fazer o bem e salvar vidas é muito fácil. Com apenas quatro medidas (proibição do fumo e do álcool, obrigatoriedade de exercícios físicos e velocidade máxima de 40 km/h) acrescentaríamos alguns anos à expectativa de vida do brasileiro. Só que criaríamos uma ditadura.

A bioética é uma disciplina triste, já que muitos de seus desfechos são funestos, mas ela é relativamente simples no sentido que grande parte dos problemas podem ser resolvidos apenas deixando que o paciente exerça sua autonomia, que, obviamente, inclui o direito de tomar decisões que pareçam erradas a todos.

# AINDA PIOR

Com relação ao tema da grávida submetida *manu militari* a uma cesariana, quero explicar por que, embora eu frequentemente defenda éticas consequencialistas, isto é, que julgam ações do ponto de vista de seus resultados (e não de princípios abstratos), ainda assim, me opus a uma intervenção que, na prática, produziu uma mãe e um bebê saudáveis.

Meu apoio ao consequencialismo sempre foi crítico, entre outras razões porque, exceto em jogos filosóficos, nunca temos acesso a todas as informações relevantes para decidir um caso. Um bom consequencialista não hesitaria muito antes de matar um megagenocida em atividade e, assim, elevar o bem-estar da humanidade. Mas será que isso é mesmo o melhor? Que garantia temos de que esse monstro não teria um filho que descobriria a cura do câncer?

No mundo real, toda ação é cercada por uma densa nuvem de incerteza. Com o objetivo de dissipá-la, fiamo-nos na experiência passada, que pode vir embalada em vários formatos, como protocolos médicos, tabelas atuariais, estatísticas e leis.

Filósofos com pendores utilitaristas não ficaram alheios ao problema da informação incompleta e esse é um dos motivos pelos quais, nas formulações mais modernas do consequencialismo, ganha espaço o chamado consequencialismo das regras. Em vez de tentar calcular o valor positivo ou negativo de cada ato individual, nós o fazemos em relação a regras. Uma norma como o "não matarás" é boa, não porque foi ditada por Deus, mas porque tende a produzir mais felicidade do que sofrimento.

É nesse mesmo caso que se encontra o princípio segundo o qual as pessoas devem ser livres para tomar suas próprias decisões. Ainda que de vez em quando o desfecho não seja favorável, é razoável supor que seu avesso (limitação da liberdade) produziria consequências ainda piores.

# ABORTO E VIOLINISTAS

Uma argumentação provocante em defesa do aborto é o experimento mental proposto pela filósofa Judith Jarvis Thomson: Uma bela manhã você acorda e constata que foi cirurgicamente ligado a um famoso violinista. É que ele sofre de uma doença fatal dos rins e você é a única pessoa do planeta com tipo sanguíneo compatível com o dele. Por isso, a Sociedade dos Amantes da Música te sequestrou e realizou o procedimento que coloca seus rins para filtrar o sangue de ambos. A boa notícia é que, após nove meses, o virtuose terá condições de viver por conta própria e vocês serão separados.

O ponto de Thomson é que você não tem nenhuma obrigação moral de manter-se ligado ao violinista e, assim, garantir que ele viva. Fazê-lo é até meritório, um gesto de abnegação, mas de modo algum um dever.

O interessante no argumento da filósofa é que o feto é reconhecido como um ser independente e titular de direitos plenos, como gostam os adversários do aborto. Mas ele mostra que, ainda assim, é possível construir um bom caso em favor da autonomia da mulher.

# QUESTÃO DE RESPONSABILIDADE

Os que argumentam contra o experimento mental proposto pela filósofa Judith Jarvis Thomson dizem que não há como equiparar uma gravidez que resulte de uma relação sexual consentida com a situação da pessoa que se vê compelida a dividir seus rins com um violinista famoso que precisa dessa ajuda para sobreviver.

No primeiro caso, a mulher é responsável pelo que lhe sucedeu, enquanto, no segundo, tudo ocorre à revelia do sujeito. A grávida teria, portanto, o dever moral de seguir com a gestação, o que não se aplica ao indivíduo sequestrado para funcionar como máquina de hemodiálise.

Se o problema é a responsabilidade da grávida, deveríamos colocar na lista dos abortos legítimos não só gestações decorrentes de estupro (hipótese contemplada pela legislação brasileira), mas também as resultantes de falhas dos métodos contraceptivos (o que a lei não permite).

E, se cavoucarmos o conceito mais a fundo, verificaremos que essa noção de responsabilidade advogada pelos que se opõem ao aborto funciona melhor para elaborar narrativas moralistas do que para lidar com as complexidades do mundo real.

Pelo menos em alguma medida somos responsáveis por tudo o que nos acontece. O fumante que desenvolve câncer de pulmão em alguma medida assumiu o risco de contrair a moléstia. Vamos então proibi-lo de tratar-se pelo SUS? E o alpinista que caiu da montanha? Ele também se colocou nessa situação voluntariamente. Vamos deixar de resgatá-lo e de reduzir suas fraturas? Por que cobrar a tal de responsabilidade só das grávidas e não de todos os que tomam uma decisão que em algum momento se revela errada?

Faz mais sentido, creio, pensar que algumas de nossas ações têm consequências irremediáveis, enquanto outras, não. A gravidez, felizmente, está no segundo grupo.

# ENTRE A LEI E A MORAL

Quando debatemos o aborto no Brasil, não discutimos só a moralidade do ato, mas também – e talvez principalmente – a questão penal. A prática deve permanecer proibida por lei nos termos em que está? Se não, para que lado devemos ir? Mais restrições, como sustenta a Igreja Católica, ou mais liberações, como pedem os, vá lá, progressistas?

Esse primeiro ponto é, para mim, muito simples. Mesmo que se admita que há algo de errado em interromper uma gravidez – e parece haver, ou mulheres não enfrentariam dilemas de consciência ao fazê-lo –, não cabe ao Estado reprimir essa conduta. Nem tudo que é imoral precisa ser também ilegal. Não creio que o direito penal, que atua invariavelmente com a mão pesada das penas restritivas de liberdade, se preste ao aperfeiçoamento moral do ser humano. Ele serve principalmente para reduzir o nível de conflito da sociedade. Se o objetivo de criar pessoas melhores é factível, precisa ser alcançado por meio de outros instrumentos, como educação e pressões sociais.

Legislações equilibradas sobre o aborto já preveem a interrupção da gestação sempre que houver perigo para a saúde física ou psíquica da mãe. Lamentavelmente, este não é o caso do Brasil.

# O *BIG DATA* E O FUTURO

Ainda não sabemos ao certo o que será possível fazer com o *big data*, mas já não há dúvida de que seu impacto será enorme. Em algumas áreas, em especial a economia, ele já se faz sentir.

Empresas que controlam gigantescas bases de dados, como Amazon, Google e tantas outras, já tiveram seu valor de mercado multiplicado nas bolsas. Mais, usam as informações que detêm sobre usuários para incrementar suas vendas. Eu próprio sou vítima contumaz do diabólico algoritmo da Amazon, que me oferece quase diariamente livros aos quais não consigo resistir.

As reverberações do *big data*, contudo, não estão restritas ao mundo empresarial. O fenômeno também deverá afetar profundamente a ciência, incluindo as humanidades, e vários aspectos da governança.

Embora seja cedo para delimitar o alcance dessa revolução, há discussões às quais não poderemos nos furtar por muito mais tempo. O ideal seria que definíssemos desde já certos limites para o uso do *big data*, mais especificamente para o conhecimento probabilístico que ele introduz.

Dois exemplos. O *big data* nos permite estabelecer com boa chance de acerto quais são as pessoas mais propensas a sofrer de moléstias custosas.

É razoável que seguradoras de saúde lhes neguem cobertura ou exijam um sobrepreço? Pior, é possível apontar quais os jovens com maior probabilidade de cometer crimes. É claro que não podemos trancafiá-los *a priori*, mas seria legítimo colocá-los em programas de prevenção? Ou será que isso já constituiria uma punição antecipada? Será que nossas vidas não requerem um pouco de incerteza para ser plenamente vividas?

# LEI DOS ZOOS

Causou revolta em todo o mundo a decisão de um zoológico de Berna, na Suíça, de sacrificar um filhote de urso pardo perfeitamente saudável. O pequeno animal, que fora batizado de Filhote 4, foi morto após ter sido atacado pelo pai e negligenciado pela mãe. A primeira ideia dos responsáveis pela instituição foi deixar que a natureza seguisse seu curso. É quase certo que o bichinho seria destroçado pelo genitor. Mas, depois de refletir mais, concluíram que seria mais humano praticar uma eutanásia.

Filhote 4 será empalhado e posto em exibição, para ensinar às crianças que a natureza pode ser cruel.

Por paradoxal que pareça, essa atitude de zoos (meses atrás, um parque dinamarquês criou controvérsia ao sacrificar uma girafa macha saudável chamada Mário e com ela alimentar os leões) se inscreve numa lógica de, vá lá, "respeito à natureza".

Filhote 4 jamais sobreviveria em ambiente selvagem e, se fosse criado pelos tratadores, provavelmente se tornaria um adulto mal ajustado, como ocorreu com o mundialmente famoso ursinho Knut em 2007.

Esse discurso não me convence pela simples razão de que a existência de um jardim zoológico já é uma negação da tal da ordem natural, pela qual alguns grupos nutrem reverência quase religiosa. E, se já estamos indo contra a natureza, podemos muito bem nos dar ao luxo de decidir se queremos aplicar a lei da selva ou algum outro princípio que nos pareça mais satisfatório. De minha parte, optaria por uma lógica consequencialista: manter Filhote 4 vivo faria mais crianças felizes, sem mencionar, é claro, o próprio animal.

Não tenho dúvidas de que a natureza pode ser cruel. O ponto central, contudo, é que nós, seres humanos, não precisamos sê-lo. Da agricultura às leis positivas, uma boa descrição da epopeia humana são nossas constantes tentativas de livrar-nos do jugo da natureza. Em várias delas tivemos êxito, em outras, nem tanto.

# PROPAGANDA INFANTIL

Sou pai de gêmeos com o furor consumista típico de garotos de 12 anos. Sou, portanto, solidário com pais que se queixam dos excessos da propaganda infantil. É covardia anunciar para crianças, já que elas têm muitos desejos, nenhuma renda e uma capacidade infinita de apoquentar seus genitores.

Ainda assim, parece-me despropositada a resolução n° 163 do Conanda (Conselho Nacional dos Direitos da Criança e do Adolescente) que passou a considerar abusiva toda e qualquer publicidade dirigida ao público com menos de 12 anos.

O ponto central, creio, é que o Conanda exorbitou de seus poderes. O órgão não poderia banir ou limitar a liberdade de empresas anunciarem seus produtos. A Constituição simplesmente não dá espaço para isso. O artigo 220 da Carta, que estabelece a possibilidade de restrições legais à publicidade, só as prevê para uma relação finita de produtos: "tabaco, bebidas alcoólicas, agrotóxicos, medicamentos e terapias". É forçoso, assim, concluir que, para tudo o que esteja fora dessa lista, a regra é a da plena liberdade.

Aceitar essa conclusão não implica abandonar os pais à tirania de seus rebentos. Embora militantes de causas adorem uma leizinha, existem outros mecanismos civilizadores até mais eficientes que normas jurídicas. Especialmente no mundo do marketing, imagem é tudo. Apenas fixar o meme de que a propaganda dirigida a crianças não é ética – uma ideia que já está em circulação – tende a fazer com que publicitários e anunciantes peguem leve.

Alguns diriam que é pouco. Talvez, mas recorrer a esse expediente e outras medidas, como a autorregulamentação, tem a enorme vantagem de preservar um dos pilares da democracia, que é a liberdade de expressão. Eu pelo menos não a trocaria por alguns momentos de paz e mais alguns tostões na carteira.

# BALBÚRDIA TEOLÓGICA

A bioética é a mais depressiva das especialidades filosóficas. Seus manuais são uma coleção de situações médicas trágicas que geram dilemas sem solução feliz. Se existe um princípio heurístico nessa triste disciplina, é o de que o respeito à autonomia do paciente e seus familiares é quase sempre a resposta menos ruim.

Faço essa introdução a propósito da decisão do Superior Tribunal de Justiça que livrou de ir a júri popular, isto é, de responder por homicídio doloso, o casal de pais que, por serem testemunhas de Jeová, não autorizou uma transfusão de sangue em sua filha menor, que morreu.

Penso que o STJ agiu bem. O que define primariamente o dolo no homicídio é a intenção de matar, o que, obviamente, não se era o desejo dos pais. De uns anos para cá, porém, o Ministério Público, provavelmente para obter condenações mais duras, vem abusando da figura do dolo eventual, que ocorre quando o acusado faz pouco caso do perigo a que submete a vítima. Esse, contudo, deveria ser um enquadramento excepcional, para dar conta de casos em que o autor não só age com negligência ou imprudência, mas o faz com real desprezo pela vítima. É bom que a Justiça comece a frear essa moda.

Não estou, é claro, afirmando que os pais agiram bem. Considero a ideia de que Deus não quer que transfundamos sangue uma tolice. Vou um pouco mais longe e afirmo que crer num papai do céu se encontra na mesma categoria. Mas, uma vez que nosso ordenamento jurídico permite e até incentiva a prática religiosa, é difícil sustentar que seguir um dogma equivalha a assassinato.

E, depois que se aceita o vale-tudo dos discursos religiosos, não dá para dizer que a crença num Deus com pavor de transfusões seja objetivamente mais errada do que numa divindade que veta a contracepção ou que coleciona prepúcios. Só a autonomia confere alguma coerência a essa balbúrdia sanitário-teológica.

# QUESTÃO DE SANGUE

Tentarei esclarecer meu apoio à decisão do STJ de não processar por homicídio doloso os pais de uma menina que morreu depois que eles não autorizaram uma transfusão de sangue.

O tribunal não foi instado a dizer se aprovava a conduta do casal nem se dogmas devem sobrepor-se à vida, mas apenas se os pais deveriam ser julgados como assassinos. A resposta cabível era sim ou não. O STJ disse não, o que me parece juridicamente consistente e bastante sensato.

Daí não decorre que tenhamos de aceitar o relativismo total e permitir condutas como o sacrifício humano ou a mutilação genital, como acusaram alguns leitores. É tudo uma questão de encontrar e usar o tipo penal adequado. Penso que nosso ordenamento jurídico já proíbe sacrificar humanos a deuses (homicídio) e arrancar o clitóris saudável de mulheres (lesão corporal). Se queremos evitar que testemunhas de Jeová impeçam seus filhos menores de receber transfusões – o que faz sentido, já que a autonomia deve ser absoluta quando diz respeito ao próprio corpo, relativa quando diz respeito a tutelados e inexistente quando diz respeitos a terceiros –, então é preciso criar uma norma com esse teor e estabelecer uma pena condizente, obviamente menor que os 6 a 20 anos reservados aos assassinos.

Vale ainda observar que, neste caso, os médicos poderiam ter optado pela transfusão à revelia dos pais. É preciso, porém, que esse tipo de atitude seja uma faculdade, não uma obrigação. Em medicina, não dá para fixar *a priori* e para todos os casos quais devem ser as condutas. Seria um despropósito obrigar um médico a fazer uma transfusão *manu militari* se ela trouxesse benefícios mínimos, como prolongar por poucos dias a vida de um paciente terminal.

# DISPOSIÇÕES FINAIS

A morte de Brittany Maynard, a jovem de 29 anos que sofria de câncer terminal e tirou a própria vida segundo os ritos da lei de suicídio assistido do Estado de Oregon, reacendeu o debate sobre a eutanásia nos EUA e no mundo.

O que fazer quando já não há possibilidade de cura e a perspectiva é a de uma morte agonizante? Não entro aqui no mérito do discurso religioso segundo o qual o suicídio é um pecado aos olhos de Deus. Pessoas religiosas têm todo o direito de acreditar nisso e suportar até o fim tudo o que vier, mas parece absurdo querer aplicar essa diretriz a quem não partilha da mesma visão de mundo ou nem crê na existência de um Criador.

O problema aqui é que as objeções à eutanásia não são exclusividade de religiosos. Há também um raciocínio laico contra o suicídio assistido e outras formas de abreviamento da vida. Para essa corrente, permitir medidas desse quilate não apenas dá margem a abusos como acabaria criando uma cultura da morte. Se alguns pacientes gravemente enfermos optam por sair de cena antes de se tornar um fardo para o companheiro ou a família ou de fazer com que a conta do hospital chegue à estratosfera, estariam induzindo outros doentes em situação análoga a seguir o mesmo caminho mesmo que, na intimidade, não o desejassem.

A preocupação é legítima, mas não creio que o mero incentivo, e ainda assim indireto, a uma conduta que nem deveria comportar julgamento moral baste para bloquear o direito, a meu ver líquido e certo, que a pessoa deve ter de dispor da própria vida.

A verdade é que a morte tende a ser uma experiência cruel e solitária. Não há receita única para enfrentá-la, já que indivíduos variam enormemente em seus valores, autoimagem, tolerância à dor, noções de dignidade e outros critérios que ganham relevância nos momentos finais. Diante disso, acho que a única coisa decente a fazer é deixar que cada um escolha seu próprio caminho.

# UMA DEFESA DO INSULTO

No Brasil, o debate nem se coloca. Nenhum editor que eu conheço deixaria de publicar as charges do profeta Maomé, que tanta ira causam em alguns muçulmanos, para ilustrar uma notícia como o ataque ao *Charlie Hebdo*. Penso que estão cobertos de razão. Sem as imagens, fica muito mais difícil entender o que está acontecendo.

Nos EUA e em outras partes do mundo civilizado, entretanto, órgãos de imprensa respeitáveis como *The New York Times*, Associated Press e CNN evitam estampar os cartuns. O argumento utilizado é o da cortesia pública. Leitores devem ser poupados de material criado deliberadamente para ferir sensibilidades, sejam elas religiosas ou de qualquer outra natureza. Uma analogia possível é com a autocensura que, em algum grau, todo editor exerce ao escolher, por exemplo, quais fotografias de um acidente serão impressas. Em geral, as imagens mais fortes são excluídas.

Compreendo, mas não concordo. Obviamente, não defendo que a publicação de cartuns ou de tripas expostas seja obrigatória. Se um determinado órgão acha que escancarar a charge blasfema vai muito contra a sua personalidade, deve mesmo furtar-se a fazê-lo. É fundamental, porém, que, no cômputo geral da mídia, o público tenha acesso a tudo, por mais ofensivo que pareça.

O que está em jogo aqui não é apenas a imagem de jornais e a sensibilidade de leitores, mas a própria dinâmica da democracia, compreendida como o regime em que todas as ideias estão permanentemente abertas ao escrutínio. Para que isso efetivamente ocorra, é preciso tirar o cidadão de sua zona de conforto, expondo-o a visões de mundo diferentes das suas. Ainda que isso lhe ocasione sofrimento psíquico, é importante que ele se dê conta de que outras abordagens são possíveis e podem ser tão legítimas quanto a sua. Para funcionar plenamente, a democracia exige algum nível de insulto.

# E O AMOR?

Na esteira de Yale, Harvard decidiu proibir que seus professores tenham "relações sexuais ou românticas" com alunos da graduação. Como fica o amor?

Não ignoro que universidades lidam mal com denúncias de assédio e abuso sexual. Se isso já acontece quando o episódio envolve apenas estudantes, fica ainda pior quando alguém do corpo docente está metido. Aqui, ao afã de preservar a instituição de escândalos, soma-se o tradicional espírito de corpo para produzir um manto de silêncio leniente.

Não me parece, porém, que a resposta a esse problema seja proibir ligações sexuais ou amorosas entre professores e alunos. O principal argumento é que elas podem em princípio ser perfeitamente legítimas. Nem sempre que um mestre dá em cima de uma estudante ele a está chantageando. Nem sempre que uma aluna vai para a cama com um professor ela está atrás de nota. Especialmente universidades, que deveriam ser uma espécie de templo da razão e da liberdade, não podem erguer barreiras contra o sexo consensual. E, se o sexo não era tão consensual, esse é o fato a ser apurado e que deve eventualmente gerar punições.

A ideia de amor romântico é em boa medida uma construção cultural, mas isso não impede que pessoas se sintam atraídas umas pelas outras por razões absolutamente insondáveis. Se as duas ou mais partes envolvidas estão de acordo com a relação, não cabe a instituições interferir.

Termino com uma provocação, que é o experimento mental concebido por Jonathan Haidt. Julie e Mark são irmãos. Eles estão em férias. Uma noite, sozinhos num bangalô na praia, decidem que seria legal se fizessem amor. Julie já tomava anticoncepcionais. Os dois se esbaldam na cama e curtem a experiência, mas decidem não repeti-la nem contar a ninguém sobre ela. O que eles fizeram é correto? Bem, como não há dano a ninguém, não há como racionalmente condená-los.

# HIPOCRISIA UTERINA

"A hipocrisia é uma homenagem que o vício presta à virtude." Essa é uma das melhores tiradas de François de La Rochefoucauld (1613-1680), que está entre os melhores frasistas da história. Em poucas palavras ele define de modo surpreendente um termo complexo como "hipocrisia" e ainda lhe prega a etiqueta moral adequada.

Faço essas reflexões a propósito das barrigas solidárias, a iniciativa de uma ONG britânica que reúne mulheres que se dispõem a engravidar para gays ou heterossexuais com dificuldades reprodutivas. Obviamente, vejo com bons olhos esse tipo de atitude, mas não consigo deixar de apontar a hipocrisia geral da sociedade nessa matéria. Com poucas exceções como a Índia e o Nepal, o mundo proscreve as chamadas barrigas de aluguel, operação em que a mulher é remunerada para prestar esse serviço.

A própria regra que vige no Reino Unido escancara a fragilidade da distinção entre a doação altruísta, que seria válida, e a monetariamente motivada, que representaria uma abominação. A norma britânica impede pagamento, mas permite o ressarcimento de gastos com a gravidez, como despesas médicas, com deslocamentos, roupas de gestante, psicólogo, além do reembolso por perdas de rendimento. Ganha um prêmio Nobel de Metafísica quem apontar a diferença de natureza entre a primeira e a segunda modalidade.

Podemos ir até um pouco mais longe, perguntando por que classificamos o aluguel do útero quase como um pecado, enquanto louvamos como virtuoso o sujeito que aluga sua força de trabalho ou seu intelecto na atividade que chamamos de trabalho assalariado. Os mais pobres seriam explorados, diriam alguns. De acordo, mas, neste caso, deveríamos proibir os pobres de trabalhar também, já que é grande o risco de serem explorados quando alugam seus músculos.

# DO DIREITO DE MORRER

A revista *The Economist* classificou a eutanásia como "o direito de morrer". Para o periódico, assim como não faz sentido que governos tentem ditar o que dois adultos podem voluntariamente fazer em matéria de sexo, não cabe ao Estado interferir nas escolhas que uma pessoa faz acerca de sua própria morte. Eu não poderia concordar mais.

Segundo a publicação, é no terreno da eutanásia que devemos esperar a próxima onda de liberalização. Embora o auxílio médico para morrer seja permitido apenas num punhado de países europeus, na Colômbia e em cinco estados dos EUA, multiplicam-se as propostas legislativas e casos judiciais que poderão legalizar a prática. Só nos EUA, são 20 os estados que poderão fazê-lo. A estes, somam-se Reino Unido, Canadá, Alemanha e África do Sul.

A experiência de quem legalizou mostra que as principais objeções dos que se opunham à eutanásia não se materializaram. A morte assistida não se converteu numa alternativa barata aos cuidados paliativos, para a qual seguradoras e governos empurrariam os mais vulneráveis. A julgar pelo que ocorreu no Oregon, temos exatamente o contrário desse cenário. O estado permite a morte assistida desde 1997 e, nessas quase duas décadas, apenas 1.327 pessoas recorreram às drogas letais, a maioria gente com bom nível de instrução, que possuía seguro e estava recebendo cuidados paliativos.

Obviamente, médicos já ajudam pacientes a morrer mesmo em países onde isso não é permitido por lei. Eles recorrem às chamadas zonas cinzentas, como suspender tratamentos ou administrar doses letais de analgésicos. O problema dessas soluções informais é que elas reduzem a autonomia do paciente, que deveria ter o direito de articular suas escolhas, e acrescentam mais uma boa dose de hipocrisia ao mundo.

# RECEITA DE FRACASSO

Descriminalização é pouco. Se quisermos adotar uma política racional e razoavelmente coerente para as drogas, será preciso legalizá-las todas, criando pontos de venda oficiais, regulando o mercado e cobrando impostos.

Qualquer coisa aquém disso produz paradoxos. Um exemplo: se não é ilegal consumir, fica no mínimo estranho mandar para a cadeia por crime hediondo, inafiançável e insuscetível de graça ou anistia o traficante, que, afinal, apenas fornece ao cidadão os insumos necessários para fazer algo que a lei não lhe veda.

A descriminalização do porte para usuários é só um pequeno primeiro passo para uma abordagem mais lógica do problema. Faz sentido tático, já que, nessa matéria, é preferível avançar galgando pequenos degraus a provocar mudanças irrevogáveis, mas não é o ponto de chegada.

E por que a posição racional é a legalização e não a proibição, já que drogas podem destruir a vida de uma pessoa e trazem pesados custos sociais? Bem, nós já tentamos a proscrição e não deu certo. Talvez tenhamos conseguido manter mais ou menos estável a proporção de dependentes, mas, ao fazê-lo, acabamos criando dificuldades ainda piores.

O traficante só obtém grandes lucros, com os quais corrompe autoridades e forma violentas milícias privadas, porque sua atividade é ilegal. Se não fosse, ele não ganharia tanto (prêmio do risco) nem precisaria manter um exército particular. Nós basicamente gastamos rios de dinheiro com repressão para tornar os criminosos mais poderosos.

Em termos sociais, a droga é de fato um problema, mas não podemos perder de vista o espaço amostral. Assim como nem todo mundo que bebe um uísque é alcoólatra, a esmagadora maioria das pessoas que usa droga não termina na sarjeta da cracolândia. Políticas que ignorem esse fato epidemiológico têm tudo para dar errado. E têm dado.

# IGUALDADE NO SÉCULO XXIII

A manter-se o atual ritmo de queda da desigualdade entre homens e mulheres no Brasil, elas só vão ganhar o mesmo que eles em 2085. A igualdade nos cargos de diretoria e conselho de grandes empresas só virá em 2213, e, na Câmara dos Deputados, no ainda mais longínquo 2254. O que está acontecendo?

A explicação padrão das alas mais radicais do movimento feminista é conhecida: discriminação. Até acho que o preconceito responde por uma parte do fenômeno, mas ela é pequena. Não é difícil ver o porquê. Se empresas pudessem mesmo obter de um funcionário o mesmo rendimento pagando 30% menos, como quer a narrativa feminista, não há muita dúvida de que apenas mulheres seriam contratadas. O compromisso das firmas com o lucro tende a ser maior do que com o machismo.

Isso significa que o mais provável é que o rendimento não seja o mesmo. Aqui temos duas possibilidades. Ou mulheres não são tão boas quanto homens no que fazem ou não dão ao emprego a mesma prioridade que eles. A segunda alternativa parece mais verossímil, já que, a crer no desempenho escolar, que é uma prévia do preparo para o trabalho, elas são na média bem melhores do que eles. De fato, quando se levam em conta fatores como jornada de trabalho, tipo de emprego escolhido, intervalos para a gravidez, disponibilidade para viagens, para horas extras etc., a diferença cai bastante.

Qual deve ser o objetivo do movimento feminista? Ele deve exigir que mulheres tenham participação proporcional a seu peso demográfico (51%) em todas as carreiras ou apenas eliminar obstáculos para que elas que tenham a maior liberdade possível para fazer escolhas? Fico, de novo, com a segunda opção, já que a primeira nos levaria em algum momento a obrigar mulheres a seguir caminhos que talvez não desejem, como confiar ao pai a consulta com o pediatra ou tornar-se políticas.

# DA SOBERANIA DO INDIVÍDUO

Defendo que a legislação sobre costumes de um Estado moderno deve sempre seguir a inspiração liberal e não a conservadora. Não digo isso porque minhas preferências pessoais coincidem com as ideias ditas progressistas, mas porque existe uma diferença qualitativa no papel que as duas visões de mundo reservam para a lei.

Na visão conservadora, é legítimo que o Estado opere ativamente para promover a coesão social, mesmo que, para isso, force o indivíduo a conformar-se ao *statu quo*. Não dá para dizer que não funcione. Em que pese um certo autoritarismo intrínseco, sociedades que colocam os interesses coletivos acima dos individuais tendem a apresentar menores índices de violência interpessoal e menos desigualdade. Costumam ser menos inventivas também, mas esse é outro problema.

Já para os liberais, a ênfase recai sobre a liberdade individual. Bem no espírito de John Stuart Mill, atitudes e comportamentos, por mais exóticos que pareçam, só podem ser legitimamente proibidos ou limitados se resultarem em dano objetivo e demonstrável para terceiros. Caso contrário, "sobre si mesmo, seu corpo e sua mente, o indivíduo é soberano".

A implicação mais óbvia dessa diferença é que, enquanto a perspectiva liberal permite que cada grupo viva segundo suas próprias convicções, ainda que numa escala menor que a do todo, a concepção conservadora exige que as franjas minoritárias renunciem a seus valores. Trocando em miúdos, existem vários projetos de lei para proibir ou limitar o aborto e o casamento gay, mas não há nenhum com o intuito de torná-los obrigatórios. Numa época em que consensos sociais podem mudar rapidamente, conservadores deveriam ser os principais interessados numa legislação bem liberal.

# DÍA DE MUERTOS

O Estado pode, em tempos de paz, obrigar alguém a correr riscos físicos aos quais não está disposto? Ele poderia me forçar a saltar de paraquedas ou a passar um ano num pesqueiro comercial? Se você, como eu, acha que não, então deveria, como eu, defender o direito ao aborto para as mulheres.

A gravidez, embora não seja considerada doença, é um estado que eleva bastante a chance de uma mulher morrer. Na tentativa de tornar a análise de risco mais intuitivamente amigável para as pessoas, estatísticos desenvolveram uma unidade especial, a micromorte. Definida como a chance de um óbito por milhão de eventos, a micromorte permite comparar o perigo envolvido em atividades e estados tão distintos quanto escalar o Himalaia (39.427 micromortes por tentativa), submeter-se a uma anestesia para cirurgia eletiva (10 micromortes no Reino Unido) ou apenas completar 1 ano de vida em Serra Leoa (119.000 micromortes).

Dar à luz no Brasil implica um risco de 620 micromortes. É mais que as 120 micromortes da gestante britânica, mas menos que as 2.100 da média mundial. De todo modo, concentra em algumas horas um perigo maior que o de passar um ano servindo como soldado britânico no Afeganistão (47 micromortes) ou trabalhando em minas de carvão (430 micromortes).

Se admitimos o princípio de que o Estado não pode fazer um cidadão correr riscos à saúde que não deseje, então a legalização do aborto se torna uma necessidade lógica. "E o feto?", perguntarão os defensores das criancinhas não nascidas. Os que acreditam em Deus devem se queixar com o Criador, já que o plano divino dá poucas chances aos embriões.

Estima-se que, para cada gravidez que vinga, de dois a três óvulos fecundados sejam abortados espontaneamente. Ou seja, a cada ano, são sacrificadas no mundo entre 190 milhões e 285 milhões de pequenas vidas – um verdadeiro holocausto de almas. O mundo é um lugar cruel.

# DEU ZIKA

Grávidas de fetos microcefálicos devem ter o direito de abortar? E mulheres que descobrem ter contraído zika no início da gestação? Pela letra da lei brasileira, não. As exceções previstas são só duas, perigo de vida para a mãe e gravidez resultante de estupro.

A decisão do STF de estender o direito de abortar a portadoras de fetos anencefálicos tampouco ajuda, já que o requisito são malformações incompatíveis com a vida extrauterina, algo que a microcefalia não é.

Ainda assim, o debate é válido. Se nos conformássemos com o que diz a lei, sem tentar modificá-la pela via legislativa, jurisprudencial ou mesmo por revoluções, as Ordenações Filipinas ainda estariam em vigor.

É interessante aqui notar que o legislador de 1940, responsável pelo atual Código Penal, teve a grande sabedoria de não definir absolutos. Não colocou a vida do feto como algo a preservar a todo custo, como fazem certas doutrinas religiosas. Não só estabeleceu a vida da mãe como hierarquicamente superior à do nascituro, mas também criou uma cláusula de exclusão de punibilidade baseada em razões psicológicas.

O aborto nos casos de estupro, que a doutrina chama de aborto sentimental, tem como justificativa o fato de que seria desumano obrigar a mulher a carregar no ventre o filho do agressor. Ou seja, o bem-estar psicológico da mulher prevalece sobre a vida do embrião, ainda que apenas em situações especiais, em que a grávida foi forçada ao ato sexual.

Foi ampliando a noção de que a saúde psíquica das mulheres é um bem jurídico a preservar tão valioso quanto a promessa de vida que a esmagadora maioria dos países industrializados chegou à conclusão de que, ao menos nas fases iniciais da gestação, a mulher deve ser livre para decidir sobre a sua continuação.

É um pouco frustrante constatar que as premissas do debate, que hoje se trava em nome de absolutos religiosos, pioraram de 1940 para cá.

# RELIGIÃO

A religião é um fenômeno fascinante. É uma das poucas coisas que faz homens adultos e normalmente inteligentes se comportarem como crianças à espera de Papai Noel. E isso é só parte da história. Ela também é uma força que pode atuar tanto benignamente, proporcionando conforto e bem-estar aos que nela creem, como de modo particularmente maligno, motivando massacres e atos terroristas. Numa linguagem mais científica, pode ser descrita como um sistema de crenças que um dia favoreceu a coesão social e agiu como elemento de motivação do grupo. Em sociedades mais complexas, além de bônus, aparecem também os ônus. Seja o que for, é algo sobre o que vale a pena refletir.

# SOLIDARIEDADE TRIBUTÁRIA

Faz ou não sentido que templos religiosos gozem da imunidade tributária que lhes é ofertada pelo artigo 150 da Carta? Sei que muitos me tomam por um ateu desalmado, mas acredito em liberdade de culto. Nesse contexto, o mecanismo constitucional tem (ou pelo menos teve) uma lógica. Ele visa a evitar que o Estado embarace as atividades de religiões não oficiais impondo-lhes a seus membros uma carga tributária diferenciada. Taxas desse gênero existiram desde a Antiguidade, recaindo preferencial mas não exclusivamente sobre os judeus. Elas atenderam por nomes tão diversos como *fiscus judaicus*, *jiziat*, *rav akçesi*, *Toleranzgebührer*.

Os otimistas interpretam esse tipo de imposto como um avanço civilizatório, já que falamos de tempos em que o mais comum era simplesmente matar os seguidores de outros credos. É inegável, contudo, que ele resultava numa discriminação punitiva contra os membros da religião não majoritária.

A questão é saber se o dispositivo da imunidade continua fazendo sentido no Ocidente em pleno século XXI. Hoje, por uma série de outros mecanismos constitucionais, seria impossível taxar templos de minorias preservando o culto da maioria.

Também acho difícil justificar que a fé seja imune a impostos quando outros itens, talvez ainda mais essenciais à vida, como alimentos e remédios, são às vezes pesadamente onerados. Penso que já é hora de prevalecer o princípio da solidariedade tributária, pelo qual todos pagam para que as alíquotas sejam menores.

# A FÉ VERDADEIRA

Embora eu não partilhe de praticamente nenhuma de suas posições conservadoras, admiro os dotes intelectuais do papa Bento XVI (2005-2013). Joseph Ratzinger pode ser descrito como um pensador fino que não teme ir aonde suas ideias o levam, como o atestam as polêmicas em que se envolveu.

O tom de seu pontificado começou a ser dado antes mesmo de ele ser sagrado papa, quando, na condição de prefeito da Congregação para a Doutrina da Fé (o novo nome da velha Inquisição), participou ativamente da elaboração da epístola *Dominus Iesus* (2000). Ali, o Vaticano diz que os que não acatam a "verdade" como interpretada pela Igreja Católica estão em apuros teológicos. *Dominus Iesus* coloca a questão de forma até diplomática, pois admite a possibilidade de graça para os não católicos, ainda que "objetivamente" menor do que para o católico.

Se quisermos, essa carta é a versão *light* do *Extra Ecclesiam nulla salus* (fora da Igreja não há salvação), do papa Bonifácio VIII (1294-1303).

É difícil comprar essa tese. Ela bate de frente contra o que considero um dos mais convincentes argumentos antirreligiosos, que é o do pluralismo. Para onde quer que olhemos no mapa, encontraremos uma "verdade religiosa" diferente. Qual o critério para decidir qual é, de fato, a verdadeira? Por que o catolicismo seria melhor que o calvinismo? No que eles superariam o judaísmo e o islamismo? E o que haveria de errado com Zeus e o panteão olímpico ou com os deuses nórdicos, que já foram providencialmente enterrados por todos? Nós, ateus, estamos apenas um deus à frente dos demais.

Parece mais razoável compreender os diversos sistemas de crença religiosa como manifestações diferentes da mesma predisposição humana, que pode ter base biológica (como acredito) ou divina (como pensa a maioria). Mesmo que Deus exista, é difícil conceber que ele tenha criado só uma fé certa e dezenas de erradas.

# MISSA EM LATIM

Ao contrário do que ocorria alguns séculos atrás, hoje a religião já não precisa atravancar a vida de ninguém. Se, no passado, um herege podia ser assado em praça pública e a excomunhão significava uma sentença de morte em vida, agora, pelo menos nos países democráticos, os ensinamentos morais da Santa Sé não impedem uma pessoa de viver como preferir, inclusive no campo da sexualidade.

Quem não concorda com os catecismos do Vaticano, é livre para ignorá-los ou contestá-los. Religiosos que consideram equivocadas as interpretações que o sumo pontífice faz das Escrituras podem buscar outros cultos ou fundar sua própria igreja. As vantagens fiscais são consideráveis.

No mais, é complicado sugerir que nós, progressistas, podemos dizer o que pensamos acerca de tudo e os papistas, por serem reacionários, não gozem da mesma prerrogativa. Teríamos um problema de saúde pública se as autoridades dessem ouvidos ao que o Vaticano prega em relação à camisinha, mas, felizmente, isso já não ocorre há décadas no Brasil.

O bônus do laicismo é que a palavra do papa, que antes tinha poder de vida e morte sobre católicos e não católicos, hoje concorre com centenas de outras visões de mundo, religiosas e seculares, e cada qual é livre para abraçar a que mais lhe aprouver.

Para mim, que não estou preocupado com a disputa por fiéis nem com a vitalidade da religião, só o que torna a Igreja Católica interessante é seu aspecto museológico, isto é, a janela que ela abre para o passado. Assim, prefiro a missa em latim.

# QUANTAS DIVISÕES TEM O PAPA?

A frase do título, sarcástica, é de Josef Stálin, e, substituindo-se "papa" por qualquer outro nome, tem sido usada para descrever a situação de autoridades que, embora ostentem cargos vistosos, não detêm muito poder de fato.

Penso que a oração cai como uma luva para... o papa. Durante muito tempo, estive entre aqueles que criticavam duramente a Igreja Católica, por opor-se às campanhas de prevenção da aids que propagandeiam o uso de preservativos e por promover uma moral conservadora que, a meu ver, apenas contribui para tornar o mundo um lugar menos feliz.

Continuo defendendo a camisinha e atitudes liberais no comportamento, mas já não ataco com tanta ênfase as posições da Santa Sé, pois estou cada vez mais convencido de que sua influência é menor do que se imagina.

Não estou evidentemente afirmando que o papa e a hierarquia católica não tenham nenhuma relevância. Eles representam uma tradição de 2.000 anos com ramificações por toda a sociedade. Dialogam com periodicidade semanal com os fiéis mais assíduos e seria uma grande surpresa sociológica se essa presença não deixasse nenhum tipo de marca.

Meu ponto é que, quando saímos do reino das aparências e penetramos os mistérios do *éthos* humano, as coisas ficam mais complicadas: as evidências empíricas disponíveis são fortemente sugestivas de que, hoje, muito do que o papa diz em matéria de sexualidade e comportamento entra por um ouvido dos católicos brasileiros e sai pelo outro. Vamos a esses dados.

Pesquisa Datafolha de 2007 mostrou que, embora a Igreja condene com veemência o uso da camisinha, 94% dos católicos brasileiros o defendiam, percentual idêntico ao da população geral.

Em relação ao divórcio, que tampouco é aceito pelo Vaticano, os católicos estavam até à esquerda do conjunto dos brasileiros e dos evangélicos. A proporção dos que se diziam favoráveis ao instituto era de 74%, 71% e 59%, respectivamente. É curioso que a pregação do sumo pontífice encontre mais guarida entre os evangélicos do que entre os católicos. (Isso faz pensar se é tão despropositada assim a ideia de promover uma guinada ultraconservadora. O nicho dos religiosos realmente militantes, que poderiam dar novo vigor ao catolicismo, tende a ser bem reacionário).

Em relação à pena de morte, que hoje é criticada por Roma, temos uma inversão, já que 59% dos católicos a apoiavam, contra 55% da população geral e apenas 44% dos evangélicos pentecostais e 36% dos não pentecostais.

Os católicos também estavam mais próximos do brasileiro médio do que da Santa Sé em várias outras questões, como aborto, eutanásia, casamento gay e adoção de crianças por homossexuais, embora, nestes casos, o fosso entre a posição oficial da Igreja e a *vox populi* já não fosse tão profundo.

Algumas pessoas acreditam que esses números precisavam ser relativizados, já quem nem todos os que se declaram católicos para o pesquisador o são de fato. Especialmente no Brasil, existiriam muitos católicos de censo, mas que não frequentam a missa nem vivem de verdade a religião.

Bem, não vejo ninguém se queixando desses tais católicos de censo na hora de afirmar de boca cheia que o papa lidera 1,2 bilhão de terráqueos, mas admito que a observação faz sentido. Examinemos, então, o que acontece com os religiosos mais combativos.

Em 1997, o Datafolha fez outra sondagem, na qual entrevistou apenas fiéis que entravam ou saíam da missa e os resultados não foram muito diferentes. Destes, 90% defendiam a camisinha como método contraceptivo e 96% para evitar a aids. É verdade que havia uma correlação negativa entre o apoio ao preservativo e a assiduidade, mas, mesmo entre os que frequentavam a missa mais de uma vez por semana, 80% o defendiam para resguardar-se da gravidez e 87% para driblar a moléstia infecciosa. Vale ressaltar que estamos falando de uma consulta feita ainda nos anos 1990.

Alguém poderia alegar que o pesquisador faz a diferença. O incrível ímpeto humano por ser aceito faz com que as pessoas respondam aquilo que imaginam que seu interlocutor, isto é, o funcionário do Datafolha, quer ouvir e não o que realmente pensam. É essa distorção que estaria afetando os resultados, fazendo com que os católicos não pareçam tão católicos assim. Hipótese interessante.

Evidentemente, não temos como conferir a utilização de camisinhas, seja por fiéis ou infiéis, mas podemos escolher outra atividade que deixe marcas mais públicas. E, se formos aos dados do registro civil, vamos verificar que católicos não apenas defendem o divórcio como o praticam. Em 2006, a proporção de católicas entre 15 e 49 anos que se encontravam divorciadas, separadas ou desquitadas era de 8,5%, praticamente a mesma da população geral, que era de 8,8%.

Minha conclusão é a de que, em matéria de sexo e comportamento, o papa só é obedecido se disser aquilo que os fiéis querem ouvir. Se ele professar teses com as quais as pessoas não concordam, será solenemente ignorado. E é claro que, se o efeito sobre os católicos já é pequeno, tende a ser ainda menor sobre o restante da população. Assim, não há problema algum em os padres pregarem contra a camisinha, se o Ministério da Saúde ignorá-los e seguir fazendo as campanhas, como tem sido a regra nos últimos 20 anos.

Esses achados são consistentes com uma série de estudos que mostram que o vínculo entre religião e moralidade é muito menor do que se apregoa. Embora crentes gostem de citar Dostoievski e – afirmando que, sem Deus, tudo é permitido – proclamem que a religião é a fonte da ética, a ciência pinta um quadro ligeiramente diferente.

Até por razões cronológicas, a moralidade precisa ser anterior às religiões organizadas, ou os bandos de humanos não teriam sobrevivido para originar os padres, pastores, rabinos e imãs que hoje, numa total confusão entre causas e efeitos, afirmam que o comportamento ético das pessoas depende de suas respectivas igrejas.

Em *Secularism and Nonreligion*, Justin Didyoung, Eric Charles e Nicholas J. Rowland compararam a capacidade de fazer escolhas morais de teístas e não teístas e concluíram que não há diferenças relevantes entre os dois grupos. Ali eles também oferecem uma pequena revisão dos estudos na área.

Meu experimento favorito nessa seara, entretanto, é um clássico de 1973, em que os psicólogos John Darley e Daniel Batson recrutaram seminaristas e os dividiram em dois grupos. Metade dos jovens teria de preparar-se para apresentar a história bíblica do bom samaritano a alunos numa sala no prédio ao lado. A outra metade teria de falar sobre oportunidades de emprego. Cada um dos grupos foi, por sua vez, subdividido em três subgrupos. O primeiro dispunha de bastante tempo até o compromisso, o segundo estava em cima da hora e o terceiro estava decididamente com pressa.

Quando se dirigiam para a sala, foram abordados por um comparsa dos psicólogos que se passava por alguém que precisava desesperadamente de ajuda. Entre os que já estavam atrasados, 90% ignoraram os pedidos de ajuda, mesmo sendo seminaristas e estando com a parábola do bom samaritano na cabeça.

Os jovens religiosos que tinham tempo de sobra foram um pouco mais generosos: 63% ajudaram, o que também implica que 37% não o fizeram.

Poderíamos, numa leitura moralizante, concluir que a hipocrisia é um patrimônio comum da humanidade, do qual religiosos não estão excluídos. Mas, como desconfio de hermenêuticas edificantes, parece-me mais sábio afirmar apenas que a forma como tratamos o próximo depende mais de fatores situacionais do que de disposições internas e sermões.

No final das contas, é uma boa notícia a de que a influência do papa em questões de comportamento é declinante. Pelo menos aqui no Ocidente vivemos tempos em que as pessoas são cada vez mais livres para decidir se vão ou não seguir uma religião e até mesmo para escolher os pontos da doutrina que vão aceitar. Os católicos de verdade têm horror a esse supermercado da fé, no qual cada um monta seu próprio *blend* de dogmas e tradições, mas, do ponto de vista das liberdades públicas, que é o que me interessa, não poderia haver arranjo mais feliz: o religioso pode continuar religioso, e os que não o são já não vão mais para a fogueira por não agirem conforme os cânones do Vaticano.

# A RELIGIÃO TEM FUTURO?

No nível mais fundamental, a resposta é "sim". Depois de uma breve utopia iluminista, na qual a intelectualidade chegou a prognosticar a morte de Deus, o consenso científico parece caminhar para a classificação da religiosidade como um estilo cognitivo que dá mais ênfase às intuições geradas nos lobos temporais do que aos raciocínios lógicos produzidos no córtex pré-frontal. Isso significa que, enquanto contarmos com uma boa variedade de seres humanos, alguns deles deverão permanecer obstinadamente crentes.

Daí não decorre, porém, que os clérigos estejam com a vida ganha. Há uma correlação negativa forte entre desenvolvimento social e religiosidade, da qual a Europa dá testemunho. Nos últimos 30 anos, a tendência geral no continente tem sido de forte queda da fé, como mostram pesquisas que questionam não apenas as crenças dos entrevistados, mas também o peso que cada um deles atribuía à religião em sua vida.

Um caso emblemático é o da Suécia. Como mostra Phil Zuckerman, menos de 20% dos suecos acreditam em um Deus pessoal. E este país nórdico, não custa lembrar, é um dos melhores lugares do mundo para viver, com uma democracia sólida, muita riqueza e bem distribuída, um amplo sistema de seguridade social, baixíssimas taxas de criminalidade, ótima educação etc.

No outro extremo, países mais pobres tendem a ser os mais carolas. Pesquisa Gallup de 2009 classificou 114 nações pelo valor que suas populações atribuíam à fé. No topo, com 99% ou mais afirmando que a religião é importante em suas vidas, temos Bangladesh, Níger e Iêmen.

Correlação, como se sabe, não é sinônimo de causa, mas a prioridade que o papa Francisco quer dar aos pobres pode ser, mais do que uma opção, uma questão de sobrevivência.

# RELIGIÃO, HOMOSSEXUALISMO E RACISMO

O pastor e deputado federal Marco Feliciano (PSC-SP) é acusado de sustentar posições racistas e homofóbicas. Mas será que é verdade? Vamos às evidências.

Pelo que tive a oportunidade de ler em reportagens e artigos dispersos, Feliciano segue a linha clássica dos religiosos que afirmam não ter nada contra gays, mas sim contra o ato homossexual, que encontraria forte condenação na Bíblia.

Em termos de análise textual, ele está coberto de razão. Há pelo menos três passagens do assim chamado "livro bom" que tratam explicitamente do homossexualismo masculino. Nenhuma delas o vê com bons olhos. Em Levítico 18:22, a atitude de um homem que se deita com outros "como se fosse mulher" é classificada como *to´evah*, termo hebraico classicamente traduzido como "abominação".

Em Levítico 20:13, o recado é ainda mais explícito: "Se um homem dormir com outro homem, como se fosse mulher, ambos cometerão uma coisa abominável. Serão punidos de morte e levarão a sua culpa". (Utilizei aqui a tradução da Bíblia católica, já que era preciso escolher uma e a denominação ainda engloba a maioria dos brasileiros).

No Novo Testamento, em Romanos 1:26-27, temos: "Por isso, Deus os entregou a paixões vergonhosas: as suas mulheres mudaram as relações naturais em relações contra a natureza. Do mesmo modo também os homens, deixando o uso natural da mulher, arderam em desejos uns para com os outros, cometendo homens com homens a torpeza, e recebendo em seus corpos a paga devida ao seu desvario".

Muitos exegetas ainda acrescentam a esses trechos a historieta de Sodoma e Gomorra, cidades que teriam sido destruídas a mando de Deus devido aos pecados de seus habitantes, que incluiriam formas alternativas de sexo. Em português, "sodomia" tornou-se sinônimo de "coito anal". Mas a interpretação dessas páginas do Gênesis é muito mais controversa e aberta do que a das passagens anteriores.

De toda maneira, quem acredita que existe um Deus pessoal, que a Bíblia é a expressão imutável de suas vontades e que o texto sagrado deve ser interpretado ao pé da letra – a meu ver, três grandes bobagens – não tem alternativa que não condenar o homossexualismo. Mas cuidado, pois este mesmo Deus nas mesmas Escrituras nos manda assassinar parentes que mudem de religião (Deuteronômio 13:7) e nos autoriza a vender nossas filhas como escravas (Êxodo 21:7), entre muitas outras atitudes que hoje classificamos como abominações.

Passemos agora à acusação de racismo. Feliciano ganhou a pecha de racista por ter ligado africanos à maldição de Cam, narrada em Gênesis 9:20-27.

A história é meio confusa. Cam, filho mais novo de Noé, certo dia encontrou o pai embriagado e desacordado, mas, em vez de guardar pudor e cobrir o ancião, foi correndo contar o sucedido a seus irmãos. Por isso, quando se recuperou da bebedeira, o construtor da arca amaldiçoou não exatamente Cam, como exigiria qualquer noção de justiça, mas seu filho Canaã.

No livro *The Curse of Ham: Race and Slavery in Early Judaism, Christianity and Islam* (A maldição de Cam: raça e escravidão no início do judaísmo, cristandade e islã), David Goldenberg indica, de forma a meu ver bastante convincente, que o sentido original do texto bíblico não apresentava nenhum viés contra negros. Ao contrário, há trechos em que pessoas de pele escura aparecem sob luz bastante favorável. Se havia algum estereótipo para os negros, era o de constituíam exércitos poderosos, rápidos e bons com o arco.

Na obra, que é deliciosamente erudita, fazendo-nos saltar da literatura rabínica para o Alcorão, passando por lições de filologia hebraica e sermões de pastores do sul dos EUA, Goldenberg mostra que é só a partir do início da Era Cristã, quando a proporção de escravos oriundos da África subsaariana aumenta e coloca os negros em maior evidência, que a maldição vai ganhando interpretações mais racistas, que incluem até a fabricação de etimologias fantasiosas ("Cam" significaria "queimado", "negro").

O curioso aqui é que, embora os fundamentalistas vejam a Bíblia como fonte de uma moral imutável, o que temos na verdade é um fenômeno pelo qual diferentes visões de mundo constantemente modificam a exegese do texto bíblico.

Quando chegamos ao ápice desse movimento, entre os escravagistas do sul dos EUA no século XIX, aí sim passa a ser dado como "fato" que Deus lançou uma maldição sobre os africanos. Aparentemente, é dessas fontes que o pastor Feliciano anda bebendo. Se isso não é suficiente para fazer dele um racista, ao menos o coloca em perigoso flerte com essas ideias.

E isso nos traz ao primeiro dilema. Dá para tentar proibir religiosos ou qualquer outro grupo de nutrir e exprimir ideias homofóbicas, racistas, sexistas etc.? Eu sinceramente acho que não. Embora eu despreze essas teses, penso que a sociedade só tem a ganhar se o debate público for travado sem filtros ou censuras.

Em primeiro lugar, a criminalização de ideias exige que se dê ao Estado a autoridade para definir o que pode e o que não pode ser dito, o que me parece bastante perigoso. Para a liberdade de expressão fazer sentido, ela tem de ser ampla o suficiente para abarcar aquilo que ninguém quer ouvir. Palavras podem ferir, mas não matam. E, de toda maneira, a parte atingida pode revidar com palavras. Quando alguém tentar passar das palavras às ações, aí sim é hora de o poder público intervir com o uso da força, se necessário.

Em segundo lugar, a melhor forma de expor o ridículo daqueles que pregam o literalismo bíblico é deixar que suas teses fluam livremente. Como eu disse alguns parágrafos acima, se vamos transformar a Bíblia num código penal, então precisamos apedrejar adúlteros, executar apóstatas e liquidar prostitutas. Escravidão e poligamia estão liberadas. O aborto deve ser punido com uma simples multa.

Isso significa que devemos assistir inertes aos discursos de Feliciano e outros que pensam como ele? É claro que não, e este é o segundo dilema. Se eles podem falar, quem discorda deles tem o mesmo direito. Os protestos contra o deputado são plenamente legítimos (são necessários, eu acrescentaria). A democracia é barulhenta e frequentemente marcada pela grosseria. Mas, enquanto ela for capaz de manter nos trilhos institucionais os conflitos que necessariamente ocorrem em qualquer sociedade multifacetada, está servindo a seu propósito.

As chamadas guerras culturais só se tornam um mal se levarem a uma disputa ideológica tão exacerbada que bloqueia qualquer decisão. Do contrário, elas atuam como um tempero a apimentar os debates.

Quanto a Feliciano e os religiosos que insistem em leituras fundamentalistas da Bíblia, eles deveriam tratar com mais carinho a Comissão de Direitos Humanos e Minorias (CDHM) da Câmara. Se o mundo caminhar para uma era de uso mais intensivo da razão, como se espera que ocorra, eles correm o risco de tornar-se uma minoria que poderá precisar da comissão para assegurar seu direito de interpretar as Escrituras de forma literal. Com direitos não se brinca.

# O MAL

"Por que jovens que cresceram e estudaram aqui [nos EUA] e eram parte de nossa comunidade e de nosso país recorreram a tal violência?", indagou-se Barack Obama após a prisão de Dzhokhar Tsarnaev, suspeito de ter plantado as bombas na maratona de Boston. Em outras palavras, o que levou um garoto, descrito como "doce" e "amigável" por quem o conhecia, a praticar um ato de terror?

Nas últimas décadas, psicólogos e sociólogos que se dedicaram a estudar "o mal" chegaram a conclusões interessantes. A mais polêmica é a de que o "puro mal" só existe em nossas cabeças. De um modo geral, até o mais frio assassino acredita ter razões que justificam seu ato.

A personalidade, é claro, importa. Psicopatas e narcisistas, por exemplo, têm maior chance de envolver-se em agressões (as cadeias têm proporcionalmente mais pessoas com esse perfil do que a população geral), mas isso é só parte da história.

Experimentos conduzidos por psicólogos sociais mostraram que mesmo pessoas tidas como normais cometem verdadeiras barbaridades, se a situação as levar a isso. Philip Zimbardo, por exemplo, fez com que estudantes de Stanford representando o papel de guardas numa penitenciária fictícia logo praticassem abusos muito reais contra seus prisioneiros.

O que a literatura psicológica mostra é que a maioria dos atos de violência e crueldade pode ser reduzida a poucas causas principais. Na classificação proposta por Jonathan Haidt, as duas primeiras são ambição e sadismo, mas elas têm pouca relevância prática. É raro alguém matar só para ter lucro e mais ainda para extrair prazer. As outras duas são alta autoestima e idealismo moral. Curiosamente, são duas características que tentamos incutir em nossos filhos desde pequenos. E, quando elas se combinam para produzir um sujeito cheio de si acreditando agir a mando de um Deus ou de uma ideologia infalíveis, o pior acontece.

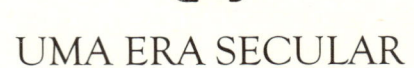

# UMA ERA SECULAR

Os católicos estão se tornando menos numerosos, menos fiéis (vão pouco a missas) e menos obedientes (são tolerantes para com temas que o Vaticano considera tabu). Este é, se quisermos, um retrato quase perfeito do secularismo, o processo de transformação religiosa que é a marca do Ocidente nos últimos 500 anos.

*A Secular Age* (Uma era secular), do filósofo Charles Taylor é uma obra escrita num estilo acadêmico que não é exatamente cativante, mas se trata de um texto capital. Um de seus principais méritos é mostrar que a narrativa-padrão, segundo a qual o avanço das ciências foi empurrando a religião para as margens da sociedade, tem mais buracos do que um queijo suíço.

Em seu lugar, o autor apresenta uma história bem mais rica e complexa, na qual o Iluminismo teve um papel, mas menos determinante do que se apregoa. Tão ou mais importantes foram a Reforma, o desencantamento do mundo (a magia perdeu credibilidade) e o advento do deísmo, no qual a religião das Escrituras cedeu espaço para um Deus impessoal deduzido da natureza pela razão.

Segundo Taylor, tudo isso somado e outras coisas mais acabaram resultando numa revolução cognitiva que permitiu que passássemos de um registro em que era virtualmente impossível não acreditar em Deus, por volta de 1500, para um em que fazê-lo não só é fácil como até inescapável. Hoje, no Ocidente, seguir ou não uma fé se tornou uma entre muitas possibilidades de escolha individual.

Taylor é católico praticante, mas não sei se sua obra, em que pese a tentativa de preservar espaço e sentido para a religião, agrada muito ao Vaticano. Ela, afinal, consagra a ideia de supermercado da fé que a Igreja Católica tanto combate.

# O LUGAR DA ALMA

A ideia de reencarnação já fez algumas aparições na história da filosofia, com o mais elegante nome de metempsicose (termo grego que designa a "transmigração da alma"), o que dá ensejo a um par de reflexões.

A ideia de que existe uma alma que sobrevive ao corpo e sai por aí animando outros seres só ganhou algum destaque na filosofia porque foi encampada por Platão. Não dá para discutir aqui os motivos que o levaram a aceitar essa tese (há até quem debata se aceitou mesmo), mas vale registrar que ela resolve um problema e cria uma infinidade de outros.

A grande vantagem é que ela permite postular um mundo mais estável, no qual o número de almas teria sido estabelecido no início dos tempos. Assim fica mais fácil extrair um propósito para as coisas. Uma das dificuldades para as doutrinas religiosas que não aceitam a reencarnação é encontrar um sentido para a morte de bebês e embriões, por exemplo. Por que diabos Deus criaria uma alma e a destruiria logo em seguida?

As complicações da metempsicose não são, entretanto, menores. A mais óbvia é empírica. Se todas as almas já existem desde sempre, como chegamos a 7 bilhões de seres humanos? Onde estavam todos antes?

Talvez mais grave seja o fato de que, para funcionar, a doutrina da reencarnação depende do esquecimento das vidas passadas. Ora, hoje podemos afirmar com alguma segurança que é a memória que constitui a identidade de um indivíduo. Sem ela não sobra muita coisa, como o atestam as demências severas.

E tudo fica mais complicado se trouxermos outros achados recentes para a discussão, como as evidências de que a própria consciência é resultado de múltiplas sensações corporais ligadas em paralelo. Será que ainda resta um lugar para a alma? Suspeito que não.

# O FIM DE UMA RELIGIÃO

"*Annuntio vobis tristitiam magnam...*". Ops. Idioma errado. Eu vos anuncio com grande tristeza que me tornei ex-sacerdote. Sim, a Igreja Heliocêntrica do Sagrado EvangÉlio, instituição por mim fundada no ano da graça de 2009, foi fechada. Já não tenho o direito legal de não pagar impostos.

Quatro anos atrás, eu e meus colegas Claudio Angelo e Rafael Garcia criamos a tal igreja com o propósito de mostrar como era fácil escapar a tributos através de organizações religiosas. O experimento foi um sucesso. Com apenas R$ 418 e cinco dias (não consecutivos) de trâmites burocráticos, conseguimos registrar o culto e abrir uma conta bancária na qual pudemos fazer aplicações financeiras livres de impostos.

Cumprido tal desígnio, decidimos fechar a igreja. Bem, foi mais difícil encerrá-la do que abri-la, como se pode constatar pelos anos transcorridos. É verdade que muito do atraso se deveu a desleixo nosso. Afinal, não tínhamos urgência e aí o pecado da preguiça fala mais alto.

Isso não significa que não houve armadilhas burocráticas. Minha favorita é a da notificação de excomunhão. Cada um dos sócios-fundadores tomara um rumo. Claudio deixou de ser meu colega de trabalho e Rafael passou uma temporada no exterior. A fim de simplificar o processo e em consonância com os poderes que me autoatribuí nos estatutos da igreja, eu os excomunguei, para que pudesse assinar a papelada sozinho. O cartório, porém, não se deixou persuadir e cobrou as correspondentes notificações de excomunhão. Os advogados me convenceram de que era mais fácil ir atrás dos sócios do que argumentar.

Nós perseveramos por um bom tempo até que os advogados me informaram que a igreja tinha sido finalmente encerrada.

A pergunta fundamental que motivou o experimento permanece sem resposta: faz sentido isentar igrejas de todos os tributos quando eles são cobrados de setores mais essenciais à vida, como alimentação e saúde?

# AMARRADOS AO PÚLPITO

O filósofo Daniel Dennett é frequentemente citado, ao lado de Richard Dawkins, Sam Harris e Christopher Hitchens, como um dos quatro cavaleiros do ateísmo, que ganharam a alcunha por terem lançado, entre 2004 e 2007, *best-sellers* com críticas à religião.

Os quatro livros são interessantes, mas nunca achei que Dennett se encaixasse bem na imagem. Enquanto Dawkins, Harris e Hitchens adotam um tom francamente militante, até panfletário, Dennett oferece uma obra muito mais nuançada.

Essa impressão foi reforçada agora com o lançamento de *Caught in The Pulpit: Leaving Belief Behind* (Capturados no púlpito: deixando a crença para trás), em que Dennett e Linda LaScola lançam luzes sobre o problema dos pastores, padres, rabinos e outras lideranças religiosas que perdem a fé e se veem no dilema entre manter a integridade intelectual, o que implicaria renunciar a seus postos, ou ir torcendo as palavras e suas próprias crenças, para continuar exercendo suas funções e, assim, preservar casamentos, amizades, posição social e aposentadorias.

O livro surgiu a partir de um estudo modesto em que cinco clérigos que viviam esse processo foram entrevistados. A coisa logo evoluiu para um site onde ministros em vias de perder a fé podem trocar experiências sob anonimato e daí para a obra.

Além de boas histórias humanas, o texto de Dennett e LaScola mostra que a religiosidade vem nos mais diferentes formatos e sabores. Há desde os ultraliberais, para os quais a Bíblia é um conjunto de alegorias expostas em linguagem poética, que nunca devem ser tomadas pelo valor de face, até aqueles mais conservadores que afirmam que cada palavra das Escrituras deve ser interpretada literalmente. Como observou um dos entrevistados, nem todo religioso nega a evolução biológica. Esse abismo nas fileiras dos que creem é algo que a nova literatura sobre a religião muitas vezes deixa escapar.

# LOGICAMENTE IMPECÁVEL

Por ocasião do Dia do Holocausto, o rabino Michel Schlesinger e o cardeal dom Odilo Scherer publicaram um interessante artigo em que levantam uma questão que há séculos atormenta religiosos: como conciliar a ideia de um deus bom com o sofrimento de inocentes. "Como se pode ainda acreditar em Deus depois de Auschwitz?", escreveram.

Schlesinger e Scherer concluem que o Holocausto não foi obra de Deus, mas de homens e suas ideologias. Como não acredito em Deus, concordo, mas, para os que creem, receio que não seja tão fácil assim limpar a barra do Criador. O problema do mal, conhecido como teodiceia, constitui uma dificuldade filosófica real, e as respostas até hoje oferecidas deixam muito a desejar.

O argumento antiteísta é simples. Se há um deus onisciente, onipotente e benevolente, então não existe mal. Ora, há mal no mundo. Portanto, um deus onisciente, onipotente e benevolente não existe. A forma lógica do raciocínio, "*modus tollens*", é impecável. Se as premissas são verdadeiras, a conclusão necessariamente também o é. Daí que, para esboçar uma resposta, é preciso negar a onipotência/onisciência de Deus, sua benevolência ou a existência do mal.

Todas foram tentadas. Especialmente os cristãos gostam de afirmar que Deus renunciou a interferir em ações humanas para nos dar o livre-arbítrio. Outra saída popular é dizer que, ao contrário de Deus, nós não temos todas as informações e é possível que o que nos pareça um mal ou uma injustiça sejam, na verdade, um meio para produzir um bem maior.

Tais respostas permitem um rico debate filosófico, mas não me convencem. Por que então Deus não criou homens incapazes de fazer o mal, para início de conversa? A hipótese mais simples, de que não há um deus com os três atributos, me parece infinitamente mais plausível. E também torna mais fácil responsabilizar os homens por suas ações.

# PEDOFILIA NA IGREJA

A ONU divulgou um relatório em que critica o Vaticano pelo modo como lida com os casos de pedofilia envolvendo padres.

A primeira coisa que chama a atenção é a concentração e a amplitude das denúncias. Ou a Santa Sé é vítima de uma campanha difamatória da mídia e das autoridades de diversos países, ou há uma especificidade na Igreja Católica que a torna mais propensa a essas ocorrências.

Como falamos não de uma, mas de dezenas de democracias estabelecidas, acho que dá para descartar a hipótese de que a Igreja sofra perseguição. Também acredito que podemos rejeitar razões doutrinárias. Se há algo de que o Vaticano não pode ser acusado é de ser tímido na condenação que faz do sexo em geral e do homossexualismo em particular.

A resposta, assim, parece estar nos costumes da Igreja. O celibato exigido aos sacerdotes desponta como suspeito natural. É justamente essa prática que distingue o catolicismo da maioria das outras religiões.

A exigência de que padres não se casem, afinal, oferece a pedófilos uma espécie de fachada perfeita. O celibato legitima e confere elevado *status* social à vida de solteiro e ainda proporciona a oportunidade de interagir com jovens numa posição de poder. Não por acaso, outras atividades que atraem pedófilos são as de professor, pediatra, instrutor esportivo, chefe de escoteiros etc.

Outro aspecto a considerar é que o celibato reduz a oferta de candidatos a sacerdote. Não há tanta gente assim disposta a prometer que renunciará para sempre ao sexo. Isso acaba limitando a possibilidade de a Igreja fazer uma boa triagem psicológica dos futuros padres. E é também essa relativa carência de potenciais sacerdotes que ajuda a explicar por que o Vaticano foi tão longe ao proteger os suspeitos de pedofilia. Quanto mais difícil é despertar vocações, mais importante se torna para a Igreja preservar os padres que já atuam, mesmo que isso signifique ir contra os fiéis.

# UMA HISTÓRIA DO ATEÍSMO

Em *Imagine There's No Heaven* (Imagine que não há paraíso), o jornalista Mitchell Stephens se propõe a contar a história do ateísmo e mostrar como a descrença foi importante para fundar o mundo moderno. Não é uma tarefa fácil, mas o autor consegue cumprir seus objetivos e ainda oferece ao leitor uma narrativa fluida, informativa e gostosa de acompanhar.

Uma das principais dificuldades para traçar a história do ateísmo diz respeito às fontes. Em momentos de maior religiosidade, textos ateus (quando não seus autores) costumavam parar em fogueiras. Isso faz com que só tenhamos relatos indiretos, muitas vezes elaborados pelos inimigos, das ideias de figuras capitais como o filósofo grego Diágoras de Melos ou os caravaka, a escola de pensamento hindu que nega não apenas os deuses, mas também a reencarnação, o nirvana e tudo aquilo que chamaríamos de religioso.

E não é só. Mesmo quando autores se arriscavam um pouco mais, procuravam disfarçar suas reais opiniões para que não se afastassem tanto da ortodoxia. Graças a isso, não temos muita certeza se devemos classificar como ateus, agnósticos ou deístas filósofos do porte de David Hume e Thomas Hobbes.

Apesar desses obstáculos, Stephens mostra muito bem como o ceticismo e a contestação às ideias estabelecidas estão na base não apenas da revolução científica, como também dos movimentos políticos e filosóficos que desembocariam no Iluminismo, nas revoluções francesa e americana, na modernidade, enfim.

Ao contrário de várias publicações recentes que tratam do ateísmo, *Imagine* não é um texto militante. Stephens diz logo nas primeiras páginas que é preciso reconhecer as contribuições da religião para as vidas das pessoas, as artes e até para a moralidade, mas que isso não é motivo para deixar de ver tudo de importante que brotou da ideia de que vivemos sem deuses.

# SANTO, SANTO, SANTO

José de Anchieta (1534-1597) foi declarado santo pela Igreja Católica. Não há dúvida de que se trata de um dos melhores escritores em língua portuguesa e de uma figura intrigante. Resta saber se é alguém que deve ser imitado e venerado.

Para os católicos, a questão não é mais controversa. A canonização significa justamente o reconhecimento de que Anchieta merece emulação e honras. Mas, para os não católicos, a dúvida permanece. É verdade que o padre Anchieta e os jesuítas protegeram os índios das investidas dos bandeirantes e da escravidão nas colônias, mas houve um preço a pagar.

As missões jesuíticas em que viviam os indígenas podem ser descritas como utopias encravadas na floresta ou como regimes teocráticos de terror, dependendo de qual for seu historiador preferido. É ponto pacífico, porém, que a catequização contribuiu para destruir as culturas autóctones, num processo que se arrasta até hoje e é marcado pelas altas prevalências de suicídio e alcoolismo entre os índios.

Para adicionar mais sal à polêmica, Anchieta tem alguns versos bem pouco simpáticos aos índios, em que os acusa de causar "ruínas" aos cristãos e em que justifica os massacres perpetrados pelos portugueses, afirmando que os nativos eram muito cruéis e tinham o hábito do canibalismo. Podem-se encontrar, é verdade, passagens mais abonadoras, mas dirigidas aos índios convertidos.

Como interpretar isso? Para nós, ateus levemente relativistas, não há dificuldade. Anchieta, como qualquer um, era prisioneiro de seu tempo. Não faz sentido impor-lhe conceitos éticos contemporâneos. Mas religiosos não podem recorrer a essa saída. A igreja, afinal, diz que a moral é eterna e foi revelada por Deus. Se é assim, como explicar que as Escrituras e a própria igreja, durante a maior parte de sua existência, tenham sancionado a escravidão? Ela ainda é válida ou Deus mudou de ideia?

# O MILAGRE DA SANTIDADE

As relações entre ciência e religião são uma coisa complicada. Na comparação com outros credos e denominações, a Igreja Católica até que não se sai tão mal. Apesar do que fizeram com Galileu e outros cientistas, os católicos têm pontos a seu favor. Criaram as universidades e, através de algumas ordens muito atuantes na educação, ajudaram a disseminar o saber.

É meio estranho, portanto, o mau uso que a Igreja faz da ciência nos processos de canonização, como o que ergueu João XXIII e João Paulo II à condição de santos.

O Vaticano afirma valer-se de critérios rígidos para certificar os milagres atribuídos aos candidatos. São utilizadas até comissões de médicos e cientistas que atestem que o fenômeno em questão não tem explicação natural. É aí que o bicho pega.

Numa definição forte, só seriam milagrosos os eventos que contrariassem leis naturais. Coisas como parar a rotação da Terra. Mas a própria Igreja diz que esse gênero de milagre é raro. Menos incomuns seriam aqueles nos quais nenhuma lei da natureza é negada, mas que não deveriam ocorrer naquele caso preciso. É aí que entram as curas inexplicáveis, muito usadas nas canonizações.

O problema da Igreja é que, ao apoiar-se na ciência para certificar que um milagre ocorreu, ela nega uma das principais características do método científico, que é jamais proclamar verdades eternas. Em ciência, tudo é necessariamente provisório. E isso deixa a santidade perigosamente à mercê do avanço tecnológico.

No século XVIII, quando o grosso das atuais regras de canonização começou a valer, uma máquina voadora seria tomada como indício inequívoco de milagre. Mas basta entrar num aeroporto moderno para constatar que o voo humano se tornou rotina. De modo análogo, a cura misteriosa de hoje talvez possa ser facilmente explicada amanhã. Será que, neste caso, a Igreja teria de cassar o título hagiológico de alguns santos?

# GENTE DO MAL

Eles mandaram arrancar os clitóris das mulheres e agora enterram vivos membros de minorias religiosas. Estou falando do Estado Islâmico (EI), a organização radical que quer implantar um califado no Iraque e na Síria. Não há dúvida de que o grupo pode ser descrito como "do mal".

Os milicianos do EI, porém, não acham que estejam barbarizando. Eles até apresentam "justificativas" para suas ações. No caso da mutilação, ela teria como objetivo evitar "a expansão da libertinagem e da imoralidade". Já as operações de limpeza étnica contra yazidis estariam amparadas no fato de os membros dessa etnia serem "adoradores do diabo" e se recusarem a converter-se ao islã.

Poucas pessoas dotadas de vestígios de bom senso e empatia corroboram essas "justificativas". Como, então, elas não só convenceram os integrantes do EI, como ainda os levaram às vias de fato? Em suma, como ideias malucas geram violência?

Um corpo crescente de literatura, que inclui autores como Steven Pinker, Roy Baumeister e Jonathan Haidt, mostra que violência e crueldade têm poucas causas principais. Pinker identifica cinco, que respondem pela maior parte das agressões: predação (violência com vistas a atingir um fim), dominância (desejo de obter prestígio), vingança (propensão a reparar injustiças), sadismo (o mal pelo mal, mas este é um fenômeno bem raro) e a ideologia (criar a sociedade perfeita ou concretizar os desejos de Deus). Enquanto as quatro primeiras costumam definir casos de violência interpessoal, é a última que aparece nas grandes tragédias históricas, como nazismo, stalinismo e outros hemoclismos.

Mesmo não acreditando muito em bem e mal em estado puro, não resisto em lembrar uma provocação do físico Steven Weinberg. Para ele, "pessoas boas fazem coisas boas e pessoas más fazem coisas más. Mas para pessoas boas fazerem coisas más é preciso a religião". Ou o fanatismo político, poderíamos acrescentar.

# DEUSES ALHEIOS

Para Michael Shermer, o autor de *Cérebro e crença*, a única posição filosoficamente responsável é o agnosticismo, que proclama não haver elementos suficientes para demonstrar com certeza nem que Deus existe nem que não existe, de modo que só nos resta suspender momentaneamente o juízo acerca dessa questão. Mas isso só vale no plano intelectual. No comportamental, não dá para ser agnóstico. Quando se trata do mundo real, ou o sujeito age como se houvesse um Deus pessoal ao qual terá de prestar contas no final dos tempos, ou como se não houvesse.

É por isso que eu não hesito em me declarar ateu. Faz pelo menos duas gerações que Jeová não pauta a vida de ninguém na minha família – e a crença (ou descrença) religiosa se transmite geneticamente de pais para filhos na proporção de 41% a 47%.

Isso, porém, não é tudo. Um corpo crescente de pesquisas em psicologia, antropologia, história, mitologia comparativa e sociologia sugere que Deus e a religião são construções sociais humanas. É claro que isso fica muito aquém de provar a inexistência do Criador, que permanece como uma questão à parte, mas pode bastar para erodir nossa confiança bayesiana nesse gênero de história.

Como provoca Shermer, nos últimos 10 mil anos, os homens produziram cerca de 10 mil religiões com pelo menos mil deuses. Qual é a probabilidade de que Jeová seja o verdadeiro e Amon Ra, Zeus, Apolo, Baal, Brahma, Odin, Mitra, Vishnu e mais 991 sejam todos falsos? Como dizem os céticos, todo mundo é ateu em relação aos deuses dos outros.

# SÓ UMA TEORIA

"É só uma teoria". É com essa expressão que os adeptos do design inteligente tentam diminuir a importância e o alcance da evolução darwiniana e, assim, abrir espaço para a ideia de que a vida é complexa demais para ter surgido sem o auxílio de uma inteligência.

A teoria do design inteligente (TDI) poderia ser relegada ao campo das cantilenas religiosas e ignorada, se seus entusiastas não tentassem travesti-la de ciência e pressionar para que seja ensinada nas escolas públicas.

Se a turma da TDI quer prestar um favor ao ensino, deveria começar por parar de confundir os sentidos de "teoria". A rigor, toda explicação científica é sempre "só uma teoria", isto é, algo que aceitamos como verdade provisória até que surja uma explicação mais precisa ou completa.

E, em linhas gerais, a síntese darwiniana está tão solidamente estabelecida quanto a lei da gravidade, que também é "só uma teoria". As corroborações vêm de todas as frentes, desde a evolução de bactérias (notadamente o trabalho de Richard Lenski) até modelos de computador, passando pelo experimento natural da resistência a novos antibióticos.

É claro, porém, que ainda há buracos e pontos obscuros a explicar. Uma teoria que não tenha problemas é uma má teoria. Ou ela não tem conteúdo empírico que a ponha à prova ou é tão logicamente abstrusa que nem pode ser contestada. Mas não dá para, ao menor sinal de dificuldade, inferir um deus ou uma inteligência, como faz o pessoal da TDI. A gravidade, por exemplo, tem problemas até mais sérios que a evolução. Ela é incompatível com a mecânica quântica. Mas nem por isso as pessoas saem por aí dizendo que é Deus quem guia a órbita dos planetas ou lança os objetos ao chão.

Problemas científicos se resolvem com mais pesquisa, não pedindo socorro a papai do céu.

# VIVA A AVACALHAÇÃO

Qual o papel da religião islâmica no atentado contra o satírico *Charlie Hebdo*?

Seria ridículo imputar o ataque diretamente aos versos do Alcorão ou aos *ahadith*, as palavras e os atos do profeta, que constituem, junto com o livro sagrado, a base da lei islâmica. Se há algo que a história humana é pródiga em ensinar, é que membros da nossa espécie nunca tiveram dificuldade de encontrar pretextos para massacrar o próximo. Se não dispomos de um motivo teológico, nos contentamos com razões mais mundanas, como cor da pele, tipo de vestimenta ou idioma utilizado.

Ainda assim, do mesmo modo que é precipitado atribuir o terrorismo à religião, é complicado exonerá-la por completo. Não é coincidência que a maioria dos atentados hoje parta de radicais muçulmanos. Será que há uma diferença entre o islamismo e o cristianismo ou o judaísmo?

Em termos puramente textuais, o Antigo Testamento apresenta passagens mais violentas do que o Alcorão. Ele ordena, por exemplo, que apedrejemos familiares que mudem de fé (Deut. 13:7) e que liquidemos os adúlteros (Deut. 22:22).

O ponto central é que, enquanto o ocidental típico nem sequer cogita de aplicar literalmente as injunções bíblicas, que são tratadas como alegorias, no mundo islâmico o cânon religioso goza de uma presença e uma respeitabilidade muito maiores.

A melhor coisa que aconteceu ao Ocidente nos últimos séculos foi ter se tornado, se não irreligioso, ao menos pouco zeloso nessa matéria. Essa oportuna avacalhação permitiu que as fogueiras inquisitoriais se apagassem e abriu caminho para sistemas políticos democráticos, que evitam erigir valores absolutos. É essa revolução laica que faz falta ao islã.

Entre os muitos elementos que contribuíram para esse movimento de dessacralização do mundo, destacam-se o humor e a sátira. É isso que torna o ataque ao *Charlie Hebdo* particularmente atroz.

# FLAGELO DE DEUS

Já chamei aqui atenção para o potencial teologicamente daninho de catástrofes naturais, das quais o terremoto no Nepal é um exemplo. Bastam alguns segundos de movimentação das placas tectônicas para produzir doses avassaladoras de sofrimento humano. Como conciliar isso com a ideia de um Deus que é, ao mesmo tempo, onisciente, onipotente e benevolente?

Considerações desse gênero, que na filosofia levam o nome de problema da teodiceia (justiça divina), desafiam religiosos há mais de um milênio. Ao que parece, o primeiro a explicitar as dificuldades foi Epicuro (341 a.C.-270 a.C.), mas, desde então, o tema foi abordado por dezenas de filósofos, tanto teístas como ateus.

Se nos aferrarmos à lógica, é forçoso concluir que, se há um ente supremo, ele é menos poderoso do que se apregoa, ou não é tão bonzinho, ou então devemos negar (ou relativizar) a existência do mal. Esta última é a saída teologicamente mais produtiva. Ao contrário de Deus, nós não temos todas as informações e é possível que o que nos pareça um mal ou uma injustiça seja, na verdade, um meio para produzir um bem maior.

Nessa linha, uma defesa popular do Criador é a chamada teodiceia escatológica, que adia para a próxima vida o acerto definitivo de contas com a justiça. Ali, os bons receberão suas recompensas e os maus serão punidos, anulando assim o que hoje tem a aparência de iniquidade.

Engenhoso, mas receio que esse tipo de argumentação não convença no íntimo nem os próprios fiéis. Se eles estivessem tão convictos assim da justiça final, deveriam todos ansiar pela próxima vida. O que se verifica, porém, é que religiosos não parecem constituir uma categoria de pessoas com especial apetite pela morte. Meu palpite é o de que as ilusões da religião só afetam as áreas evolutivamente mais recentes do cérebro, deixando preservados os sistemas mais antigos, responsáveis pelo instinto de sobrevivência.

# MÁ-FÉ

No Brasil eles são poucos, mas nos EUA já são em número suficiente para causar furor na mídia e aparecer em certas estatísticas de saúde. Trata-se dos grupos que recusam tratamento médico por razões religiosas. Há desde Testemunhas de Jeová, que hoje rejeitam só transfusões de sangue, até a Ciência Cristã, que admite pouquíssimas ações médicas, como para curar ossos quebrados. No meio do caminho, várias denominações proíbem ou desencorajam a vacinação.

Não vejo problema em deixar que maiores de idade sejam soberanos no que diz respeito à sua saúde. Se um seguidor da Ciência Cristã preferir morrer a tomar antibiótico, é uma escolha pessoal que tem de ser respeitada por todo sistema jurídico civilizado. A questão é mais complexa quando menores entram na jogada.

É para propor que o Estado seja mais ativo na defesa dos pequenos que Paul Offit acaba de lançar *Bad Faith* (Má-fé). O livro traz casos estarrecedores de pais que deixaram seus filhos morrer porque preferiram rezar a levá-los ao hospital. Fala também dos surtos de sarampo provocados por objeções religiosas à vacinação e relata outros desserviços que certas interpretações da vontade de Deus causam à saúde pública.

Para Offit, o problema dos EUA é que praticamente todos os estados criaram brechas para que religiosos não precisem se submeter às leis que obrigam pais a zelar pela saúde dos filhos. Concordo só em parte com o autor. Se ainda há tempo, cabe ao poder público assegurar que a criança receba tratamento mesmo contra a vontade dos pais. Se o pior já aconteceu, porém, não creio que seja o caso de punir os genitores com rigor máximo. Tudo indica que eles acreditavam sinceramente agir nos melhores interesses do filho. Mandá-los para a cadeia tende, portanto, a ser inócuo.

É meio cruel dizê-lo, mas essas tragédias talvez sejam a forma que a evolução encontrou para melhorar o *pool* genético da humanidade.

# LAICO, "MA NON TROPPO"

O Estado brasileiro é laico. Está na Constituição, mais precisamente no artigo 19, que proíbe o poder público de estabelecer cultos religiosos, subvencioná-los ou manter com eles relações de dependência ou aliança. Eu não poderia concordar mais com esse dispositivo, mas, como o mundo está longe de ser um lugar perfeito ou mesmo lógico, o preâmbulo da Carta invoca a proteção de Deus, o artigo 210 manda as escolas públicas de ensino fundamental oferecerem ensino religioso à criançada e o 150 torna as igrejas imunes a tributos.

Vale, então, refazer a questão: quão laico é o Estado brasileiro? Menos do que deveria. É verdade que poderia ser pior. Basta olhar para países como Arábia Saudita e Qatar, onde a *sharia*, a lei muçulmana, é a base das legislações civil e penal. Na vizinha Argentina, é o contribuinte que paga os salários dos bispos católicos. E mesmo nações desenvolvidas não conseguiram se livrar inteiramente do jugo religioso. Na Alemanha e em países nórdicos, o Estado recolhe dízimo para as igrejas.

Se é tão difícil assim que Estados sejam verdadeiramente laicos, por que teóricos da democracia insistem tanto nesse ponto? O problema com as religiões reveladas é que elas trazem absolutos morais. Se a lei foi baixada pelo Altíssimo, só querer discuti-la já é uma ofensa contra o Criador. E utilizar absolutos na política, sejam religiosos ou ideológicos, é ruim porque eles a descaracterizam como instância de mediação de conflitos.

O remédio contra isso é a separação Estado-Igreja. Ainda que se revele imperfeita na prática, ela facilita o uso da política como espaço da negociação e, mais importante, favorece a noção de que minorias têm direitos que devem ser preservados mesmo contra a maioria. Aqui, paradoxalmente, o laicismo se torna a principal força a proteger as religiões umas das outras. E Deus e são Bartolomeu são testemunhas de que elas precisam dessa guarda.

# ESTUPRO DIVINO

*The New York Times* publicou uma impressionante reportagem sobre o mercado de escravas sexuais desenvolvido pelo Estado Islâmico (EI). O âmago do artigo é que o EI não só reavivou uma instituição que imaginávamos sepultada, como ainda fez um esforço interpretativo para tentar justificá-la teologicamente.

Foram entrevistadas dezenas de mulheres e meninas da etnia yazidi (grupo religioso não islâmico ao qual pertence a maior parte das vítimas) que conseguiram escapar do cativeiro e elas contam como seus proprietários rezavam antes e depois de estuprá-las e, quando questionados acerca da moralidade do ato, respondiam que aquilo era "*halal*", isto é, permitido aos olhos de Deus. A escravidão, afinal, é sancionada pelo Alcorão (e pela Bíblia, vale lembrar), e yazidis são descritos pelo pessoal do EI como adoradores do diabo.

Como milhares de homens que se intitulam bons muçulmanos –e, até onde se sabe, não são psicopatas – conseguem escravizar meninas, estuprá-las diariamente e achar isso certo? Que força faz uma pessoa suprimir qualquer traço de empatia que, ainda que em doses variáveis, faz parte do arsenal de emoções humanas? A resposta é "religião", que é um caso particular do fenômeno mais geral conhecido como ideologia.

E a ideologia é a mais cruel das causas de violência identificadas pelos sociólogos. Se eu mato alguém para ficar com suas posses ou para mostrar que sou mais forte, estou apenas exercendo poder, sem atribuir-lhe uma carga moral. Mas, quando tiro a vida de uma pessoa e afirmo que fazê-lo é necessário para louvar o Criador ou para fundar o paraíso terrestre, transformo a violência num valor positivo. E é isso que possibilita massacres. O sujeito que mata por dinheiro tende a ser um solitário, o que invoca Deus ou a pátria é que arregimenta as multidões necessárias para produzir as tragédias de proporções históricas.

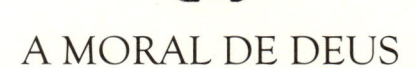

# A MORAL DE DEUS

Crianças religiosas não são mais boazinhas que as não religiosas. Ao contrário, um estudo, que envolveu 1.170 participantes de seis países, indicou que muçulmanos e cristãos são um pouquinho menos generosos e mais intolerantes que seus coetâneos criados em lares não religiosos.

Qual é o vínculo entre religião e moral? Para os extremamente pios, ele é total. A moral, eterna, emana de Deus, que a revelou aos homens nas Escrituras. A hipótese não resiste a uma análise mais acurada, já que a Bíblia autoriza condutas que hoje consideramos unanimemente imorais, a exemplo da licença para vender filhas como escravas (Êx. 21:7).

Essa interpretação tampouco se coaduna com a antropologia. A moralidade é tributária de um instinto que se consolidou no homem muitos milênios antes de o primeiro padre celebrar a primeira missa. Sem balizas morais para o convívio social, jamais teriam surgido grupamentos suficientemente complexos para produzir as religiões monoteístas.

Isso permite mudar a pergunta. Se a religião é tão inútil, por que é universal? A resposta está no contexto social. Nos casos em que lidamos com grupos culturalmente uniformes que quase nunca se encontram com outras tribos e, quando o fazem, é para guerrear, a religião mais ajuda que atrapalha. Ela unifica e motiva.

Nas situações mais típicas da modernidade, porém, em que vivemos em sociedades multiculturais em que pessoas de diferentes *backgrounds* interagem o tempo todo, o risco é a religião tornar-se um pretexto para legitimar a violência.

# A MORAL DO TERRORISTA

Thomas Hobbes, no século XVII, já observara que até o mais poderoso dos homens é vulnerável à ação do mais insignificante. "Quanto à força corporal, o mais fraco tem força suficiente para matar o mais forte, quer por secreta maquinação, quer aliando-se com outros [...]."

É dessa característica que o terrorismo se alimenta. Antes, porém, de condenar o igualitarismo de base da natureza, que torna até potências como os EUA e a França incapazes de proteger seus cidadãos, convém lembrar que é esse mesmo mecanismo que permite a indivíduos depor tiranias e combater forças de ocupação.

Se ações que violam a lei vigente fossem sempre ilegítimas, teríamos de condenar todas as revoluções, incluindo a americana, e os atos da resistência francesa contra os nazistas. O problema não está tanto nos métodos utilizados, mas no valor da causa defendida. Não estamos diante de questões que possamos resolver por meio de formalismos jurídicos. Não há como escapar à tarefa bem mais difícil de avaliar o conteúdo moral das pretensões em jogo.

Aqui as coisas se complicam. Como não dispomos de uma moral eterna, incondicionada e sem zonas cinzentas, as discussões se tornam perigosamente subjetivas. Do ponto de vista dos terroristas, suas ações são justificáveis à luz de uma teologia perversa, mas que não deixa de ter lógica interna. Se queremos denunciar essas ideias como contrárias à civilização, é preciso antes encontrar um critério universal que permita qualificar ações em termos de bem e mal. É o que a filosofia tenta há milênios, sem sucessos inequívocos.

O mais perto que chegou, creio, é o utilitarismo, que nos manda minimizar o sofrimento e maximizar o bem-estar no que estes têm de mais próximo do biológico. À luz desses princípios, é sempre errado matar alguém para promover uma ideia. Quando esta é uma fantasia que beira a demência, como é o caso dos jihadistas, ao imoral soma-se o obsceno.

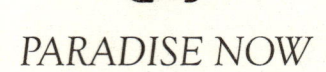

# PARADISE NOW

"Brian está no paraíso." Foi com essa mensagem que Sara, a mulher do jovem belga de ascendência brasileira que era membro do Estado Islâmico na Síria, anunciou sua morte à família. Será que Sara está certa? Existe mesmo um paraíso e pessoas que morrem lutando por Deus, a exemplo de Brian e dos terroristas que barbarizaram Paris em 13 de novembro de 2015, ganham um passe expresso para lá?

Obviamente, não há nenhum indício físico de que exista vida no além e muito menos de que ela seja boa. Não obstante, textos religiosos tentam nos convencer do contrário. Os gregos tinham seus Campos Elísios, o cristianismo fala em salvação, mas é o islamismo que oferece as descrições mais detalhadas. O nobre Corão ensina que, no paraíso, podemos beber o vinho que era proibido na terra (Suras 83:25 e 47:15), fartar-nos com a carne de porco (52:22) e deliciar-nos com virgens (44:54 e 55:70) e "mancebos eternamente jovens" (56:17).

Apologistas islâmicos vão além. Jalal al-Suyuti (1445-1505), por exemplo, explica que, no paraíso, a virgindade das *huris* se renova após cada ato sexual, e que os pênis dos eleitos nunca esmorecem. No Jardim das Delícias, até a ereção é eterna.

Apesar das tentações do paraíso, não dá para atribuir os atentados de Paris apenas à religião. A esmagadora maioria dos crentes não sai por aí metralhando infiéis. É preciso algo mais, e cientistas políticos vêm oferecendo longas listas de ingredientes.

Meu ponto é que, embora a religião seja, no atacado, inocente, não pode ser totalmente exonerada. Ela carrega o pecado de fazer com que pessoas normais vejam como respeitáveis as hipóteses mais extravagantes, como a ressurreição de mortos, nascimentos virginais e orgasmos infinitos. Quando ligam o modo religioso de pensar, crentes, até os mais pacíficos, já não acham tão absurda a ideia de que Deus quer que liquidemos infiéis. Essa solidariedade passiva ajuda a alimentar o terrorismo.

# HISTÓRIA

Quem gosta de coisas simples deve estudar Física Nuclear. A História fica reservada para aqueles que apreciam a complexidade. Ela é tão grande nos eventos históricos, que envolvem um número quase infinito de interações entre pessoas sob a ação de tantos fatores externos (econômicos, climáticos, demográficos etc.), que são praticamente nulas as possibilidades de essa disciplina permitir previsões acuradas, como ocorre na Física.

# AS ENTRANHAS DA HISTÓRIA

Podemos levar a História a sério? Até que ponto devemos acreditar que os relatos históricos que lemos nos livros descrevem as coisas como se passaram? Em que grau podemos confiar nas explicações que nos são oferecidas?

A História não é uma ciência no mesmo sentido em que o é a Física ou até a Economia. Ela não apenas é incapaz de nos dar um modelo por meio do qual possamos fazer previsões como ainda traz a incrível propriedade de tornar o próprio passado incerto.

Quando eu era garoto, o duque de Caxias era o herói inconteste da Guerra do Paraguai (1864-70). Nos anos 1990, tornou-se um genocida furioso e, agora, está em algum lugar entre essas duas interpretações.

Tamanha elasticidade é possível porque o cérebro humano não foi concebido para fazer História. Qualquer evento histórico é fruto de um número tão grande de interações entre pessoas e ocorrências (climáticas, econômicas etc.) que é simplesmente impossível calculá-las. Só que nossas mentes não se acanham diante da intratabilidade do problema e adotam sua hipótese preferida como eixo explicativo, ignorando tudo que não se encaixe nela. A História é necessariamente refém de nossos gostos, preferências, condicionamentos, isto é, de nossa ideologia.

Isso significa que não há como evitar o vale-tudo na hora de apresentar e interpretar eventos? Calma lá. A frouxidão epistêmica da História não deve servir para acobertar mentiras ou omissões gritantes. Fatos ainda são fatos. O material didático adotado pelo Exército em suas escolas caminha perigosamente perto da falsificação, ao sugerir que a deposição de João Goulart se deu dentro da lei ou deixar de mencionar a tortura.

Eu concordo que não é o caso de criar novas comissões para controlar o conteúdo de livros. Ainda assim, temos o dever moral de apontar crimes de lesa-historiografia sempre que topamos com eles.

# O CONTINENTE SELVAGEM

Para quem gosta de História do século XX, uma boa dica é *Savage Continent: Europe in the Aftermath of World War II* (O continente selvagem: a Europa na esteira da Segunda Guerra Mundial), de Keith Lowe. Além de ser um livro bastante informativo, investigando uma área raramente cavoucada pelos especialistas, *Savage Continent* funciona como um excelente contraponto a *The Better Angels of Our Nature* (Os melhores anjos de nossa natureza), de Steven Pinker. A principal tese de Pinker, que tem algo de contraintuitivo, é a de que o mundo está se tornando um lugar cada vez mais seguro para viver, e a raça humana se mostra cada vez menos violenta. É claro que o psicólogo canadense está falando sob a perspectiva dos séculos e dos milênios. O que o historiador britânico faz é apanhar a lente das décadas (que é, aliás, mais compatível com a nossa expectativa de vida) e mostrar que há perigos à espreita.

Ao pintar um quadro caótico do pós-Guerra, Lowe em nenhum momento desmente as ideias de Pinker. Na verdade, o próprio Pinker apresenta uma detalhada discussão sobre a barbárie desmedida do século XX e de como ela não afeta a tese da redução da violência. Mas os vívidos detalhes descritos no livro de Lowe de como os europeus continuaram se matando mesmo depois do encerramento oficial do conflito servem para lembrar a fragilidade dos avanços que a humanidade fez ao longo dos últimos milênios.

E o que se seguiu à Segunda Guerra na Europa é uma história de caos e anarquia, não de reconstrução e reconciliação, como reza o figurino oficial.

É claro que o legado do conflito não facilitou as coisas. À destruição física das cidades, devem-se somar as cifras obscenas de morte, os deslocamentos populacionais, a fome e a implosão dos padrões morais que existiam antes da guerra.

Os números são impressionantes. Nas localidades que foram palco de batalhas mais intensas, mais de 70% das edificações foram danificadas, como o caso de Saint-Lô (75%), Le Havre (82%), Budapeste (84%), Rostov e Voronej (100%).

As perdas humanas foram ainda mais catastróficas. A guerra foi diretamente responsável pela morte de algo entre 35 milhões e 40 milhões de pessoas. A distribuição foi, é claro, desigual. Um país relativamente poupado como o Reino Unido, registrou 300 mil óbitos, enquanto a Alemanha perdeu 6 milhões (entre os quais 160 mil judeus) e a União Soviética, 27 milhões (dos quais 1 milhão eram judeus).

Esses dados, porém, são história conhecida. O que Lowe faz muito bem é escarafunchar os detalhes da reconstrução e mostrar que ela foi muito mais problemática do que se imagina. Um dos principais cavaleiros do apocalipse do pós-guerra foi a vingança.

Os primeiros a abraçá-la foram os próprios militares. As cidades "liberadas" rapidamente se convertiam em palco de estupros e mutilações. E é preciso frisar que houve abusos de todos os lados, mas os soviéticos, que haviam sofrido o diabo nas mãos dos nazistas, se esmeraram no revide.

Os soldados alemães, é claro, já intuíam isso e saíram em disparada para entregar-se para as tropas ocidentais. Os números confirmam a intuição. Prisioneiros do Exército Vermelho tinham uma probabilidade 90 vezes maior de morrer do que cativos de americanos e ingleses.

Só em Berlim, após a chegada dos soviéticos, 90 mil alemãs buscaram assistência médica para tratar das sequelas dos estupros. Em Viena, foram 87 mil. Na Hungria, entre 150 mil e 200 mil. Esse processo de violações em massa continuou por três anos, até 1948.

Os soldados ocidentais parecem ter se comportado um pouco melhor que os soviéticos, mas um militar russo oferece uma boa explicação: "Os GI [americanos] e Tommy [britânicos] têm cigarros e chocolates para oferecer às 'Frauleins', então eles não precisam estuprar. Os russos não têm nada disso".

Evidentemente, os estupros deixaram suas marcas, que são estimadas em algo entre 150 mil e 200 mil "bebês estrangeiros" nascidos de mulheres alemãs. No restante da Europa, havia o problema dos "bebês alemães" nascidos de mulheres que dormiram com o inimigo. Em qualquer hipótese, essas crianças foram extremamente maltratadas, quando escaparam do infanticídio, é claro.

A ira dos povos se voltou também contra colaboradores, colaboradoras e, especialmente, povos vizinhos. De novo, os judeus estão entre os que tiveram mais problemas. Aqueles que sobreviveram aos campos de concentração e conseguiram voltar para suas casas foram invariavelmente mal recebidos. Em muitos casos, eles haviam deixado propriedades sob os cuidados de vizinhos, que, após tantos anos, se sentiam donos desses bens e não queriam devolvê-los. Um pensamento corrente era: de todos os judeus que desapareceram na Europa, logo o meu foi voltar.

Em algumas situações a violência deu o tom. Estima-se que entre 500 e 1.500 judeus que sobreviveram ao nazismo na Polônia foram assassinados por poloneses entre a liberação pelos soviéticos e o verão de 1946.

Igualmente desumanos foram os deslocamentos forçados de populações, que custaram milhares de vidas. Calcula-se que algo como 50 mil tchecos de expressão alemã morreram no processo de expulsão para terras germânicas. Processos semelhantes ocorreram na Polônia, Hungria, Romênia, Iugoslávia, Estados bálticos e na própria Rússia.

As matanças envolveram vários outros povos. Dezenas de milhares de poloneses foram dizimados por ucranianos. Búlgaros massacraram gregos e húngaros liquidaram iugoslavos. Muitos aproveitaram o cenário de caos para resolver também disputas ideológicas. Comunistas foram perseguidos no Oeste e capitalistas no Leste.

Como observa Lowe, a variedade e a profusão de recriminações que havia em 1945 mostram que o conflito foi bem mais universal e profundo do que revelam as interpretações históricas usuais.

A Segunda Guerra Mundial, diz Lowe, não foi apenas uma batalha por território. Ela foi isso e, ao mesmo tempo, uma disputa racial e ideológica salpicada de uma dezena de pequenas guerras civis.

Para o autor, é preciso modificar um pouco o famoso aforismo de George Santayana que dizia que "aqueles que não lembram o passado estão condenados a repeti-lo". Na verdade, é porque não conseguimos esquecer o passado que estamos condenados a repeti-lo.

O mundo decerto está melhorando, mas todo cuidado é pouco. Se há apenas sete décadas mergulhamos de uma relativa estabilidade no horror da violência e tivemos enormes dificuldades para sair do abismo, convém não facilitar.

# SANTOS E DIABOS

O vigor das reações contra Margaret Thatcher e a seu favor mostra que a "Dama de Ferro" morreu como um legítimo ícone político. Para o pessoal mais à direita, ela foi uma verdadeira heroína, que sepultou de vez os flertes do Reino Unido com as ideias socialistas e liberou as forças de mercado, lançando o país na rota da modernidade e do sucesso econômico.

Já para a turma mais à esquerda, seus principais feitos foram destruir sindicatos, reduzir direitos sociais e alienar patrimônio público com privatizações. Como sempre ocorre nesse tipo de situação, o melhor diagnóstico provavelmente está em algum ponto entre as posições mais extremas. Só não me perguntem qual.

O interessante aqui é que as mesmas decisões políticas e suas consequências comportem interpretações tão antagônicas – e que o juízo que delas fazemos seja estendido a quem as tomou, resultando na criação de símbolos que podem tanto ser descritos como santos ou diabos. Ao lado de Thatcher perfilam-se Stálin (guia genial dos povos x maior genocida da história), Che Guevara (herói revolucionário x assassino cruel), madre Teresa (a bondade personificada x marqueteira manipuladora que não ligava para os pobres).

Pelo menos em teoria, boas revisões históricas podem nos oferecer um retrato mais preciso desses personagens. Às vezes, isso acontece. São cada vez mais raras as vozes que defendem Stálin como um herói e mais numerosas as que o apresentam como o tirano impiedoso que de fato foi. O curioso, entretanto, é que nem sempre queremos acesso às informações que nos levariam a uma avaliação objetiva. É que preferimos usar esses ícones para reforçar nossas próprias convicções políticas.

Experimentos de Drew Westen sugerem que o cérebro sente prazer sempre que inibe impulsos que ameacem nossas preferências partidárias. Definitivamente, a política pode ser uma droga.

# DESTRUIÇÃO CRIADORA

O site Contador Amigo, que ajuda microempresários a fazer sozinhos a contabilidade de suas firmas, virou alvo de processos movidos por entidades representativas dos contabilistas. Compreendo o temor dos profissionais, que veem na multiplicação dessas ferramentas eletrônicas uma ameaça a seu ganha-pão, mas, entre os interesses de uma classe e os da sociedade, são os segundos que devem prevalecer.

Vou um pouco mais longe e afirmo que deveria ser obrigatório para o poder público disponibilizar na internet e de forma gratuita todos os serviços hoje ofertados por profissionais e instituições que podem ser condensados em algoritmos. Isso vale para obrigações fiscais, previdenciárias, registros públicos e procedimentos jurídicos. É ridículo obrigar as partes a contratarem advogados para realizar inventários extrajudiciais e divórcios consensuais, por exemplo.

É claro que, se essas facilidades ao cidadão se disseminassem, precisaríamos de menos contadores, escriturários, cartórios e advogados (para ficar apenas no mundo da burocracia). Haveria desemprego nessas categorias. É duro, mas é assim que o capitalismo funciona.

Como já descrevera Joseph Schumpeter em meados do século passado, a chegada de novas tecnologias destrói velhas empresas, antigos modelos de negócios e até mesmo profissões (cadê os ascensoristas e apagadores de lampião?). Pode ser ruim para essas pessoas, mas é das inovações que, em última instância, a sociedade extrai a prosperidade.

Se levássemos a preservação de empregos às últimas consequências, a maioria da população ainda trabalharia no campo para produzir comida. Foi a perda dessas posições que empurrou as pessoas para as cidades, onde se dedicaram a outras atividades e formaram os mercados que consomem e geram as inovações. Elimine-se essa destruição criadora e voltamos à era pré-industrial.

# TRAIDOR OU HERÓI?

Edward Snowden, o homem que revelou que os EUA bisbilhotam computadores e telefones de milhões de pessoas em todo o mundo, é um traidor ou um herói?

Receio que a pergunta não faça muito sentido. Mesmo que Snowden tenha violado alguma lei dos EUA aplicável a funcionários do governo ou de empresas terceirizadas, em termos de liberdades civis, que me parecem muito mais importantes, não há dúvida de que ele prestou um relevante serviço ao mostrar a escala maciça em que ocorria a espionagem. Isso faria de Snowden muito mais um herói do que um traidor, mas, na dúvida entre mandá-lo para a cadeia ou dar-lhe uma medalha, boa parte da mídia tem preferido destacar que ele possui uma personalidade narcisística, o que explicaria sua conduta. Mas explica mesmo?

O que leva uma pessoa a atitudes altruístas que lhe atrapalham a vida, quando não a tiram? Santos, mártires e heróis existem de verdade? Madre Teresa dedicou a vida aos pobres por amor verdadeiro ou tentando garantir uma vaguinha no céu? A questão é capciosa. Até Kant, o filósofo que mais a sério levou a ideia de dever moral, teve de admitir que gestos desinteressados são bastante raros.

Por vezes a própria virtude do ato é contestável. Reza a lenda que santo Eustáquio preferiu ser cozinhado vivo com mulher e filhos a oferecer sacrifício a deuses pagãos. A Igreja o canonizou, mas, para mim, ele falhou miseravelmente em seu dever de marido e pai.

Pior ainda, experimentos da neurociência indicam que o livre-arbítrio, a matéria-prima da santidade, pode não passar de uma ilusão. Mas, mesmo que não sejamos autômatos que só respondem a mudanças no ambiente, já dá para afirmar que o heroísmo, mais que um fenômeno objetivo, é uma narrativa que aplicamos às histórias de que gostamos.

# LENTES DA HISTÓRIA

O que aconteceu com o sonho do fim da segregação racial que, há 50 anos, Martin Luther King anunciava para 250 mil pessoas na Marcha sobre Washington? Ele está perto de materializar-se ou continua uma esperança para o futuro?

A resposta depende dos óculos que vestimos. Se apanharmos a lente dos séculos e milênios, a *"longue durée"* de que falam os historiadores, há motivos para regozijo. A instituição da escravidão, especialmente cruel com os negros, foi abolida de todas as legislações do planeta. É verdade que, na Mauritânia, isso ocorreu apenas em 1981, mas o fato é que essa chaga que acompanhava a humanidade desde o surgimento da agricultura, 11 mil anos atrás, se tornou universalmente ilegal.

Apenas 50 anos atrás, vários estados americanos tinham leis (Jim Crow Laws) que proibiam negros até de frequentar os mesmos espaços que brancos. Na África do Sul, a segregação *"de jure"* chegou até os anos 1990. Hoje, disposições dessa natureza são não só impensáveis como despertam vívida repulsa moral.

Em 2008, numa espécie de clímax, o negro Barack Obama foi eleito presidente dos EUA, o que levou alguns analistas a falar em era pós-racial.

Basta, porém, apanhar a lente das décadas e passear pelos principais indicadores demográficos para verificar que eles ainda carregam as marcas do racismo. Negros continuam significativamente mais pobres e menos instruídos que a média do país. São mandados para a cadeia num ritmo seis vezes maior que o dos brancos. As Jim Crow Laws foram declaradas nulas, mas alguns Estados mantêm regras que, na prática, reduzem a participação de negros em eleições.

É um caso clássico de copo meio cheio e meio vazio. Do ponto de vista da *"longue durée"*, estamos bem. Dá até para acreditar em progresso moral da humanidade. Só que não vivemos na escala dos milênios, mas na das décadas, na qual a segregação teima em continuar existindo.

# AS FORÇAS DA HISTÓRIA

Personalidades e fatores ainda mais caprichosos como o próprio acaso influenciam a história ou sua marcha é ditada por forças mais profundas?

Durante boa parte do século XX, prevaleceram concepções que enfatizam os grandes movimentos. Aí se incluem os marxistas, com a luta de classes e o materialismo histórico, a turma dos Annales, com sua "*longue durée*" e o pessoal da geopolítica, para quem características topográficas, climáticas e demográficas são decisivas. Somam-se a eles os chamados institucionalistas, que destacam o papel de estruturas como tipo de governo, grau de liberdade, eficiência do Judiciário etc.

Representantes de todas essas escolas produziram boas análises, com grande poder explicativo e que geram interessantes *insights*. Não há dúvida de que todos os elementos citados e outros não citados têm sua importância. Mas isso é tudo?

Não parece absurdo imaginar, no rastro dos proponentes da chamada história contrafactual, que, se Hitler tivesse se dedicado à arte e não à política, ou tivesse morrido na Primeira Guerra, os acontecimentos subsequentes teriam sido bem diferentes.

De forma mais jocosa, Matthew White defende que, se o nacionalista sérvio Gavrilo Princip não tivesse assassinado o arquiduque Francisco Ferdinando em 1914, não teria havido a Primeira Guerra, nem consequentemente a tomada do poder pelos bolcheviques na Rússia, nem a assunção de Hitler na Alemanha. Princip, sozinho, responde pelas mortes de 80.000.001 pessoas.

White avança o sinal, mas é difícil dizer quanto. Se os achados dos cientistas que estudam sistemas complexos valem para a história, pequenas variações podem produzir resultados dramáticos – e isso sem contrariar as tais das forças profundas.

# JESUS, O HOMEM, O MITO

*Não houve Jesus, Deus não existe.* Apesar do título provocador, o livro de Raphael Lataster, recém-lançado em inglês, é só circunstancialmente uma defesa do ateísmo. O objetivo principal da obra é criticar os métodos dos estudiosos do Novo Testamento.

Lataster sustenta de modo persuasivo que, no melhor cenário, não se pode afirmar nada sobre Jesus, nem o bíblico, que opera milagres, nem o histórico, que teria sido uma espécie de radical judeu da Palestina do século I – interpretação para a qual converge a maior parte da academia.

O problema básico é que a passagem de Jesus pela Terra não é corroborada por nenhuma fonte contemporânea aos fatos. Os Evangelhos são todos obras anônimas, com objetivos apologéticos e o mais antigo deles, o de Marcos, só foi escrito quatro décadas após a suposta crucificação.

As fontes não cristãs também são todas posteriores – e há boas razões para suspeitar que incluam falsificações. Ademais, autores que teriam tido motivos para citar Jesus, como Filo de Alexandria, não o mencionam.

Lataster sugere ainda que os escritos paulinos, anteriores aos Evangelhos, não só evitam referências a um Jesus terreno, como também convivem bem com a ideia de um messias apenas mítico. Para ele, é só porque as Bíblias trazem as epístolas paulinas depois dos Evangelhos que nos acostumamos a lê-las como se fizessem referência a um Jesus de carne e osso.

Segundo o autor, um mínimo de rigor historiográfico exigiria, se não concluir que nunca houve Jesus, pelo menos deixar de afirmar que sua existência histórica foi confirmada.

Na segunda parte da obra, Lataster defende que os especialistas adotem um método bayesiano, que leve em conta não só sua interpretação favorita como também hipóteses concorrentes e a possibilidade de todas estarem erradas. A partir daí, estima serem remotas as chances de Zeus, Odin e Shiva não passarem de lenda e só o Deus cristão ter existência real.

# CULTO A MAO

A descrição que meu amigo Marcelo Ninio faz do culto a Mao Tse-tung em Shaoshan, sua cidade natal, vale por um tratado de psicologia. Ali, velhas tradições comunistas, como a gigantesca estátua do líder e a falsificação da história –os livros escolares mal mencionam a Grande Fome (1958-62) e os horrores da Revolução Cultural (1966-76)–, se misturam despudoradamente com elementos religiosos, como reverências e orações.

Essa combinação me parece relevante porque ela escancara algo que tanto religiosos como militantes de causas políticas tentam esconder: a fé numa entidade sobrenatural e o fervor ideológico encontram-se muito mais próximos um do outro do que ambos os lados querem admitir.

Isso já bastaria para banir algumas disputas abstrusas, como a que tenta determinar se foram guerras de religião ou regimes ateus que mataram mais pessoas ao longo da história. Embora essa discussão possa produzir divertidos exercícios estatísticos, ela perde de vista o essencial: o problema não está no que se acredita, mas no fato de algumas pessoas em determinadas situações serem capazes de matar por uma ideia.

A questão tem mais a ver com as chamadas patologias do pensamento de grupo e a dinâmica que elas introduzem na sociedade do que com o conteúdo das crenças propriamente ditas. Não há diferenças funcionais importantes entre o cérebro do fiel que massacra o vizinho porque ele reza para o Deus errado e o do militante político que tortura e mata o dissidente para construir um mundo melhor. Ambos se aferraram a uma ideia (que nunca fez muito sentido, para começo de conversa) e desligaram todos os circuitos que poderiam levar suas mentes a questioná-la.

De minha parte, gostaria que ninguém acreditasse nem em religiões nem em sistemas políticos redentores, mas, como isso não vai acontecer, o que de melhor podemos fazer é semear a dúvida – sempre.

# COMÉRCIO E SOLIDARIEDADE

O comércio é uma força capaz de promover a cooperação entre os povos?

Steven Pinker sugere que o comércio foi e ainda é um poderoso agente da paz. Embora possa gerar desentendimentos ocasionais, a possibilidade de fazer negócios com estrangeiros altera a lógica por trás das relações entre grupos não aparentados.

Durante a maior parte de nossa história evolutiva, sempre valeu a pena massacrar a tribo vizinha, desde que o fizéssemos em relativa segurança. A existência de outros clãs não apenas não nos acrescentava nada como ainda representava um risco, já que eles poderiam considerar que constituíamos uma ameaça para eles e tentar nos destruir. Na dúvida, atacávamos primeiro. É o que ainda fazem os chimpanzés selvagens.

O comércio muda a matemática que nos punha nessa armadilha. A possibilidade de trocar bens faz com que o outro adquira valor para mim. Já não vale a pena matá-lo à primeira oportunidade. O jogo de soma zero dá lugar a um de soma positiva.

É evidente que o comércio não nos fará amar uns aos outros, mas nem sei se isso seria desejável. Se fôssemos todos poços de altruísmo que atribuíssem ao próximo o mesmo valor que damos a nós mesmos, estaríamos em maus lençóis. Em termos de logística social, faz todo sentido que a mãe se preocupe mais com seu filho do que com filhos de desconhecidos e canalize de forma nepotista e pouco solidária mais recursos para seu rebento. A isso nós chamamos de amor.

A humanidade tem melhorado ao longo dos séculos e penso até que podemos falar em progresso moral, mas creio que existem limites biológicos para até onde podemos chegar.

# EFEMÉRIDES

Não sou muito dado a efemérides. É apenas uma caprichosa queda por números cheios que nos faz prestar atenção aos 50 anos e ignorar solenemente os 49 ou os 51.

De toda maneira, não tenho nada contra refletir sobre a história, em datas redondas ou quadradas. Mas por que o fazemos? As razões geralmente alegadas são instrumentais. "Aqueles que não lembram o passado estão condenados a repeti-lo", assevera a máxima de George Santayana. O filósofo, vale alertar, empregou a frase num contexto bem diferente, em que discutia aspectos psicológicos do homem, mas ela acabou ganhando fama como se tivesse sido concebida para explicar a relação de um povo com sua história. Será que neste novo papel ela é verdadeira?

Numa interpretação literal, não. Objetivamente, são quase nulas as chances de uma unidade política ou nacional reviver a própria história. E isso não ocorre porque o homem seja sábio, mas simplesmente porque a matemática não favorece a repetição. Há um número quase infinito de modos de divergir e só um de convergir. Mesmo quando um dirigente deliberadamente tenta reencenar um evento histórico, dificilmente consegue.

E se formos um pouco menos rígidos? Existem por certo algumas armadilhas políticas e econômicas nas quais é possível cair mais de uma vez. Todos sabemos, ou deveríamos saber, por exemplo, que o tabelamento de preços não funciona para conter a inflação. O imperador Diocleciano tentou no ano 301 e fracassou, bem como todos os que, de lá para cá, apostaram na fórmula.

Será que, numa versão assim mais fraca, o aforismo de Santayana ainda sobrevive? Em termos. Há lições que o presente pode tirar do passado, mas é difícil descobri-las estudando a história de um único povo. Os padrões só aparecem quando comparamos várias experiências diferentes.

# CHOQUES TECNOLÓGICOS

Grandes cidades europeias enfrentaram engarrafamentos devido a protestos de taxistas contra o aplicativo Uber, que permite aos usuários buscar caronas pagas pelo celular.

Não há muita novidade aqui. A onda de choque tecnológica que já reformulou várias indústrias, como a fonográfica e a jornalística, chega aos carros de praça. Enquanto os aplicativos se limitavam a aumentar a produtividade, isto é, o número de corridas dos veículos já autorizados, os taxistas eram só elogios. Mas, como é quase impossível conter a tecnologia, desenvolvimentos posteriores trouxeram mais concorrência ao mercado e corroeram as regulações, o que, por vezes, resulta na precarização das relações de trabalho.

Como sempre ocorre nessas situações, a categoria profissional afetada se revolta contra a novidade – no limite, saem quebrando máquinas, como os luditas no século XIX –, e os consumidores, beneficiados com a redução de preços, a aplaudem.

De modo geral, a tecnologia vence. E, desde que a mudança não implique reduções drásticas de qualidade e segurança, o processo é positivo para a sociedade. Ainda que revoluções tecnológicas deixem mortos e feridos pelo caminho, no longo prazo, cada tarefa que passa a ser desempenhada por uma máquina livra o ser humano de trabalho, descrito como uma maldição na Bíblia.

Um bom exemplo é o da agricultura. Até 1800, quase toda a população de um país se dedicava à produção de alimentos. Hoje, a atividade emprega pouquíssimos funcionários e muita tecnologia. O enorme contingente que perdeu emprego no campo foi para as cidades, onde compõe o grande mercado que produz e consome os produtos e serviços que tornaram nossa época a materialmente mais próspera de todos os tempos. A matéria-prima dessa riqueza, no fundo, são pessoas comerciando ideias.

# BATALHAS PERDIDAS

No século XIX, parte dos trabalhadores ingleses decidiu combater o progresso tecnológico, que corretamente viam como uma ameaça a seus empregos, destruindo máquinas. Eram os luditas. Suas ações acenderam o imaginário popular, mas não foram capazes de deter a revolução industrial.

Algo parecido pode estar ocorrendo agora em relação à internet. O fenômeno é variegado e abarca desde um juiz tentando proibir um aplicativo que assegura anonimato a quem faz comentários na rede até taxistas protestando contra um programa que promove "caronas remuneradas". Até pode haver lampejos de justiça nessas causas, mas desconfio que a derrota é inexorável.

Mesmo que o aplicativo Secret seja banido do Brasil, não será difícil para o usuário acessar versões estrangeiras das lojas de aplicativos e assim burlar a restrição. Quanto aos taxistas, não há muito o que fazer. Como dizia George Carlin sobre a prostituição, não dá para querer tornar ilegal a venda de algo que pode ser dado de graça totalmente dentro da lei. Se a carona gratuita é permitida, fica muito difícil impedir a carona paga.

Ao contrário de magistrados e taxistas não estou tão convencido do caráter maléfico dessas novidades. Tecnologias tendem a apresentar-se em tons mais cinzentos, oferecendo diferentes *blends* de benefícios e problemas. Mesmo quando são claramente desvantajosas, podem às vezes tornar-se um caminho sem volta.

Essa ao menos é a tese do geógrafo Jared Diamond, para o qual a adoção da agricultura, embora tenha sido "o pior erro da história dos seres humanos", tendo, num só golpe, destruído a saúde das pessoas e criado as distinções sociais, se espalhou como uma praga pela humanidade. A razão principal é que povos agrícolas eram capazes de produzir muito mais gente do que a concorrência.

Basicamente, quem aposta contra a tecnologia acaba perdendo, mesmo quando tem razão.

# PRISIONEIROS DO TEMPO

"Não sou e nunca fui favorável a promover a igualdade social e política das raças branca e negra... há uma diferença física entre as raças que, creio, sempre as impedirá de viver juntas como iguais... E eu, como qualquer outro, sou a favor de que os brancos mantenham a posição de superioridade."

Vamos processar o autor da frase por injúria ou racismo? Difícil. Ele já morreu. Além disso, tem certo crédito na praça. Abraham Lincoln, afinal, levou os EUA à guerra civil para pôr fim à escravidão. Mas mesmo ele era prisioneiro de sua época.

Gostamos de descrever nossos valores em termos de uma moral absoluta, mas a realidade é mais complexa. Ainda que certas intuições morais sejam universais, é grande o espaço que a cultura tem para moldá-las. A escravidão foi aceita sem questionamento ético durante a maior parte da história. Nem Aristóteles nem Cristo viram problemas nela.

Como e por que o *Zeitgeist* (espírito do tempo) de uma sociedade se modifica permanece um mistério. Mas, felizmente, ele muda. Apenas 50 anos atrás, um país desenvolvido como os EUA ainda mantinha leis segregacionistas. Hoje, qualquer americano educado, que não assoe o nariz na manga da camisa, vê com genuíno horror atos e palavras discriminatórios. No plano do *Zeitgeist*, a luta contra o racismo foi vencida. Isso não significa, é claro, que o triunfo tenha chegado às estatísticas sociais.

O ponto que defendo aqui, na esteira de Friedrich von Savigny, é que esse tipo de revolução cultural independe da vontade do legislador. Quando este se digna a aprovar um diploma, é porque a sociedade já chegara muito antes a esse parecer.

Obviamente, sempre sobram grupos marginais que resistem à mudança. Mas, enquanto se limitam a dizer bobagens sem pô-las em prática, não vale a pena gastar recursos públicos com eles. Respostas mais adequadas à falta de sintonia com o *Zeitgeist* são o gelo social e uma boa caçoada.

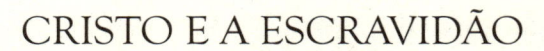

# CRISTO E A ESCRAVIDÃO

Alguns me criticaram por ter escrito que Cristo não viu problemas éticos na escravidão. Segundo eles, a mensagem "ama ao próximo como a ti mesmo" já vale como condenação moral da escravidão. Será?

Se pinçarmos nossas frases favoritas na Bíblia e generalizarmos sua aplicação, "provaremos" o que quisermos e o seu contrário também. A boa exegese requer passagens específicas. No caso da escravidão, ela está em Lucas 12:47-48. Ali, Jesus fala sobre servos e senhores e não só deixa de condenar a escravidão como parece defender a chibata: "O servo que soube a vontade do seu senhor, e não se aprontou, nem fez conforme a sua vontade, será castigado com muitos açoites; mas o que não a soube, e fez coisas que mereciam castigo, com poucos açoites será castigado".

Outros livros do Novo Testamento são mais explícitos: "Escravos, obedeçam a seus senhores terrenos com respeito e temor, com sinceridade de coração, como a Cristo" (Efésios, 6:5); "Todos os servos que estão debaixo do jugo considerem seus senhores dignos de toda honra, para que o nome de Deus e a doutrina não sejam blasfemados" (Timóteo, 6:1).

No Antigo Testamento, as passagens pró-escravidão são ainda mais abundantes e vívidas. Gosto especialmente de Êxodo 21:7, que nos autoriza a vender filhas como escravas.

E o que isso tudo nos diz? Não muito. Penso que o conjunto de trechos bíblicos só reforça a tese do meu texto anterior de que somos prisioneiros de nosso tempo. Durante a maior parte da história, a escravidão foi vista como um fato da vida, que não comportava dilemas éticos.

É claro que isso só funciona para quem, como eu, sustenta que a moral é historicamente determinada. Os que creem que ela é eterna e que as Escrituras têm inspiração divina precisam de muita ginástica mental para conciliar o texto antigo com nossa sensibilidade moderna.

# UMA DEFESA DA DESIGUALDADE

Um pouco mais de igualdade na distribuição de riquezas faria bem a nosso senso de justiça. É bastante provável também que a redução da desigualdade tornasse as sociedades mais funcionais. Um mercado interno robusto e mobilidade social são ingredientes importantes da democracia.

Isso dito, ponho-me a defender o, vá lá, capitalismo, de acusações que me parecem exageradas. Um certo espírito rousseauniano parece ter se apoderado de nossa época, que agora vê a propriedade privada e a economia de mercado como responsáveis por todos os nossos males. É verdade que elas favorecem a concentração de riqueza, notadamente de renda e patrimônio, como bem mostrou Thomas Piketty, que se tornou uma espécie de profeta, talvez involuntário, desse movimento.

Essa, porém, é só parte da história. Os mesmos mecanismos de mercado que promovem a disparidade – eles exigem certo nível de desigualdade estrutural para funcionar – são também os responsáveis pelo mais extraordinário processo de melhora das condições materiais de vida que a humanidade já experimentou.

Se o capitalismo exibe o viés elitista da concentração de renda, ele também apresenta a vocação mais democrática de tornar praticamente todos os bens mais acessíveis, pelo aprimoramento dos processos produtivos. O próprio Piketty cita o caso das bicicletas, que, em 1880, custavam seis meses de salário médio e eram uma porcaria. Em 1960, já estavam muito melhores e saíam por menos de uma semana de trabalho.

O fenômeno, lembra o autor, não está circunscrito a velocípedes. O crescimento econômico que o mundo conheceu após a Revolução Industrial, escreve Piketty, fez com que as pessoas passassem a "comer melhor, vestir-se melhor, viajar, aprender, receber cuidados médicos etc.".

Não tenho nada contra perseguir ideias de justiça, mas é importante não perder a perspectiva das coisas.

# IRONIAS DA HISTÓRIA

A legalização do casamento entre pessoas do mesmo sexo pela Suprema Corte dos EUA representa uma justa vitória do movimento gay. Nas democracias contemporâneas, não faz sentido restringir direitos de um cidadão apenas porque gosta de copular com pessoas do mesmo sexo que ele.

A história, porém, é cheia de ironias. Ao insistir no casamento (em oposição à mais objetiva união civil), os gays acabaram abraçando a mais conservadora das bandeiras sociais. O casamento, vale lembrar, é um mecanismo através do qual o indivíduo pede ao Estado licença para manter relações sexuais com outra pessoa.

No Ocidente, é uma instituição em franca decadência. Na Europa do norte, frequentemente tomada como um modelo positivo de desenvolvimento social, a proporção de crianças que nasce fora do casamento já é superior a 50%. As taxas mais baixas são verificadas naqueles países europeus onde a influência da religião é mais acentuada, como Turquia, Grécia, Macedônia e Croácia.

Vários fatores contribuíram para a desinstitucionalização do casamento. No plano jurídico, foi necessário, em primeiro lugar, que os Estados revogassem ou pelo menos deixassem de aplicar as leis que criminalizavam a fornicação e o adultério. Em seguida, vieram normas que asseguravam a pessoas que preferiam não formalizar sua união direitos sucessórios e previdenciários, bem como a proteção aos filhos em comum.

O elemento central, porém, foi a emancipação feminina. As coabitações só se tornaram uma alternativa viável porque as mulheres entraram no mercado de trabalho, isto é, já não dependiam de maridos para sobreviver e, com a pílula, passaram a controlar o ritmo em que tinham filhos.

O esvaziamento dos casamentos é, portanto, resultado de uma feliz conjunção de avanços legais e sociais. Não deixa de ser curioso que os gays tenham aqui se posto na contramão das tendências mais progressistas.

# A UBERIZAÇÃO DO MUNDO

A palavra da vez é "uberização". Ela virou tema da campanha presidencial americana e ocupa legislativos de várias cidades e países, que tentam definir o tratamento que dispensarão às caronas compartilhadas (Uber), aluguel de quartos (Airbnb) e até à comunicação interpessoal (polêmica das telefônicas contra o WhatsApp) e ao entretenimento (Netflix x TVs a cabo), para citar apenas alguns.

Se a história ensina alguma coisa, é uma questão de tempo até que as resistências sejam vencidas e os novos modelos substituam os velhos. Em alguns casos, como o das telefônicas, há problemas práticos a resolver, notadamente a definição de quem vai ficar com a conta dos investimentos na infraestrutura de internet, mas não há muita dúvida de que se chegará a uma fórmula.

O que estamos presenciando aqui é basicamente o capitalismo em ação. Como já ensinava o economista Joseph Schumpeter, a chegada de novas tecnologias destrói velhas empresas, antigos modelos de negócios e até mesmo profissões – não vemos mais tantos ascensoristas e apagadores de lampião por aí. Pode ser ruim para essas pessoas, mas é das inovações que, em última instância, sociedades extraem prosperidade.

E percebam que a maioria das tecnologias em pauta não chega a ser revolucionária. O Uber, por exemplo, não está substituindo a locomoção veicular pelo teletransporte, ele apenas está unindo a oferta (motoristas) à demanda (passageiros) de forma ágil e passando por cima da regulação estatal, que, neste caso, parece mesmo dispensável.

O Brasil, diga-se, é um país meio ludita. Ainda conservamos por aqui profissões que, em outras partes do mundo, foram aposentadas, como cobradores de ônibus e frentistas. Parece-me, porém, que esses casos sejam mais bem descritos como pontos fora da curva do que como uma recusa obstinada da sociedade em incorporar avanços tecnológicos.

# CAÇA AOS RACISTAS

Alunos da Universidade Princeton se movimentaram para tirar o nome de Woodrow Wilson de uma das mais importantes faculdades da instituição, a Woodrow Wilson School of Public and International Affairs. O motivo, é claro, é o racismo.

Thomas Woodrow Wilson (1856-1924) ocupou a Presidência dos EUA por dois mandatos (1913-1921). Era membro do Partido Democrata, levou o Nobel da Paz em 1919 e foi reitor da própria universidade. Mas Wilson era inapelavelmente racista. Achava que negros não deveriam ser considerados cidadãos plenos e tinha simpatias pela Ku Klux Klan. Merece ter seu nome cassado?

A resposta é, obviamente, "tanto faz". Um nome é só um nome e, para quem já morreu, homenagens não costumam mesmo fazer muita diferença. De resto, discussões sobre racismo são bem-vindas. Receio, porém, que a demanda dos alunos caminhe perigosamente perto do anacronismo. Sim, Wilson era racista, mas não podemos esquecer que a época também o era. O 28º presidente dos EUA não está sozinho.

"Não sou nem nunca fui favorável a promover a igualdade social e política das raças branca e negra... há uma diferença física entre as raças que, acredito, sempre as impedirá de viver juntas como iguais em termos sociais e políticos. E eu, como qualquer outro homem, sou a favor de que os brancos mantenham a posição de superioridade." Essa frase, que soa particularmente odiosa a nossos ouvidos modernos, é de Abraham Lincoln, que, não obstante, continua sendo considerado um campeão dos direitos civis.

O problema são os americanos; eles são atavicamente racistas, dirá o observador anti-imperialista. Talvez não. "O negro é indolente e sonhador, e gasta seu dinheiro com frivolidades e bebida." Essa pérola é de Che Guevara. Alguns dizem que, depois, mudou de opinião. Quem não for prisioneiro de seu próprio tempo que atire a primeira pedra.

# TRAJETÓRIAS EXEMPLARES

É difícil provar teorias no domínio das ciências sociais. Além de o estatuto epistemológico desse campo do saber ser precário, os resultados de experimentos e análises não colaboram, pintando em geral quadros ambíguos, incompatíveis com conclusões unívocas.

Em raras ocasiões, porém, as forças da história nos brindam com experimentos "naturais" que permitem vislumbrar relações que, de outro modo, permaneceriam invisíveis. Um exemplo eloquente é o das Coreias.

O jovem ditador norte-coreano, Kim Jong-un segue o padrão familiar de exibir músculos bélicos para arrancar concessões e algum dinheiro de vizinhos amedrontados e das potências ocidentais. É um governo que vive de chantagem, já que fracassou em todo o resto.

O contraste entre as duas Coreias não poderia ser maior. Ao norte do paralelo 38, temos um dos países mais pobres da Ásia, no qual a população não tem acesso a praticamente nenhuma comodidade da vida moderna, como luz elétrica e telefones, e é assolada por fomes periódicas.

Já no sul, as pessoas vivem com padrões de primeiro mundo. A educação é uma das melhores do planeta e o país não cessa de melhorar sua posição em praticamente todos os indicadores de riqueza e bem-estar.

Como explicar tamanha assimetria, já que o povo é o mesmo e os recursos naturais à disposição dos respectivos governos não são tão diferentes? Só o que separa as duas populações é o fato de, a um dado momento da história recente, terem seguido caminhos políticos distintos.

Enquanto o norte fechou-se numa tirania comunista retrógrada, o sul experimentou uma ditadura de direita só um pouco menos brutal, mas que, a certa altura, foi capaz de abrir-se, promovendo reformas democratizantes, a começar pela educação.

Essa é, provavelmente, a melhor demonstração possível de que as instituições fazem toda a diferença.

# POLÍTICA

O problema de base da política é que nossos cérebros evoluíram para operar em comunidades de no máximo 200 pessoas que pensavam e agiam de forma relativamente homogênea, mas passamos a viver em cidades com milhões de habitantes com os mais diferentes *backgrounds* culturais. Choques e disputas são, assim, inevitáveis. Nossa sorte é que desenvolvemos também uma série de recursos políticos, com destaque para a democracia, que nos permitem não eliminar os conflitos, mas discipliná-los para que se resolvam por vias institucionais não violentas. A seguir, algumas ideias sobre nossa organização política e temas correlatos relativos ao desenvolvimento econômico e social.

# COMÉRCIO DE FACILIDADES

Uma das mais notáveis capacidades do ser humano é a de imaginar o futuro e tomar decisões com o intuito de modificá-lo. É daí que surge a flexibilidade, característica em que superamos com folga nossos primos primatas, bem como todos os outros animais.

É também a ferramenta de que nos valemos para escrever leis, que nada mais são do que a tentativa de regular o futuro. É claro que só faz sentido impor normas quando os comportamentos individuais não convergem de modo natural para a solução socialmente mais conveniente.

Imaginemos uma lei que proíba as pessoas de comer cocô de cachorro. Mesmo reconhecendo o valor sanitário da medida, ela é totalmente ociosa, já que a esmagadora maioria dos humanos não tem nenhum pendor em deliciar-se com dejetos caninos. Ao contrário, o impulso natural é nos afastar deles, daí a necessidade de norma que obrigue a recolhê-los quando nossos animais de estimação os depositam nas vias públicas.

Embora esse mecanismo seja até meio óbvio, nossos legisladores insistem em ignorá-lo. Um caso exemplar é a regra para a construção de garagens aprovada pela Câmara paulistana. O diploma reserva percentuais de vagas para bicicletas e motos em estacionamentos de condomínios e estabelecimentos comerciais.

Aparentemente, os vereadores se esqueceram de que condôminos e comerciantes têm interesse em resolver seus problemas. E eles, mais do que os parlamentares, conhecem as necessidades de seu público. Assim, uma loja de equipamentos para motos fará bem se reservar mais que os 10% fixados em lei para esses veículos. Algo parecido se aplica ao edifício onde ninguém tenha moto e falte espaço para carros. Em suma, vale a pena apostar na flexibilidade.

Minha suspeita é que só aprovam essas regras essencialmente inúteis para criar as dificuldades que gerarão o comércio de facilidades que infesta a administração pública.

# FAVELAS RURAIS

A reforma agrária ainda faz sentido? A resposta é "cada vez menos", porque, se ela finalmente vier, chegará com um atraso fatal.

Em termos de estruturação da sociedade, uma repartição mais equitativa das terras teria sido importante se tivesse ocorrido lá pelos fins do século XIX, início do XX, no máximo. Aí, sim, a criação de uma numerosa classe de pequenos proprietários rurais poderia ter dado uma feição melhor e mais justa ao país.

O problema é que esse é mais um bonde da história que nós desperdiçamos. Agora, em tempos de competição globalizada e emprego intensivo da tecnologia e da ciência, a agricultura é uma atividade que tende a exercer-se com tanto mais eficiência quanto mais mecanizada for e em maiores extensões de terra ocorrer. O número de pessoas exigido para o cultivo deverá ser cada vez menor.

Isso não significa necessariamente que precisamos abandonar qualquer ideia de reforma agrária, mas é preciso mudar sua justificativa. Ela deixa de ser um projeto estratégico de modernização do campo e constituição de uma classe média rural para converter-se num programa social, que dá renda e ocupação a um setor marginalizado da sociedade.

Esse novo enquadramento tem, é claro, implicações. É preciso refazer as contas e eventualmente reequacionar as verbas dedicadas aos diferentes programas sociais. Afinal, não há justificativa moral para gastar mais com pobres rurais que com pobres urbanos, ainda mais num país que já tem quase 85% de sua população vivendo em cidades e segue em acelerado processo de urbanização.

# O CONLUIO

"Conluio" talvez seja um termo forte demais para definir as relações entre juízes e advogados, mas não há dúvida de que julgadores costumam ser paparicados não apenas por defensores como também por empresas e associações de diversas naturezas e esses gestos não são desinteressados nem sem efeitos.

É claro que, num mundo inteiramente racional, nenhum magistrado se deixaria influenciar por brindes, gentilezas ou elogios. A questão é que o ser humano é tudo menos "inteiramente racional" e juízes, a exemplo de médicos, jornalistas e consumidores em geral são facilmente sugestionáveis, sucumbindo a truques simples, como mandar um e-mail por ocasião do aniversário, custear um congresso, enviar alguma lembrancinha etc. O que torna esse gênero de manipulação um crime perfeito é o fato de ela ser legal e passar por baixo do radar da consciência. O profissional "comprado" está intimamente convencido de que agiu com total imparcialidade.

Está claro, porém, que não agiu. No caso dos médicos, que são mais afeitos à ciência, os resultados desse tipo de interação já foram mapeados e mensurados. Numa metanálise de 2000, publicada no "Jama", que já é considerada um clássico, Ashley Wazana mostrou que pagar uma viagem para um profissional de saúde, por exemplo, aumenta entre 4,5 e 10 vezes a probabilidade de ele receitar as drogas da empresa patrocinadora.

Resolver esse tipo de situação é muito difícil, senão impossível. Não podemos simplesmente proibir juízes de conviver com advogados, entre os quais podem estar seus cônjuges e filhos. Mas podemos e devemos tornar os relacionamentos institucionais tão transparentes quanto possível e, mais importante, admitir que o problema existe.

# Leia também

Cadastre-se no site da
Contexto e fique por
dentro dos nossos
lançamentos e eventos.
www.editoracontexto.com.br

Faça parte de nossa rede.
www.editoracontexto.com.br/redes

# ESQUERDA, VOLVER

Pelo menos em seu surgimento, movimentos de esquerda estavam associados ao projeto iluminista de reformar a sociedade tendo por instrumentos a razão e o conhecimento científico. Embora partidos de esquerda nunca se tenham notabilizado pela união, eles eram mais ou menos unânimes em condenar a superstição, a intolerância e os abusos perpetrados pelo Estado e pelas Igrejas.

Mesmo em Marx, a crítica ao capitalismo se subordina à ideia de emancipação humana. É preciso mudar as relações de produção para pôr um fim à alienação do trabalho, que afasta o homem de sua verdadeira natureza (*Gattungswesen*). É nesse contexto libertário que o filósofo afirmou que a religião era o ópio do povo.

Pode-se discutir se o projeto de transformação da sociedade faz sentido e até que ponto a natureza humana é maleável. Descobertas no campo da antropologia e da psicologia nas últimas décadas sugerem que, embora a concepção do homem como uma *tabula rasa*, como defendia parte da esquerda, esteja equivocada, há espaço para melhorias.

A melhor prova disso é que, graças a avanços científicos e a abordagens mais racionais para problemas econômicos, políticos e judiciários, a humanidade vive uma era de bonança sem precedentes, na qual muito mais pessoas vivem por mais tempo, com mais saúde e submetidas a menos sofrimentos. Extinguimos até chagas milenares como a escravidão legal.

O que ainda dá para salvar da esquerda é a ideia de que o progresso social é possível.

# O NEPOTISMO E O AMOR

Dezesseis por cento dos desembargadores do TJ do Rio são parentes de alguém no Judiciário. Essa taxa aumenta ainda mais se considerarmos só os magistrados indicados pelo Ministério Público e pela OAB, para os quais o jogo de influências tende a ser mais decisivo.

O nepotismo no serviço público é provavelmente um problema insolúvel, já que tem origem num descompasso entre a nossa programação biológica original (que nos faz proteger filhos e outros parentes) e o ambiente moderno em que vivemos (que exige que o poder público contrate servidores com base apenas no mérito). Ele entra, assim, na mesma categoria de outras armadilhas evolutivas, como a obesidade (nossos corpos armazenam muito mais energia na forma de tecido adiposo do que o necessário hoje em dia). E, sempre que as instituições se opõem à biologia, as primeiras tendem a levar a pior. Não foi por outro motivo que o comunismo fracassou.

Se quisermos manter o problema ao menos sob controle, precisamos fazer com que a decisão de quem contratar passe tão longe quanto possível dos gabinetes dos poderosos. O caminho é profissionalizar a administração ao máximo e dar preferência a concursos nos quais os examinadores não conheçam a identidade dos candidatos. Processos muito políticos, como as indicações por entidades de classe, são difíceis de conciliar com esses princípios.

De toda maneira, o conceito de armadilha evolutiva ajuda a desmitificar algumas ilusões recorrentes. Embora as ideologias políticas mais em voga afirmem o contrário, é impossível uma sociedade ser justa e livre ao mesmo tempo. Se ela é justa, as pessoas que se esforçarem mais acumularão mais bens. Se é livre, elas os transmitirão a seus parentes. Mas, neste caso, a sociedade deixa de ser justa, pois alguns herdarão riquezas pelas quais não trabalharam.

O problema de fundo é que o amor é discriminatório.

# ABAIXO OS VICES

A função envelheceu. Quando ela foi concebida, nos idos do sé-culo XIX, até fazia sentido manter um substituto permanente para o titular. Naqueles tempos, em que as comunicações e o próprio trans-porte eram muito mais precários do que hoje, era razoável apontar alguém que fizesse as vezes de presidente ou governador quando estes viajassem, por exemplo, ou a cadeia de comando seria rompida. Além disso, organizar uma eleição – especialmente num país continental como o Brasil – era tarefa de vários meses, talvez justificando a escolha prévia de um sucessor para os casos de impedimento definitivo.

O mundo, porém, mudou e hoje contamos com celulares, e-mail, linhas seguras e urnas eletrônicas. É perfeitamente possível que o titu-lar siga cumprindo suas funções mesmo que esteja do outro lado do planeta. Se a vacância se dá por morte, doença ou renúncia, o mais democrático é organizar um novo pleito, em que os eleitores decidirão quem substituirá o chefe diante de uma ausência real e não apenas hipotética. A transição pode ser conduzida pelo presidente de alguma casa legislativa ou membro do Judiciário.

Na atual dinâmica dos acertos políticos, o posto de vice se tornou primariamente uma moeda de troca para compor coalizões. Não que isso seja pecado, mas o mesmo resultado pode ser obtido negociando pontos do programa de governo e outros cargos na administração. A diferença é que a extinção dos vices nos pouparia de muitas conspira-ções e de 5.598 salários na administração pública.

# VIRTUDES E VÍCIOS DA DEMOCRACIA

Por um lado, é desejável que dirigentes estejam em sintonia com a população e respondam a seus anseios. A ideia mestra da democracia é que ela constitua uma espécie de autogestão coletiva – o tal do governo do povo, para o povo e pelo povo.

Não se pode, por outro lado, desprezar os riscos de um entrosamento muito profundo entre governantes e a população. O mais óbvio é o populismo, no qual se sacrificam objetivos de longo prazo em troca de aprovações momentâneas, geralmente programadas para coincidir com eleições. Embarcar nesse tipo de lógica compromete a racionalidade econômica de um governo, que se torna incapaz de definir prioridades e passa a perseguir metas inconciliáveis, gerando pequenos e grandes desastres.

Isso significa que a democracia é uma miragem? A pergunta é capciosa. Penso que ela funciona, mas não porque maiorias sejam portadoras da verdade. A democracia vem dando certo porque consegue canalizar os conflitos sociais para formas não violentas de disputa. Tem ainda o dom de fazer com que as visões mais extremadas do espectro político se anulem pelo voto, deixando a decisão para os setores moderados.

Ela também transforma a sociedade num grande experimento em que os atores podem aprender com seus erros.

# CUIDADO COM O QUE DESEJA

Nada como um pouco de pressão para fazer deputados e senadores esquecerem suas agendas pessoais e trabalharem.

Daí não decorre que todas as reivindicações das ruas possam ou devam ser atendidas. Qual é o sentido de isentar integralmente da tarifa de ônibus estudantes, e não desempregados de meia idade, por exemplo? E, se formos estender o benefício a todos que o "mereçam", a corda estoura do lado dos passageiros pagantes e dos contribuintes.

A democracia direta, em que falam mais alto as emoções e a generosidade dos cidadãos, tem lá os seus riscos. A Califórnia, o estado mais rico do país mais rico do mundo, esteve perto de quebrar alguns anos atrás, entre outros motivos porque, ao longo das décadas, os eleitores ali aprovaram em plebiscito uma série de leis que ampliaram o gasto público e limitaram a capacidade do governo de arrecadar impostos.

Mais complicado ainda, algumas delas eram medidas que, analisadas isoladamente, faziam todo o sentido, como igualar o gasto *per capita* em educação, evitando que se abrisse um fosso na qualidade de ensino entre os distritos ricos e os pobres. O conjunto da obra, entretanto, revelou-se bastante problemático.

Uma das supostas vantagens da democracia representativa é colocar profissionais para cuidar dessas coisas. Pelo menos em teoria, o político é um sujeito que, sem desconectar-se dos clamores da população, faz a lição de casa, estudando a matéria de que trata a lei a ser aprovada e analisando suas implicações gerais.

Precisamos ter muito cuidado com aquilo que desejamos e mais ainda com o que conseguimos.

# IMIGRAÇÃO, UM DEBATE IRRACIONAL

De tempos em tempos, tragédias como o naufrágio do barco carregado de africanos na costa da Itália, que matou quase 200 pessoas, nos fazem lembrar do problema dos imigrantes. Esse é um daqueles assuntos que mobilizam vieses cognitivos tão poderosos que o próprio debate fica prejudicado.

É verdade que, no Pleistoceno, tínhamos razões para temer quaisquer humanos que não pertencessem à nossa tribo. Não eram desprezíveis as chances de que eles nos atacassem e matassem para roubar-nos as mulheres e os poucos bens que pudéssemos possuir, ou simplesmente para evitar que nós os agredíssemos. Também havia a possibilidade de eles portarem doenças contra as quais não tivéssemos resistência. O medo de estrangeiros ficou gravado em nossas culturas e genes.

O mundo mudou bastante nas últimas centenas de milhares de anos, mas, nossas cabeças, não. Hoje, embora sejam remotas as chances de sermos assassinados por gringos com o objetivo de raptar nossas mulheres, seguimos desconfiando deles, o que se reflete em leis anti-imigração que são mais ou menos universais. E basta que surja uma adversidade econômica para que políticos tentem faturar alguns pontos culpando estrangeiros pelo infortúnio dos locais. Muitos têm sucesso.

Em termos objetivos, porém, trazer imigrantes tende a ser um bom negócio para países desenvolvidos. Esse parece ser o único modo de manter funcionando a economia no longo prazo, já que em muitas dessas nações os cidadãos têm filhos num ritmo inferior à taxa de reposição populacional. Mesmo no curto prazo, o país hospedeiro costuma faturar. As condições variam, mas há vasta literatura demonstrando que, ao menos nos EUA, a contribuição dos imigrantes supera os custos que acarretam. Isso é especialmente verdade se eles forem ilegais, já que pagam a maior parte dos impostos e quase não usam os serviços públicos.

# MAL DO SÉCULO

Estamos ficando mais radicais? Não vejo como responder objetivamente a essa pergunta. Falta-nos o essencial, que é uma definição mensurável de radicalização e dados empíricos. Evidências anedóticas, porém, sugerem que algo assim pode estar ocorrendo, em certos nichos.

Tendo a ser cético sempre que alguém identifica uma epidemia qualquer e a atribui aos meios de comunicação. Se os homicídios aumentam, a culpa é dos games violentos. Se algumas meninas estão magras demais, ataque a ditadura da moda.

No caso específico da radicalização, entretanto, é possível que a internet desempenhe um papel relevante, muito mais por suas virtudes do que seus vícios. Ao possibilitar que pessoas, às vezes separadas por grandes distâncias geográficas e sociais, identifiquem interesses comuns e interajam – avanço que melhorou a vida de muitos solitários e incompreendidos –, a rede também abre espaço para uma das piores facetas da natureza humana.

Como mostrou o psicólogo Irving Janis, o desejo de manter a coesão e a harmonia do grupo faz com que seus membros tentem agir sempre em bloco e de maneira às vezes patológica.

Uma série de experimentos sugere que juntar muitas pessoas que pensam de forma parecida numa sala ou na rede de computadores resulta em maior polarização (radicalização das ideias), mais animosidade (sensação de onipotência em relação a outros grupos) e conformidade (supressão de dissensos internos).

O remédio contra isso está na própria internet: exposição a teorias diferentes. A pegadinha é que, quando o sujeito acha sua turma, ele foge das ideias de que seu grupo discorda.

# QUESTÃO DE ISONOMIA

O que acho da isonomia salarial? Como sempre, a resposta depende de como definimos os termos da pergunta.

Se entendemos por isonomia apenas o tratamento jurídico dispensado ao trabalhador, sou totalmente a favor. Mas, se tentarmos, numa interpretação mais forte e mais ao gosto dos sindicatos, aplicar o conceito no nível dos resultados, isto é, ao salário final de cada empregado, sou contra.

Colocando de outra forma, devemos nos opor a toda e qualquer discriminação salarial que não tenha por base o desempenho individual do trabalhador e defendê-la quando tem essa origem. É injusto pagar menos uma mulher ou um negro apenas pelo fato de serem mulher e negro, mas, se a diferença no vencimento se deve ao fato de um profissional ter produzido mais que o outro, ela é bem-vinda, por mais difícil que seja, em muitas atividades, definir e mensurar o que é "produzir mais".

Um bom exemplo é o dos jogadores de futebol. Em princípio, todos eles exercem a mesma função, que é jogar futebol, e, pela regra da isonomia forte, deveriam receber o mesmo, mas, se você quiser acabar com os campeonatos e dificultar o surgimento de craques, é só baixar uma lei que iguale o salário dos Neymares aos de qualquer cabeça de bagre.

No setor privado, a coisa até funciona, pois se permite ao empresário avaliar seus funcionários como quiser e fixar seus vencimentos dentro de parâmetros elásticos. A complicação surge no serviço público, onde a isonomia forte é levada a ferro e fogo. Reconheça-se que é muito difícil criar um sistema de avaliação impessoal, como se exige do poder público. Mas fazê-lo é imperativo. A razão principal do fracasso dos países socialistas é que, numa caricatura da isonomia, desenvolveram um regime em que valia mais a pena esconder-se na ineficiência do que buscar a inovação e a excelência.

# O QUE FAZ UM POVO?

Assim como me parece irracional fazer uma guerra para juntar povos, creio que é igualmente estúpido ir às vias de fato para evitar que parte de um país se desmembre, mas admito que sou atípico nessa matéria: minha reação emocional diante do nacionalismo é nula. Penso até que pessoas que se dizem dispostas a morrer por sua pátria têm um parafuso a menos. Entre as muitas abstrações pelas quais não faz sentido sacrificar-se está a ideia de nação, um conceito para lá de artificial do qual tiranos e mesmo dirigentes democráticos abusam bastante.

O que, afinal, constitui uma nação ou um povo? E a resposta é basicamente "uma narrativa". Ela pode estar voltada para o passado, como queriam os românticos com suas descrições dos feitos míticos de um povo, ou para o futuro, como defendem, de forma mais razoável, aqueles que falam em construir juntos novas oportunidades. Trata-se, ainda assim, de um discurso que visa a encontrar pontos em comum para unir grupos de pessoas que reúnem mais diferenças do que semelhanças.

O gaúcho de Porto Alegre está culturalmente mais próximo do argentino de Buenos Aires do que de um pescador amazonense, e o médico do Rio tem mais a ver com seu colega nova-iorquino que com um peão pantaneiro. O discurso nacionalista, porém, faz com que coloquemos a cor do passaporte à frente de tudo.

Faz sentido? Não muito, mas os nacionalismos são tão prevalentes (e podem custar tão caro) que parece lógico concluir que se escoram em vieses cognitivos poderosos o bastante para escapar aos temperos da razão.

# DESAFIOS DO FEMINISMO

Como todos os anos, feministas aproveitaram o Dia Internacional da Mulher para reclamar que elas ganham menos do que homens para desempenhar as mesmas funções, estão sub-representadas no Parlamento e em algumas carreiras científicas. Temos aqui várias discussões interessantes.

Em primeiro lugar, é importante separar o plano institucional do das coisas do dia a dia. E, no nível das instituições, o feminismo venceu a parada. Já foram revogadas todas as disposições jurídicas que conspiravam para tornar mulheres cidadãs de segunda categoria, como a definição do marido como chefe da família, que, apesar de relativizada pela Carta de 88, fez parte de nosso ordenamento jurídico até 2002. Hoje, se restam mecanismos discriminatórios, eles são todos favoráveis à mulher, como a dispensa do serviço militar obrigatório e o direito a uma aposentadoria mais precoce.

Na esfera cotidiana, entretanto, restam desafios. A questão salarial é um deles. A dificuldade é que, embora a discriminação fique patente nas estatísticas, é quase impossível demonstrá-la num caso concreto, já que a diferença nos vencimentos poderia em princípio basear-se em razões legítimas, como produtividade, jornada de trabalho e até a disposição para pedir aumentos.

Mais intrigante é a participação das mulheres na política e em certas carreiras. Aqui eu penso que o feminismo pode estar querendo demais. Não vejo por que a proporção de mulheres nessas áreas deveria corresponder à estrutura demográfica da população. O limite, penso, deve ser dado pela própria vontade das mulheres de ocupar essas posições. Se não existem obstáculos legais nem culturais à sua entrada, então não há motivos para empurrá-las para fazer aquilo que não querem.

A proposta original do feminismo, aliás, era assegurar que as mulheres pudessem exercer a sua autonomia, não seguir os mesmos passos dos homens.

# PORTA DE SAÍDA

A Câmara aprovou um projeto de lei que reserva 20% das vagas em concursos públicos para negros. Não sou um entusiasta de cotas. A ideia de que o Estado possa classificar pessoas por suas características fenotípicas e com base nisso definir seus direitos tem algo de arrepiante. Admito, porém, que, em certas situações e observados alguns cuidados, a coisa pode funcionar.

Um problema inerente a toda política de cotas é o de quando parar. Nem o mais ferrenho defensor desses mecanismos pretende que eles sejam eternos, já que encerram um paradoxo: têm como ponto de partida o reconhecimento de distinções raciais, que são justamente aquilo a que as ações afirmativas visam pôr fim. Cotas, assim, só se justificariam como algo provisório, a ser mantido até que grupos que sofreram discriminação superem desvantagens históricas.

Determinar quando o passado deixa de atuar sobre o presente é um problema metafísico insolúvel, daí que se buscam outros expedientes como fixar um prazo de validade. É melhor do que mantê-lo em aberto, mas esse tipo de disposição quase nunca é respeitado, como o prova a zona franca de Manaus, criada em 1967 para durar 30 anos.

Há quem recorra à demografia. Por essa lógica, como mulheres são 50% da população, só haverá igualdade quando elas compuserem 50% do Legislativo. Se negros e pardos são 52%, devem atingir tal proporção em todas as esferas, do serviço público à TV, passando pelo esporte. O problema é que seres humanos são complexos. É possível que mulheres, num lance de sabedoria, não prezem tanto quanto homens a carreira política ou que negros, imbatíveis no atletismo, não sejam tão bons nadadores.

Levar a ferro e fogo a lógica demográfica implica que, em algum momento, estaremos induzindo pessoas a fazer o que não querem. Pior, o que fazer quando a cota é excedida? Nas universidades, mulheres já são 60%.

# VALORES DEMOCRÁTICOS

Para 62% dos brasileiros, a democracia "é sempre melhor que qualquer outra forma de governo". Folgo em saber que a imagem da democracia vai bem, mas a frase é verdadeira?

Eu não faria uma afirmação tão forte. Como Churchill, acho melhor limitar a comparação ao universo do conhecido. "Ninguém pretende que a democracia seja perfeita ou sem defeito. Tem-se dito que a democracia é a pior forma de governo, salvo todas as demais que têm sido experimentadas de tempos em tempos", proclamou o estadista britânico.

Com efeito, não há necessidade de transformar a democracia num valor religioso. Ela deve ser defendida por suas virtudes práticas. Para descobri-las, precisamos listar seus defeitos.

Já desde Platão sabemos que ela é sensível à ação dos demagogos. E, quanto mais avançamos no conhecimento do cérebro e da psicologia humana, descobrimos novas e mais sutis maneiras de influenciar os eleitores, que usam muito mais a emoção do que a razão na hora de fazer suas escolhas. É verdade que, com a prática, os cidadãos aprendem a defender-se, mas, de modo geral, são os marqueteiros que têm a vantagem.

Outro ponto sensível é o levantado pelo economista Bryan Caplan. A democracia até tende a limitar o radicalismo nas situações em que os eleitores se dividem bastante sobre um tema, mas ela se revela impotente nos assuntos em que vieses cognitivos estão em operação, como é o caso da fixação de políticos e eleitores por criar empregos, mesmo que eles reduzam a eficiência econômica.

Se a democracia se presta a manipulações e não evita que a maioria tome decisões erradas, por que ela é boa? Bem, além de promover a moderação em parte das controvérsias, ela oferece um caminho para grupos antagônicos disputarem o poder de forma institucionalizada e pouco violenta. É menos do que sonhavam os iluministas, mas dado o histórico de nossa espécie, isso não é pouco.

# MORTE E IMPOSTOS

Benjamin Franklin escreveu que não há nada de certo neste mundo exceto a morte e os impostos. Talvez pudéssemos acrescentar outros itens à lista, mas a morte e os impostos, além da inevitabilidade, também dizem muito a respeito do país em que ocorrem.

E as tabelas de mortalidade mostram que o Brasil está melhorando. Nas últimas cinco décadas, a expectativa de vida do brasileiro deu um salto de 25 anos. A esperança de vida de um bebê nascido em 1960 era de apenas 48 anos. Agora (Censo de 2010) chega aos mais dilatados 73.

Nem tudo, porém, são rosas nas estatísticas nacionais. O excesso de mortes masculinas na faixa etária dos adolescentes e adultos jovens mostra que a violência está produzindo o que os especialistas chamam de cicatriz demográfica. Outro ponto que chama a atenção é que o Brasil deu grandes passos na redução da mortalidade infantil pelas causas fáceis de combater (saneamento básico), mas não foi tão bem na prevenção dos óbitos motivados por problemas no parto e por malformações congênitas, que dependem de um atendimento médico de qualidade.

No que diz respeito aos impostos, a situação é bem menos alvissareira. A necessidade de uma reforma tributária é quase consensual. Mas esse diagnóstico é de décadas atrás e um conjunto coerente de mudanças até agora não se materializou. E nada indica que um dia virá.

Enquanto isso, sucessivos governos vão adotando remendos que até podem contentar lobbies e resolver problemas de caixa, mas não imprimem nenhuma racionalidade ao sistema. Um exemplo que desnuda a alma do país é o fato de que, enquanto o governo tenta faturar alguns pontos reduzindo parcialmente tributos sobre remédios, igrejas permanecem imunes a toda forma de taxação. Obviamente, há algo de errado com o país que incentiva mais que se reze pelas almas dos mortos do que se cuide da saúde dos vivos.

# EXCESSO DE ESTADO

O papel do Estado como agente regulador é simplesmente inafastável. Imagine como seria viver em cidades de milhões de habitantes sem papel-moeda, pesos e medidas uniformes e convenções mínimas, como a de que se deve trafegar pela direita da via. Libertários têm minha simpatia, mas é tolice imaginar que o Estado possa um dia tornar-se dispensável.

Admitir esse truísmo não implica aceitar que o poder público deva se meter em tudo. Economistas são rápidos em sacar múltiplas explicações para o fato de o Brasil ser um país onde as coisas são caras, mas raramente lembram da hiper-regulação.

Por aqui, donos de cinema precisam fornecer meia-entrada a estudantes e idosos, companhias aéreas têm de pagar hospedagem de quem ficou sem voo por causa da chuva e planos de saúde são obrigados a custear psicólogos, psicoterapeutas, fonoaudiólogos etc. Não tenho nada contra essas comodidades, mas elas têm custos que só quem crê que leis têm poderes mágicos não percebe que são repassados ao consumidor.

E aí parece-me muito mais razoável deixar que o cliente escolha o que quer comprar. Se ele só quer cobertura para emergências médicas, deve poder escolher um plano sem muitos badulaques e por um preço mais em conta. Se confia em são Pedro, deve poder adquirir uma passagem sem seguro contra intempéries. Não entendo por que a venda casada é um ilícito quando praticada por particulares, mas um "direito" quando imposta pelo Estado.

Essa longa introdução serve para justificar minha posição contrária à norma que obriga o comércio a não diferenciar entre pagamentos à vista e com cartão. Se o custo da segunda modalidade é maior que o da primeira, não faz sentido estendê-lo a quem paga à vista. Se o temor é o de que a "ganância dos capitalistas" leve a preços maiores para usuários de cartão, então o remédio é mais concorrência e não mais normas.

# O PESO DAS INSTITUIÇÕES

Em 1989, caía o Muro de Berlim. De lá para cá, as coisas correram rápido. Apenas um ano depois da queda, assistíamos à reunificação da Alemanha. O novo país investiu pesadamente na porção leste. Os resultados vieram. O PIB *per capita* da parte leste, por exemplo, dobrou nas últimas duas décadas. Não obstante, ainda é 33% inferior ao da região ocidental. Outros indicadores, como desemprego e expectativa de vida, seguiram trajetória semelhante: melhoraram muito, mas ainda não se igualaram aos do oeste.

O interessante aqui não é tanto analisar o presente e o futuro, mas entender por que as duas Alemanhas se tornaram tão diferentes. Tratava-se, afinal, do mesmo povo, com acesso a recursos naturais semelhantes e que partiu das mesmas condições de devastação do pós-guerra.

Acredito que o experimento natural das Alemanhas seja uma boa corroboração da tese dos economistas Daron Acemoglu (MIT) e James Robinson (Harvard) de que uma das principais diferenças entre nações que dão certo e as fracassadas é a natureza de suas instituições. Se elas forem inclusivas, permitindo que a maioria da população tire proveito das oportunidades econômicas, o desenvolvimento surge como consequência; se forem extrativistas, isto é, erguidas com o propósito de favorecer uma elite, pode até ocorrer crescimento, mas seu fôlego será curto.

Ao caso da Alemanha, devemos acrescentar outros exemplos, como as Coreias e Nogales. A parte desta cidade que fica no Arizona (EUA) apresenta muito melhores indicadores que a situada em Sonora (México), muito embora a população e a geografia sejam as mesmas.

Obviamente não dá para creditar tudo às instituições, mas com exemplos tão eloquentes, fica difícil crer que não tenham nada a ver com isso.

# DIREITA OU ESQUERDA?

O que significa ser de esquerda (ou direita) hoje?

A distinção original, forjada às vésperas da Revolução Francesa, segundo a qual a direita seria contra mudanças sociais enquanto a esquerda as favoreceria, já não faz sentido. Há, porém, alguns temas, como aborto, pena de morte, transgênicos, direitos dos animais, mudança climática, sobre os quais é quase impossível não ter posição. E a maneira como nos situamos em relação a um elenco mais ou menos fixo deles faz com que sejamos classificados como "de direita" ou "de esquerda".

São bandeiras caras à esquerda, por exemplo, a liberação do aborto e das drogas e a condenação da pena de morte e do porte de armas. Já a direita sustenta exatamente o contrário. Conciliar ambos os conjuntos de posições com uma narrativa racional linear exige certo esforço mental. Se é o princípio da sacralidade da vida que prepondera, deveríamos ser contra os quatro pontos. Já a defesa intransigente da autonomia individual recomendaria a aprovação de todos.

Para piorar, os conceitos mudam com o tempo e ao sabor de modismos. Basta lembrar que, até o início dos 1950, a esquerda apoiava quase incondicionalmente o Estado de Israel.

Deveríamos, então, abandonar as noções genéricas de direita e esquerda e analisar individualmente o mérito de cada tese apresentada? Provavelmente sim, mas não é tão fácil fazê-lo. Nossos cérebros clamam por classificações predefinidas que permitam identificar facilmente quem consideraremos aliados e quem serão nossos adversários. Que o sistema não resista a um escrutínio racional mais sistemático é só um detalhe.

# DITADURAS DÃO CERTO?

Embora a cartilha oficial do liberalismo goste de vincular bom desempenho econômico à existência de liberdades, as evidências empíricas mostram que, ao menos em horizontes não muito longos, essa ligação não é necessária. Os casos de Cingapura e da China apontam o contraste entre o sucesso econômico do país e a natureza ditatorial do regime. Além de Cingapura e da China poderíamos lembrar que Taiwan e Coreia do Sul também iniciaram seu processo de desenvolvimento como ditaduras. Para sair do circuito asiático, podemos citar o Chile.

A rigor, todas as nações hoje ricas começaram a desenvolver-se num período em que as liberdades eram bem mais restritas. É verdade que os EUA nunca foram propriamente uma ditadura, mas se valeram de métodos e leis que hoje classificaríamos como autoritários sem nem pestanejar. Basta lembrar o macarthismo, para dar um único exemplo.

Isso significa que não há nenhuma relação entre pujança econômica e regime político? Eu não iria tão longe. Uma corrente de teóricos afirma que o crescimento só é sustentável no longo prazo quando as instituições políticas de um país são inclusivas e seus cidadãos gozam de liberdade para criar e decidir onde alocarão seu tempo e recursos. Isso ocorreria porque a manutenção da prosperidade depende de um fluxo constante de inovações científicas e ganhos de produtividade. Riqueza é, em última instância, novas ideias.

Na fase que os economistas chamam de *catch up*, isto é, enquanto o país se limita a capturar tecnologia produzida por nações avançadas, seria até mais fácil crescer sob ditadura. Mas uma hora esse processo se esgota e se torna necessário inovar, para o que as liberdades são fundamentais. Quero crer que a tese é correta, mas a prova final é sempre empírica.

# FELIZ DIA DA MENTIRA

Para um país que fez sua "revolução" num 1º de abril e que não resiste a um estelionatozinho eleitoral, nada mais adequado do que celebrar com pompa o dia da mentira. Colocando a questão sem firulas: por que identificamos políticos com mentira?

A razão básica é que eles mentem. Na verdade, todos mentimos. Os estudos acadêmicos que tentam computar o número de inverdades que as pessoas contam pintam um quadro não muito bonito de nossa espécie. O psicólogo Robert Feldman, por exemplo, avaliando interações de apenas dez minutos entre desconhecidos, constatou que eles mentem em média três vezes cada um, podendo chegar a doze nos casos extremos.

Existem, porém, motivos para crer que políticos estejam um pouco acima da média da humanidade. Num de seus experimentos, Feldman filmou adolescentes mentindo sobre o gosto de um refrigerante. A bebida era intragável, mas eles deveriam dizer que a acharam deliciosa. Depois, submeteu os vídeos a um júri que deveria apontar quais jovens foram mais convincentes. O intrigante foi constatar que os que se saíram melhor em ludibriar os observadores eram os estudantes mais populares, isto é, que tinham maior número de amigos e participavam de mais atividades. A conclusão é que há uma correlação positiva entre capacidade de mentir e competência social – atributo indispensável da carreira política.

Isso significa que temos de conviver para sempre com governantes mentirosos? Provavelmente sim. Antes, porém, de amaldiçoar a sorte, lembre-se de que uma das razões para a grande prevalência do embuste é que nós somos suas vítimas voluntárias. No fundo, todo o mundo quer acreditar nos falsos cumprimentos que recebe. Uma parte do cérebro de fato acredita e isso gera reações químicas que provocam prazer. Mesmo o mais desafinado dos mortais se sente bem quando é elogiado por seu hipócrita professor de canto.

# A TERCEIRIZAÇÃO E AS VACAS

Não vejo com maus olhos as novas regras de terceirização. É provável que alguns grupos de trabalhadores saiam perdendo. Sobretudo numa conjuntura econômica adversa, há quem aproveitará para achatar salários, mas esse é o tipo da situação em que não podemos olhar só para setores, devendo pensar no conjunto da sociedade.

E, no quadro geral, a terceirização é positiva. A ideia de que sempre que o empresário ganha o trabalhador perde (e vice-versa) parte de um pressuposto errado, que é o de que a economia constitui um jogo de soma zero. Na verdade, ela é um sistema muito mais complexo, que engendra uma matemática muito mais interessante, na qual o todo pode ser maior do que a soma das partes.

Imagine, leitor, que você tivesse, além de dar conta de seus afazeres diários, produzir toda a comida consumida por sua família. Em troca disso, não precisaria mais ir ao supermercado. Vale a pena? É óbvio que não. Especialmente se você mora em apartamento, ficaria incomodado com as vacas na sala de jantar. A especialização do trabalho viabiliza tantas mercadorias que seriam impensáveis numa economia mais primitiva e permite performances tão absurdamente superiores às de quem não é do ramo que eu saio ganhando mesmo que pague prêmios elevados a produtores e intermediários.

É óbvio que isso não elimina o conflito distributivo entre patrões e empregados, mas o desloca para outro nível. Num mundo no qual a concorrência é acirrada, deveria interessar a todos que as empresas sejam tão produtivas quanto possível. Para um indivíduo se dar bem, é preciso apenas que ele tenha um trabalho. Mas, para que a sociedade saia ganhando, é necessário que ele faça seu trabalho. No cômputo geral, arquiteturas institucionais que incentivem a especialização e o aumento da produtividade, como é o caso da nova lei de terceirização, provavelmente geram mais bem do que mal.

# ENTRE FICÇÃO E REALIDADE

Seres humanos temos uma quedinha por ficções. Não é um acaso que o hábito de contar histórias seja um universal humano. E gostamos tanto delas que, por vezes, nos deixamos levar por mitos. Uma das peças que nossos cérebros nos pregam é apanhar narrativas consagradas e ir adaptando os fatos para que caibam nelas.

Escrevo essas linhas por causa da reação à coluna em que defendi a terceirização. Pelo tom geral das críticas, eu havia sancionado a exploração do homem pelo homem e dito um solene "não" a leis tão respeitáveis como a que proíbe o trabalho infantil e as jornadas de mais de 15 horas. Menos, gente, menos.

Uma das grandes histórias que às vezes pensam por nós é a que divide o planeta em capitalistas gananciosos e trabalhadores espoliados. É claro que as duas figuras existem, mas seria um erro tentar fazer a realidade encaixar nesses estereótipos. O mundo concreto tende a ser um lugar bem mais cinzento e nuançado, onde os papéis de explorador e explorado são menos evidentes.

Mais da metade (52%) dos empregos formais no Brasil são gerados por micro e pequenas empresas. Estamos aqui falando de firmas que faturam até R$ 30 mil por mês (micros) ou R$ 300 mil (pequenas). Frise-se que o verbo é "faturar", não "lucrar". O principal desafio dessas empresas é sobreviver. E cerca de 25% delas não conseguem passar dos dois anos de idade. Quando quebram, desnecessário dizer, perdem tanto os patrões quanto seus empregados.

Mudanças que possam tornar essas entidades mais resilientes, como é o caso da terceirização, entre outras medidas de flexibilização, em princípio interessam a todas as partes envolvidas. Pior do que ficar sem todos os benefícios previstos na CLT é ficar sem eles e sem vencimento nenhum.

No mais, quando a economia vai mal, a massa salarial é reduzida e pessoas perdem o emprego. Não há lei que consiga anular esse efeito.

# LIMITES DA LEALDADE

A lealdade é uma virtude? De modo geral, ela é considerada uma, mas não é difícil ver que fazê-lo leva a paradoxos.

Se você é leal a um grupo de bandidos ou a uma causa maléfica, está, obviamente, do lado moralmente errado. Um nazista leal é provavelmente uma contradição em termos, ainda que possamos conceber um nazista desleal, que seria o membro do partido que aceita propina para deixar judeus fugirem, por exemplo. Alguém poderia até argumentar que, em determinadas circunstâncias, a deslealdade é que se torna virtude.

E isso nos leva para o terreno das motivações. O nazista desleal pôde ser considerado desleal porque agia por interesse próprio e não por um fim moral. Mas estamos dispostos a ver como herói o executivo de uma empresa que, por altruísmo, denuncia seus crimes ambientais ou outras práticas condenáveis, ainda que, ao fazê-lo, ele viole a ética profissional.

A dificuldade aqui, suspeito, é que a lealdade é um sentimento que evoluiu para operar no contexto do Pleistoceno, quando vivíamos em grupos minúsculos de indivíduos geralmente aparentados. Em sociedades muito mais complexas como as de hoje, nossas teias de compromissos são mais extensas. Devemos lealdade à família, mas também aos amigos, à categoria profissional e à sociedade, sem esquecer, é claro, do Corinthians. Não é difícil que esses interesses entrem em choque.

No plano individual, não há regra para resolver os paradoxos, mas, do ponto de vista da sociedade, a questão é óbvia. Não cabe ao poder público promover a ética entre foras da lei. Mecanismos que tenham em vista a promoção do bem comum, como delações premiadas e acordos de leniência, são uma necessidade.

# REAÇÃO IRRACIONAL

Mais uma vez, o mundo assiste a uma conjunção de crises migratórias, com focos na Ásia, na Europa e, em grau mínimo, no Brasil, às voltas com os haitianos. Mais uma vez, o mundo reage de modo irracional à chegada de imigrantes, preferindo organizar expedições militares para caçá-los a acolhê-los.

Economistas nunca entram em consenso, mas, se há algo que tende a colocar do mesmo lado um bom número deles independentemente de suas preferências ideológicas, é a ideia de que o comércio internacional e a imigração são bons para todas as partes. Trocas voluntárias de bens e serviços quase sempre são sinônimo de ganhos de eficiência.

De um modo geral, quando importo algo de um país, estou tendo acesso a uma tecnologia ou outra vantagem competitiva de que não disponho. No final das contas, eu aproveitei a maior produtividade do estrangeiro, o que significa que saí ganhando. Ele também, já que trocou sua expertise por dinheiro, com o qual poderá adquirir gêneros que necessita.

O que vale para produtos vale também para o trabalho. O sujeito que abandona uma zona de guerra e consegue um emprego, ainda que não muito bem remunerado, está claramente melhor. O mesmo vale para a pessoa que o contratou. Ela agora está liberada de certas tarefas e poderá desempenhar outras funções, que em tese sabe desempenhar melhor.

Comércio e trabalho são jogos de soma positiva. Curiosamente, pelo menos desde Adam Smith, esse é um conceito difícil de vender para o público, que por força de um poderoso viés antiestrangeiro, vê balanças comerciais negativas como exploração e imigrantes como ameaças.

Na verdade, a imigração é a solução para o planeta. Os países ricos entram com a sociedade estável e o governo funcional e em troca obtêm trabalho, dão sobrevida a seus sistemas previdenciários e ampliam as possibilidades de inovação, que é a fonte última da prosperidade.

# POLÍCIA DO MUNDO

Os americanos são bons. Há décadas ouço falar em sacanagens na Fifa e muito pouco, para não dizer nada, acontecia em termos de investigações e trâmites judiciais. Bastou o FBI entrar na jogada para que histórias de malfeitos fossem levantadas em seus pormenores, provas produzidas, indiciamentos preparados e dirigentes da federação presos – aqui com a colaboração da polícia suíça.

Olhando apenas para os resultados, é difícil não aplaudir a atuação dos norte-americanos. Mas – sempre há um "mas" – preocupa-me a desenvoltura com a qual os EUA vêm desempenhando o papel de polícia do mundo. Em alguns dos casos, é difícil acreditar que os tribunais norte-americanos sejam a parte mais legítima para julgar os acusados. Trata-se, afinal, de cidadãos de outras nacionalidades e que cometeram os supostos delitos fora dos EUA.

O que os aproxima da jurisdição americana é o fato de que muitas das transações financeiras feitas pelos acusados terem passado por bancos e empresas que tenham pelo menos uma filial em território estadunidense. Considerando que os EUA são a maior economia do planeta, aceitar que isso é o bastante para assegurar a competência das cortes americanas para agir colocaria o mundo inteiro sob o tacão de Washington, o que não me parece uma boa ideia.

Enquanto os americanos estão atrás do Estado Islâmico ou livrando o futebol da máfia que se apoderou da Fifa, achamos tudo ótimo, mas é complicado conceder tanto poder a um só país, especialmente quando não participamos de seu processo legislativo. Pelas leis dos EUA, a prostituição é crime. Isso daria a Washington o direito de caçar qualquer garota de programa do mundo que tenha feito depósitos num Citibank? Parece-me mais prudente insistir em regras mais territoriais para estabelecer a jurisdição. Nada impede que o FBI partilhe com países interessados as boas investigações que faz.

# COMPROMISSO COM O ACERTO

Quão sábias são as multidões? A pergunta é traiçoeira. Elas podem ser incrivelmente espertas e primitivamente obtusas. A linha de separação é tênue e depende do tipo de erro com que lidamos.

Se o erro tem distribuição aleatória, nada melhor do que usar a opinião de um bocado de gente para eliminá-lo. É que os pontos de vista mais extremos se anulam e o que sobra é sensatez. Cuidado, não estamos falando só de ideias fluidas de baixo conteúdo empírico, mas também de juízos objetivamente verificáveis.

Em 1906, sir Francis Galton, o polêmico primo de Darwin, ficou fascinado ao descobrir, numa feira agrícola, que a média das estimativas desencontradas de 787 pessoas sobre o peso de um bezerro chegou surpreendentemente perto (desvio de 0,08%) do peso aferido. Galton, que era um aristocrata com tendências elitistas, teve de dar o braço a torcer: "O resultado parece dar mais crédito à confiabilidade do juízo democrático do que se poderia esperar".

O fenômeno acontece o tempo todo. A resposta mais popular entre espectadores de programas como "Quem Quer Ser um Milionário" está certa em 90% das vezes.

Se isso fosse tudo, democracias seriam perfeitas, mas sabemos que não são. Por quê? É que nem todos os erros têm distribuição aleatória. Muitos deles são sistemáticos, isto é, estão baseados em vieses cognitivos que os tornam extremamente populares, fazendo das decisões por maioria uma arma. Essa dinâmica fica clara em fenômenos de massa como o sucesso de medidas populistas, linchamentos e brigas de torcida.

Apesar de caminhar perigosamente perto da tirania da maioria, democracias são superiores a outros regimes porque têm maior propensão a corrigir-se. Ao contrário de reis e partidos, grupos heterogêneos não têm muito compromisso com erros do passado.

# FÓSSIL DO AUTORITARISMO

Se fôssemos desenhar a partir do nada um sistema político-eleitoral para o Brasil, eu teria uma longa lista de sugestões, que incluiriam do parlamentarismo ao voto distrital, passando pela extinção do Senado. Mas, como o país já conta com um conjunto de normas que funciona, a sabedoria recomenda que sejamos mais contidos.

Qualquer sistema exige tempo para amadurecer. A democracia, vale dizê-lo, é um aprendizado, no qual tanto eleitores como políticos vão adquirindo habilidades para navegar pelas entrelinhas das regras. Assim, o melhor é apostar em reformas incrementais, cujos ganhos potenciais são modestos, mas que não ponham a perder o processo de evolução institucional que já está em curso.

Nesse contexto, minha lista de propostas fica bem mais humilde. Eu me limitaria a disciplinar os partidos, reduzindo a plêiade de siglas e acabando com as coligações para o Legislativo, a corrigir um pouco as distorções demográficas na Câmara (leia-se acabar com o teto para as bancadas estaduais) e a sepultar o voto obrigatório. Na reforma deslanchada pelos deputados sob a batuta de Eduardo Cunha, nossos legisladores fingiram que mexeram no primeiro ponto, ignoraram solenemente o segundo e disseram não ao terceiro.

O único que me deixa levemente revoltado é o terceiro. Sei que até existem alguns argumentos sociológicos em favor da obrigação de votar, mas esse é um instituto que ofende tanto meu senso de justiça como o de lógica. Parece-me absurda a ideia de que o eleitor possa estar apto a escolher o dirigente máximo da nação e as pessoas que escreverão as leis do país, mas não a definir sozinho se deve comparecer em sua seção eleitoral. A liberdade de decidir em quem votar tem como pré-requisito a liberdade para decidir se vai ou não votar.

Só uma combinação de paternalismo com oportunismo explica a decisão dos deputados de manter intocado mais esse fóssil autoritário.

# MANIA BESTA

Não há muita dúvida de que o parlamentarismo é um sistema de governo melhor do que o presidencialismo. Há, entretanto, pelo menos dois problemas que dificultam sua adoção no Brasil.

O primeiro é que, no último meio século – em 1963 e 1993 –, os brasileiros já foram duas vezes chamados às urnas para dizer se queriam o parlamentarismo e em ambas o rejeitaram por expressivas maiorias. Assim, se for para jogar honestamente, seria preciso mais uma vez levar a decisão aos eleitores e nada indica que eles tenham mudado de ideia.

O outro problema com o parlamentarismo é que ele é eficiente quando o país enfrenta pequenas e médias crises, mas tende a tornar-se um entrave se a encrenca é das grandes. Numa crise econômica mais prolongada, governos poderiam suceder-se em ritmo bastante acelerado, de modo que nenhum deles teria a chance de montar um plano de recuperação consistente e implementá-lo. Pior, a exemplo do que se viu na Grécia, nessas situações a impaciência da população costuma premiar os grupos de discurso mais veemente e, com frequência, o radicalismo apenas piora as coisas.

É verdade que nenhum desses obstáculos é intransponível e eu não acharia ruim se o Brasil passasse para o parlamentarismo. Mas, se o país tem um problema ainda mais pernicioso do que as mazelas do nosso presidencialismo de coalizão, é a mania de achar que tudo pode ser resolvido com grandes reformas.

A vida não é um projeto de lei. O aprimoramento institucional é algo que depende do tempo, do funcionamento contínuo. Se, à primeira dificuldade mudamos tudo, as instituições jamais amadurecerão.

Mesmo com todas as falhas, acho que devemos insistir no presidencialismo, com pequenas reformas que tragam ganhos incrementais. Apesar de tudo, o Brasil funciona hoje bem melhor do que em 1963 e em 1993.

# SOLUÇÕES E PROBLEMAS

As cenas de imigrantes tentando entrar na Europa e sendo repelidos são de cortar o coração. E ficam ainda mais difíceis de aceitar quando se considera que, do ponto de vista racional, uma das medidas econômicas mais óbvias que beneficiaria bilhões de pessoas praticamente sem custos seria abrir as fronteiras em escala mundial.

Parece delírio, mas não é. Há sólida teoria por trás dessa tese, que é defendida, entre outros, pelo economista Bryan Caplan e pelo filósofo William MacAskill. Para começar, a economia mundial ganharia enormemente com a mobilidade da mão de obra. Algumas estimativas falam em aumento de até 50% do PIB mundial. Cálculos mais conservadores põem o benefício na escala dos trilhões de dólares por ano.

A principal razão de o mundo ser pobre é que a esmagadora maioria da população global vive em ambientes que não lhe permitem ser produtiva. Estudo dos economistas Michael Clemens, Claudio Montenegro e Lant Pritchett mostra que 85% das diferenças salariais entre as pessoas se devem ao lugar onde elas trabalham. Transportar um trabalhador haitiano para os EUA, sem mexer em mais nada, implicaria um incremento de 680% em sua renda. No caso de um nigeriano, a majoração é de 1.000%.

Obviamente, nem todos trocariam de país, mas os efeitos da mobilidade se espalhariam mesmo assim, pois imigrantes costumam mandar dinheiro para a família que fica.

Apesar disso, o mundo rico não apenas não aceita facilitar a imigração, como também se esforça para dificultá-la. Há a percepção disseminada de que estrangeiros roubam empregos e exploram a seguridade social. Aqui as evidências são mais ambíguas, mas os melhores estudos disponíveis não amparam essa impressão. Ao que tudo indica, o país que recebe imigrantes ou ganha com isso ou perde muito pouco. Como diz Caplan, a imigração é uma solução em busca de um problema.

# A FOTO

A imagem de Aylan Kurdi jazendo morto numa praia turca colocou o debate sobre a imigração num novo patamar. De repente, a dor das centenas de milhares de refugiados encontrou concretude numa foto e se transformou numa indignação mundial que, embora difusa, encerra poder mobilizador. De algum modo, a morte do menino imprimiu o necessário tom de urgência às intermináveis discussões entre autoridades europeias.

O curioso aqui é que, a rigor, o triste caso dos Kurdi não agrega nenhuma informação nova. Não era preciso que Aylan morresse para que descobríssemos que conflitos civis e desgraças econômicas variadas vêm levando grandes contingentes de pessoas a desistir de seus países e tentar uma vida melhor na Europa. Os óbices criados pelo velho continente para recebê-los fazem com que se arrisquem em travessias perigosas que já custaram a vida a milhares.

Não obstante, foi só depois que a foto circulou pela internet que o drama dos refugiados ganhou saliência e o clima de fato mudou. Por quê?

Aparentemente, humanos somos mais facilmente motivados por estímulos sensoriais e lembranças, que falam diretamente aos centros emocionais do cérebro, do que por cálculos objetivos e raciocínios abstratos.

E aqui, no que não deixa de ser uma perversa ironia, vale observar que o mesmo viés de saliência que agora nos impele a pressionar as autoridades está também na base de nossa rejeição a imigrantes.

É que temos grande facilidade para visualizar todos os problemas gerados pelo choque cultural e por algumas rivalidades reais ou imaginárias, mas não conseguimos enxergar o enorme benefício econômico resultante da incorporação de mais mão de obra, que se dá através de mecanismos um pouco mais sutis.

Nada contra as emoções, mas a humanidade ganharia se aprimorasse a capacidade de enxergar também o que não está diante de seu nariz.

# MEDO DE CARA FEIA

"As coisas estão indo bem e, no futuro, irão ainda melhor – não há com o que se preocupar", essa é a fórmula utilizada por Cass Sunstein e Reid Hastie para definir *happy talk* (conversa feliz), que, segundo esses especialistas em teoria da decisão, é uma das principais e mais disseminadas fontes de fracassos coletivos.

Em *Wiser: Getting Beyond Groupthink to Make Groups Smarter* (Mais sábio: ultrapassando o pensamento de grupo para tornar grupos mais inteligentes), Sunstein e Hastie não tratam do Brasil nem do governo Dilma, mas, ainda assim, explicam muito do que está ocorrendo por aqui.

É que os autores esmiúçam a literatura sobre a psicologia de grupos e, ao fazê-lo, revelam a incrível capacidade que conglomerados de gente, sejam eles organizacionais, governamentais ou mesmo nações têm de produzir erros e persegui-los com máximo afinco, sempre julgando que estão fazendo a coisa certa. Mostram também por que, nas condições certas, grupos se saem melhor do que indivíduos pensando e agindo isoladamente.

A *happy talk* aparece com destaque porque é um dos métodos mais eficazes de promover a complacência e calar dissensos que poderiam revelar informações capazes de corrigir o rumo. Ninguém, afinal, deseja ser o desmancha-prazeres que vai tirar todos de seu doce idílio –mesmo que ele não passe de uma ilusão.

Na segunda parte da obra, Sunstein e Hastie dão dicas do que fazer para aumentar as chances de sucesso de empreitadas coletivas. Segundo os autores, os melhores líderes costumam ser aqueles que estão ansiosos para descobrir o que está dando errado e conseguem fazer seus subordinados dizerem o que realmente pensam, sem medo de levar broncas ou enfrentar cara feia.

# VIOLÊNCIA

Um dos paradoxos da condição humana é que precisamos recorrer à violência para evitar a violência. Constatá-lo não implica abandonar as pretensões civilizatórias. Aplicando um pouco de razão ao processo, é possível extrair o maior efeito pacificador com a menor violência possível. Obtemos esse tipo de resultado quando abandonamos um pouco nossos impulsos por "fazer justiça" e os diluímos em abordagens mais racionais, que visam primariamente a garantir a ordem pública. Se analisarmos as coisas sob a ótica dos séculos e milênios, e não a dos anos e décadas, temos feito notáveis progressos. As sociedades são hoje muito menos violentas e mais prósperas do que eram nos primórdios e mesmo em eras não tão remotas. Esse é um pensamento reconfortante, mas que está longe de significar que não tenhamos de manter a vigilância. Estamos sempre perigosamente perto da barbárie.

# GUERRA A DISTÂNCIA

Aviões não tripulados, os temíveis drones, vêm sendo cada vez mais utilizados para eliminar suspeitos de terrorismo. Será que a tecnologia pode mudar a natureza da guerra? Se matar um inimigo não exige mais do que manter o olho numa tela e apertar botões, sem correr risco algum, nós podemos estar criando um problema, pois há farta literatura mostrando que o ser humano traz de fábrica uma série de inibições que dificultam agressões a nossos semelhantes. Não se sabe bem o que as ativa, mas presume-se que fatores como proximidade (contato físico ou visual), maior ou menor crueza da ação (usar baioneta x envenenar) e o medo de represálias tenham papel importante.

Seja como for, o módulo antiviolência é uma realidade mensurável. Pesquisa conduzida pelo general e historiador militar Samuel Marshall com milhares de soldados americanos na Segunda Guerra Mundial mostrou que apenas 20% dispararam contra o inimigo, mesmo sob ataque. O medo de matar estava firme e operante. "No ponto mais vital da batalha, o soldado se torna um objetor de consciência", concluiu o oficial.

Chocados, os generais do Pentágono decidiram mudar todo o treinamento dos recrutas, tentando reduzir suas resistências naturais a atacar e tornar os disparos uma reação automática. Tiveram um sucesso. Na Guerra da Coreia, o índice havia subido para 55%, e, na do Vietnã, 90%.

Meu receio é que, com os drones (em que o soldado não vive o estresse da batalha ou o de sobrevoar território inimigo), matar deixe de ser uma experiência traumática ou ao menos desagradável para tornar-se um prazer, como jogar videogame.

# FOI SEM QUERER!

"Foi sem querer". Essa frase é quase um *habeas corpus* universal. Nós a utilizamos constantemente para desculpar-nos por quase tudo, desde um simples esbarrão até ações mais complexas que acabam produzindo efeitos adversos, alguns até graves. Por alguma razão, nossas mentes foram construídas de forma a valorizar a intencionalidade, especialmente no que diz respeito às intuições morais.

O peso da intencionalidade fica claro nos experimentos mentais que envolvem dilemas éticos propostos nos anos 1960 pela filósofa Philippa Foot. Analisemos dois exemplos.

Uma locomotiva desembestada vai atropelar cinco pessoas que caminham sobre a linha. Você tem a opção de acionar um dispositivo que faz com que o comboio mude de trilhos e, neste caso, atinja um único passante. Você aciona a alavanca? Cerca de 90% das pessoas que respondem à pergunta cedem à razão utilitária e dizem que sim. É melhor perder uma vida do que cinco.

Vamos agora a uma variante do problema. Você está em cima de uma ponte e avista um trem desenfreado prestes a abalroar cinco alegres caminhantes. A seu lado está um sujeito imenso que, se lançado sobre os trilhos, teria corpo para parar a locomotiva, salvando os cinco passantes. Você atira o gordão ponte abaixo? Aqui, a maioria (90%) responde que não, embora, em termos puramente racionais, a situação seja a mesma: sacrificar uma vida inocente em troca de cinco.

Uma série de filósofos e cientistas, que inclui, entre outros, Judith Jarvis Thomson, Peter Unger, Frances Kamm, Shally Kagan, Marc Hauser, Jonathan Haidt, se debruçou sobre essas questões. Tiraram várias e interessantes conclusões, mas, no que nos concerne, uma das principais diferenças entre a primeira e a segunda situação é que no caso do sujeito obeso, o empurrão é inapelavelmente intencional, enquanto no desvio das linhas, o resultado da ação (a morte do passante) pode ser interpretado como um simples efeito colateral – um "foi sem querer"– de ato que visava a salvar vidas.

Nem sempre o direito deu a devida atenção a essas distinções. Do século XIII até o XVIII, animais domésticos e selvagens podiam ser julgados e condenados como seres humanos. Entre os bichos que mais frequentavam o banco dos réus estavam porcos, bois e cavalos.

A partir do século XVIII, entretanto, com a entrada em circulação das ideias iluministas, a intencionalidade passou a ser um ingrediente importante para a decisão de condenar ou não e para o cálculo da pena.

Não é que o fato de não ter desejado o fim escuse tudo. Especialmente quando as consequências são graves, como a morte de uma pessoa, dizer "foi sem querer" não é o bastante. O autor da ação pode ter agido com imprudência, imperícia ou negligência, caso em que incorreu num homicídio culposo. O Código Penal prevê de 1 a 3 anos de detenção contra 6 a 20 anos para o homicídio doloso (em que há a intenção) ou 12 a 30 anos, se houver algum qualificador, como motivo fútil, torpe etc.

Isso, porém, ainda não dá conta de tudo. Como classificar o ato do sujeito que dá um tiro na perna do rival com o objetivo de assustá-lo, mas erra e acaba acertando o coração, levando-o à morte? O advogado de defesa tentará dizer que se trata de um caso de imperícia, já que o disparo não visava ao tórax, mas o delegado, a meu ver acertadamente, buscará enquadrar o caso como homicídio com dolo eventual. Embora a meta precípua não fosse matar, o atirador assumiu o risco de fazê-lo, já que tal desfecho era, senão provável, pelo menos possível.

Outras situações frequentemente tipificadas como dolo eventual quando envolvem mortes incluem dirigir embriagado, agredir uma pessoa para, por exemplo, estuprá-la, praticar roleta russa, atirar contra o inimigo, mas acertar um terceiro.

Aqui, nós entramos num cipoal. Se, para distinguir entre dolo e culpa, tínhamos de recorrer à noção de intencionalidade, que, pelo menos para os juristas, não admite muitos tons de cinza (ou o criminoso queria ou não queria o resultado), agora entramos num território que envolve também a probabilidade, a mais plúmbea das áreas da matemática.

Qual é um risco aceitável: 1%, 10%, 30%? Pior, a maioria dos humanos não anda com tabelas atuariais debaixo do braço, o que torna a estimativa um exercício quase totalmente subjetivo.

Se eu disparar uma arma de pressão carregada com sal grosso, munição com baixíssima probabilidade de matar um ser humano, contra os filhos do vizinho e, por uma infelicidade cósmica, o tiro atingir o globo ocular e daí o tronco cerebral da criança, matando-a, cometi um homicídio culposo ou com dolo eventual? E se os meninos estivessem roubando minha goiabeira? E se eu perpetrei tal ato apenas para divertir-me?

E o operário da companhia de gás que esquece de tapar o buraco que cavou, provocando um acidente fatal? Dolo eventual, culpa ou nenhuma das anteriores? Suponhamos que os incorrigíveis filhos do vizinho surrupiem a placa de mão única do poste da esquina, levando um infeliz a entrar na contramão e trombar de frente contra a perua escolar, matando 12 criancinhas. Não há dúvida de que devemos mandar esses diabretes para a Febem. Resta saber se o juiz de menores vai analisar sua conduta como vandalismo de patrimônio público ou homicídio.

Poderíamos tornar a discussão ainda mais abstrusa, perguntando, a exemplo de físicos e filósofos, se vivemos num universo determinístico, onde tudo teria uma causa anterior, eliminando assim o espaço do livre-arbítrio, ou probabilístico, no qual nada está irremediavelmente definido e o máximo que se pode fazer é calcular as chances deste ou daquele desfecho. Aqui, o próprio direito pode deixar de fazer sentido.

Não creio, entretanto, que precisemos ir tão longe. Minha intenção é apenas ressaltar que é necessário muita cautela e comedimento para não sucumbir, como certos delegados e promotores, à síndrome do dolo eventual. O advento da intencionalidade no direito é uma conquista humanitária. Não devemos sacrificar essa importante noção pelo desejo de fazer justiça. Ou logo estaremos julgando crianças, bebês e animais. Já fizemos isso antes.

# MAIORIDADE PENAL

Como sempre ocorre quando um menor comete um homicídio bárbaro, cerca de dois terços da população erguem a voz para pedir a redução da maioridade penal. Compreendo a revolta, mas não me incluo nessa robusta maioria.

É claro que os 18 anos encerram algo de arbitrário. Se quiséssemos fugir aos caprichos do legislador e adotar uma regra informada pela ciência, teríamos, na verdade, de empurrar o limite para além dos 20 anos, que é quando amadurece o córtex pré-frontal, área do cérebro responsável por tomar decisões complexas e controlar a impulsividade.

Uma medida dessa natureza, porém, não contribuiria para manter a coesão social, o que a torna impraticável. Já que a arbitrariedade é inescapável, por que não ouvir o apelo da população e reduzir a maioridade? Se o jovem de 16 anos já pode votar e fazer sexo, por que não haveria de responder criminalmente por seus atos?

Se estivéssemos criando um corpo jurídico a partir do nada, eu não me oporia muito a estabelecer o limite mais baixo ou mesmo permitir que o tribunal determinasse a capacidade penal de cada acusado, independentemente de sua idade cronológica. A questão é que não estamos partindo do zero. Ao contrário, estamos discutindo modificações num sistema já estabelecido e, se há uma receita para piorá-lo, é ceder à tentação de legislar sob forte impacto emocional.

Já fizemos isso com a chamada Lei dos Crimes Hediondos (nº 8.072/90) e o resultado foi uma peça que se choca com os princípios mais básicos do direito penal e com a própria Constituição. O STF teve até de anular um de seus dispositivos.

Supondo que a maioridade baixe para 16, o que faremos quando um garoto de 15 matar alguém? Reduziremos o limite para 14, ou 10?

O direito moderno começa a se distinguir melhor da velha vingança quando considerações racionais passam a preponderar sobre as emoções, por mais justas que sejam.

# OS MENORES E AS PENAS

Em primeiro lugar, um pouco de lógica. O fato de eu não concordar com a diminuição do limite legal de 18 para 16 anos não implica que eu seja favorável a assassinatos (versão dos mais raivosos) ou que defenda que menores não sejam punidos quando cometam crimes (imputação dos moderados). O que eu sustento é que os mais jovens recebam um tratamento diferenciado por parte da Justiça e que a barreira etária permaneça nos 18 anos.

Vale lembrar que o atual sistema já prevê internações (que é um eufemismo para prisão) em caso de delitos graves. Elas podem chegar a até três anos. Pode parecer pouco diante dos até 30 anos que o Código Penal reserva para maiores, mas, na prática, quem tem advogado não costuma passar tanto tempo na cadeia. Um réu primário consegue a progressão de regime após cumprir 1/6 da pena e o livramento condicional depois de 1/3. Um homicida neófito e bem assessorado que tenha sido condenado a 15 anos consegue ir para o semiaberto (o que muitas vezes significa liberdade vigiada) após 2,5 anos e obtém a condicional depois do mesmo tanto. Analisando assim, o abismo entre as penas fica bem menor.

As principais diferenças, fora o fato de a etiqueta de pena aparecer de forma mais transparente no caso dos menores, acabam sendo um juiz especializado (homicídios dolosos vão a júri no direito comum) e o jovem delinquente ter sua ficha zerada ao sair da unidade de internação (já o maior perde sua primariedade para sempre). No restante, os dois sistemas são bem parecidos. As unidades de aprisionamento dificultam ao máximo as possibilidades de reintegração e são verdadeiras escolas do crime.

Resolvida essa preliminar, passemos à discussão da função da pena. Para nós, humanos, é quase impossível deixar de pensar a sanção como um ajuste de contas cósmico. Fulano foi condenado porque "mereceu". É difícil, entretanto, conciliar essa concepção com as noções mais modernas de Direito.

Exceto pela lei de talião, o "olho por olho" da Bíblia, não há como estabelecer o que é ou não justo. Quantas cestas básicas pagam uma ofensa à honra e quantos anos de cadeia valem uma vida? Não há uma moeda comum que permita a transação. É fácil entender que o castigo para homicídio precisa ser maior do que o para lesões corporais, que tem de ser superior a insultos. Mas, quando passamos a delitos mais abstratos, não sobra muito espaço para a coerência. Por que a falsificação de dinheiro rende até seis anos de reclusão e fazer sexo na frente de um menor custa até quatro? Por que não três e um respectivamente, ou oito e quatro?

Deixando a contabilidade um pouco de lado, podemos tentar salvar o conceito de justiça recorrendo a entidades metafísicas como papai do céu ou uma ideia meio platônica de Justiça com "j" maiúsculo. Mas, de novo, estamos apenas lançando o problema para uma outra esfera. Por que Deus quer que obedeçamos à lei?

A partir do século XVIII, com o avanço das teorias iluministas e utilitaristas, o conceito de justiça retributiva, que é o nome técnico do merecimento, começa a ser questionado por autores tão diversos como Cesare Beccaria (1738-1794) e Jeremy Bentham (1748-1832). Aos poucos, ganha importância a noção de que a função da pena não é "fazer justiça", a punição pela punição, mas garantir a ordem pública. O criminoso deve sofrer uma sanção para não voltar a delinquir e também para desencorajar outras pessoas a imitá-lo.

O terreno é pantanoso. Num sistema puramente retributivo, não há espaço para atenuantes ou agravantes. Cada delito ou pecado precisa ser expiado na proporção exata, seja nesta vida ou na próxima, para satisfazer a uma ordem externa que pode ter origem divina ou humana. O utilitarismo puro não é muito melhor. Desde que seja para garantir o bem-estar da maioria, torna-se legítimo fazer um criminoso entregar-se ameaçando matar sua família ou localizar seu paradeiro torturando seus comparsas. Não é uma coincidência que todos os sistemas penais sejam até hoje uma mistura de princípios retributivistas mitigados por posições humanistas e considerações utilitaristas.

O ponto central aqui é que a introdução das ideias de matriz mais racionalista serviu para afastar um pouco o Direito da noção de vingança e de pecado e permitiu avanços consideráveis. O mais notável deles é a constatação de que a pena já não precisava ser tão "cruel" como a ofensa que pretendia coibir. É a certeza da punição e não a dureza de castigo que serve de freio à criminalidade, apregoava Beccaria. Foi operando com esses conceitos que a humanidade obteve algumas de suas mais importantes conquistas civilizatórias, que são os movimentos que buscavam eliminar chagas como a escravidão, a tortura judicial, o despotismo, a intolerância religiosa, a violência contra menores, mulheres e homossexuais.

O meu receio quando vejo propostas de endurecer leis, reduzir a maioridade penal e quejandos é que elas caminham no sentido oposto ao do grande salto civilizacional que assistimos do século XVIII para cá. É claro, porém, que não acredito em princípios sagrados. É perfeitamente possível que, em determinadas situações, faça sentido agravar a sanção para este ou aquele crime ou mesmo mexer nos limites da maioridade penal. É importante, porém, que tais mudanças estejam escudadas em estudos empíricos bem fundamentados e não apenas em nossas emoções, que operam quase exclusivamente com a noção de justiça retributiva. Para satisfazer nosso sistema límbico (o cérebro reptiliano), o estuprador não apenas deve ser condenado a penas longas como ainda merece ser estuprado na cadeia. Basta lembrar que sempre existe a possibilidade de um inocente ser condenado injustamente para verificar que o conceito é para lá de problemático.

Então vamos aos números. Em São Paulo, cumprem medida socioeducativa por homicídio 134 adolescentes. Eles correspondem a 1,5% dos 9.016 internos da Fundação Casa (antiga Febem). No mundo adulto, de acordo com dados compilados pela Secretaria da Justiça paulista, os homicidas representam 12% da população carcerária do Estado.

Reconheço que esses indicadores são grosseiros demais para possibilitar uma análise muito sofisticada, mas eles já permitem constatar que não estamos diante de uma explosão de casos de menores assassinando pessoas. Supondo que a polícia não tenha um viés de prender mais os velhos do que os jovens e que o universo dos encarcerados seja representativo do que ocorre no mundo real, então a taxa entre adultos é oito vezes maior que a dos adolescentes. Seria interessante comparar o índice dos 17 aos 18 com o dos 18 aos 19. Se eles não forem muito diferentes, como imagino que não são, cai por terra a hipótese de que os criminosos terceirizam em massa os homicídios para adolescentes.

É preciso muito cuidado ao processar as informações que lemos nos jornais. Tende a sair na mídia o que é atípico e não o que é normal. De resto, casos trágicos ganham superexposição, o que frequentemente nos leva à falsa conclusão de que o caos está na esquina.

Voltando à questão do tratamento diferenciado para menores, a ideia em jogo aqui é que eles são seres em formação, aos quais se devem dar mais chances. Isso é difícil de engolir quando estamos diante de um sujeito que disparou a sangue-frio contra um outro jovem que nem sequer conhecia, mas faz sentido quando pensamos em termos de sistema. Não seria muito "justo" marcar indelevelmente a vida de um jovem que, deixando-se levar pelos amigos e algumas cervejas a mais, envolveu-se numa depredação ou assalto, por exemplo.

Avanços no campo da psicologia e da neurociência revelam que a gênese do comportamento criminoso é algo muito mais sutil e complexo do que as narrativas tradicionais de bandidos contra mocinhos. Ao que tudo indica, o que explica o delito é uma combinação de condições sociais com fatores disposicionais, em parte até genéticos.

Existem certos tipos de personalidade mais propensos a cometer crimes. A relação não é determinista, mas probabilística. O indivíduo que obtém uma pontuação alta nos testes para psicopatia não está fadado a assassinar os pais, devorar os vizinhos e disparar sua metralhadora contra criancinhas numa creche. Não obstante, encontraremos proporcionalmente mais pessoas com altos escores nas escalas de psicopatia nas cadeias do que na população geral.

E a questão da responsabilidade individual é apenas uma parte da história. Há toda uma família de pesquisas no campo da psicologia social que mostra que mesmo pessoas sob todos os aspectos saudáveis e normais são capazes de verdadeiras barbaridades, desde que envolvidas pela situação. Falo aqui de experimentos como o de Philip Zimbrado, que fez com que estudantes de Stanford encenando o papel de guardas de uma prisão logo desenvolvessem atitudes sádicas.

Jovens mais do que adultos crescidos embarcam nessas canoas furadas. O córtex pré-frontal, área do cérebro responsável por planejar o futuro, tomar decisões complexas e controlar a impulsividade, entre outras funções essenciais para a vida em sociedade, só amadurece depois da segunda década de vida. Poupá-los de um processo público e de uma pena demasiado longa, mas que ainda assim está longe de ser uma "passada de mão na cabeça", parece-me fazer todo o sentido.

Outro ponto a questionar é o real poder de penas longas na prevenção do crime. Não há dúvida de que a existência da sanção é fundamental. Modelos matemáticos mostram que sociedades só são estáveis quando punem os indivíduos que tentam levar vantagem indevida. Mas será que uma previsão de 5, 10, 20 ou 30 anos faz muita diferença? Criminosos acionam uma calculadora mental antes de cometer seus delitos? Acho bastante improvável. De novo, o apelo a penas altas é mais fruto de nossas noções retributivistas do que de relações de causa e efeito conhecidas.

Se algum estudioso, após processar alguns terabytes de dados, conseguir mostrar que o sistema se tornaria mais eficaz se aumentássemos a pena máxima prevista para adolescentes de três para quatro ou cinco anos, eu não teria nada a objetar. A manutenção do *statu quo* não é um fim em si mesmo. É importante, porém, que resistamos ao impulso de legislar sobre matéria penal sob o calor do momento. Nós já cometemos esse erro, como se viu com a Lei dos Crimes Hediondos (nº 8.072/90), uma das piores peças jurídicas de nosso já pouco judicioso sistema judicial. No fundo, ela é um catálogo dos crimes que mais abalaram a sociedade nas últimas décadas. O problema é que, para contentar os apetites aguçados, ela se choca com uma série de princípios básicos do direito penal e com a própria Constituição. O STF anulou um de seus dispositivos.

Defender que o sistema esteja baseado na razão não implica desconhecer a importância das emoções. É evidente que, se alguém, maior ou menor, matasse um familiar ou amigo meu, eu experimentaria o desejo de vingança em sua plenitude. Só que eu não posso querer que o Estado personifique minhas emoções. O que diferencia a justiça da vingança é o fato de que a primeira é aplicada de forma impessoal e universal por uma entidade neutra e que, por definição, só pode atuar sob o primado da razão. Ignorar isso é retroceder quase 300 anos na história do direito.

# UM CASO DE FRACASSO

O Ipea divulgou um pequeno estudo em que mostra que foi praticamente nulo o impacto da Lei Maria da Penha (11.340/06) sobre os feminicídios. De 2001 a 2006, os cinco anos que antecederam a introdução do diploma, a taxa de homicídios cometidos contra mulheres foi de 5,28 por 100 mil; no quinquênio subsequente, ficou em 5,22, decréscimo de 1,14%, sem maior significado estatístico.

Tal desempenho não chega a ser uma surpresa. O famoso endurecimento de leis, do qual a Maria da Penha é um caso emblemático, funciona bem para políticos marcarem pontos com suas bases. Serve também para nos deixar com a sensação de dever cumprido, de que estamos fazendo algo para resolver o grave problema da violência doméstica.

Infelizmente, o expediente não apresenta tanta eficácia na redução dos crimes propriamente ditos, especialmente quando o delito a ser coibido é daqueles que se cometem por impulso, como é o caso de agressões e homicídios não premeditados.

Minhas amigas feministas não gostam muito, mas trabalhos de sociólogos sérios, como Murray Straus e John Archer, pintam um quadro da violência doméstica mais nuançado que a costumeira narrativa do perpetrador desequilibrado que ataca a mulher inocente. Em suas pesquisas, eles revelam que os papéis de agressor e vítima são tudo menos inequívocos e que boa parte dos conflitos é resultado de uma escalada em que as duas partes trocam agressões verbais e, depois, físicas. O homem provoca mais estragos porque é mais forte.

Daí não decorre, é claro, que devamos desistir de combater a violência e deixar que mulheres continuem a ser mortas por seus companheiros. É preciso, contudo, adotar uma estratégia coerente, que só excepcionalmente deve incluir leis mais duras. O problema de seguir a trilha mais ponderada é que os resultados demoram a aparecer e dificilmente podem ser capitalizados numa eleição.

# SUSPEITOS DE SEMPRE

Baseada na filosofia da tolerância zero, a polícia de Nova York mantém um programa agressivo de *"stop and frisk"* (parar e revistar). Entre 2004 e 2012, abordou 4,4 milhões de pessoas nas ruas, revistando-as em busca de armas e drogas. O problema é que 80% dos suspeitos eram negros e latinos, o que levou associações de direitos civis a contestar a prática na Justiça.

Seus defensores afirmam que ela é fundamental para reduzir o crime. Trata-se de um argumento consequencialista: ainda que inocentes arbitrariamente parados sofram uma injustiça, isso seria plenamente compensado pelo benefício geral.

Pode ser. O ponto fraco aqui é que não existem estudos de qualidade a demonstrar o nexo entre as revistas e a diminuição da delinquência.

Já seus detratores dizem que a política é francamente racista e fomenta a desconfiança entre policiais e a população dos bairros pobres, o que é contraproducente no médio prazo.

Faz sentido, mas me pergunto se um programa dessa natureza poderia não envolver estereótipos. Pulemos da polícia de Nova York para o agente antidrogas no aeroporto. Se ele quer fazer uma apreensão de maconha, deve revistar o *hippie* cabeludo ou a senhora de meia-idade com *tailleur*? Se ele optar pela mulher, amplia a probabilidade de estar desperdiçando dinheiro público.

Como resolver a celeuma? O problema está na matemática das revistas. Mesmo que funcionem, geram um número muito alto de falsos positivos, isto é, os 90% de abordados com os quais não se encontram armas ou drogas, mas que são submetidos a constrangimento. É um dano concreto. Já o bônus é só uma possibilidade teórica. Se a polícia quer continuar com o *"stop and frisk"*, deveria mostrar, com um experimento prospectivo e bem controlado, que ele produz os resultados alegados.

# ESPECULAÇÃO PRECOCE

Como em toda disputa ideológica, as pessoas já sacam suas respostas antes mesmo de formularmos uma pergunta.

Para a esquerda, condições socioeconômicas como pobreza, desemprego, desigualdade e educação são os principais fatores a explicar a criminalidade. Já para a direita, delinquência se resolve é com polícia.

Precisamos nos conformar que o cérebro abusa mesmo dos automatismos heurísticos. O problema surge quando se considera que muitas questões relativas à criminalidade têm respostas empíricas estabelecidas, mas nossas convicções políticas fazem com que não as enxerguemos.

Para desgosto da esquerda, é fraco o elo entre economia e violência, como mostra Steven Pinker em *Melhores anjos*. Dados de EUA, Canadá e Europa Ocidental revelam que melhoras econômicas quase não têm efeito sobre as taxas de homicídios. Há, isto sim, uma correlação bem modesta entre os índices de desemprego e os crimes contra o patrimônio.

A desigualdade se sai um pouco melhor. Ela até que prediz os índices de violência quando se comparam países, mas fracassa em apontar tendências dentro da mesma nação. É pouco provável, portanto, que haja aqui uma relação causal. Mais razoável imaginar que falhas institucionais que produzem excesso de desigualdade gerem também violência.

A solução da direita também traz problemas. É claro que, em algum nível, melhorar o policiamento reduz crimes. Mas isso só funciona até certo ponto. Se você o excede, desperdiça dinheiro público e estraga inutilmente a vida de um monte de gente.

Os EUA, por exemplo, adotaram a tolerância zero nos anos 1990 e reduziram o crime. Mas os índices de homicídio do Canadá, que já eram bem menores que os dos EUA, seguiram as mesmas curvas sem que o país tenha sucumbido à histeria.

# ESCOLAS DO CRIME

Deixarei mais claro por que considero problemática a ideia de setores mais à direita de que é só colocar mais polícia na rua para equacionar a questão do crime.

Jamais afirmei que devemos renunciar a reprimir delinquentes nem insinuei que a teoria das janelas quebradas, que dá base à política de tolerância zero, está errada. Ao contrário, venho repetidamente dizendo aqui que polícia é fundamental. O grande passo civilizatório da humanidade foi dado quando o Estado reservou para si o monopólio do uso legítimo da violência. Já as janelas quebradas, há evidências, ainda que longe de conclusivas, sugerindo que a tese pode estar correta.

O problema com a tolerância zero é que ela tende a ser econômica e socialmente contraproducente. É conhecida a fórmula do marquês de Beccaria, segundo a qual é a certeza da punição, e não a dureza de castigo, que serve de freio à criminalidade. Numa abordagem minimamente realista, porém, sabemos que é impossível garantir que todos aqueles que violam a lei serão punidos. Temos de nos conformar com o fato de que apenas parte dos criminosos é apanhada, processada e condenada.

Agora a pegadinha. Como observa Pinker, a delinquência, a exemplo de tantas outras atividades humanas, segue algo próximo da regra de Pareto, pela qual 80% das consequências vêm de 20% das causas. Trocando em miúdos, um número relativamente reduzido de bandidos responde por grande parte dos crimes. Isso significa que, depois de um certo ótimo, se continuarmos a prender pessoas (que serão cada vez menos perigosas), gastaremos muito para avançar pouco na redução dos delitos.

Pior, ao colocar um sujeito de baixa periculosidade em contato com bandidos mais eficientes, criamos as famosas escolas do crime – que produzem o oposto do que desejávamos.

# RESPOSTAS AO RACISMO

Qual a melhor resposta aos episódios de racismo nos estádios? Pelo que andei lendo na mídia, há duas correntes. Uma, mais radical, defende que os estádios onde ocorrem os xingamentos sejam interditados, e os clubes tidos como ligados aos agressores, punidos.

Essa é uma posição absurda, inclusive para os que, como eu, curtem um pouco de utilitarismo. O ponto central é que ela utiliza uma bala de canhão para acertar um mosquito. Milhares de torcedores que nada têm a ver com as ofensas e muito provavelmente as abominam acabam pagando por algo que não fizeram.

Uma medida desse calibre talvez se justificasse – e numa ótica puramente consequencialista – se acreditássemos que o único objetivo do Estado é impedir manifestações racistas. Como não é – cabe a ele maximizar a felicidade de todos – fica difícil sustentar a estratégia, que ainda cria a possibilidade de torcedores de um time sabotarem a agremiação rival encenando uma vaia racista.

Para a outra corrente, mais ponderada, é preciso identificar os responsáveis pelos xingamentos e puni-los na forma da lei. Essa é uma posição coerente, mas não gosto muito dela. Admito que é uma idiossincrasia minha, mas penso que a liberdade de expressão deve ser assegurada de forma robusta, abarcando, inclusive, discursos racistas e nazistas.

É John Stuart Mill quem explica o porquê. Para o filósofo inglês, mesmo os piores preconceitos precisam ter sua circulação assegurada, a fim de que as ideias verdadeiras sejam submetidas à contestação e triunfem. Se não for assim, elas próprias serão percebidas como simples preconceitos, sem base racional.

Se Mill está certo, como acho que está, o que de melhor podemos fazer quando surgem ofensas racistas é mostrar, por meio de uma mistura de indignação pública com argumentos, que o racismo é inconsistente e moralmente errado. E isso todo o país está fazendo.

# VEEMÊNCIA E IGNORÂNCIA

A ignorância geográfica dos americanos é proverbial. Um pequeno estudo dos cientistas políticos Kyle Dropp, Joshua Kertzer e Thomas Zeitzoff não só confirma isso como ainda mostra que há uma correlação positiva entre o tamanho do desconhecimento e a estridência, isto é, a disposição para lançar-se numa aventura militar.

Dropp e seus colaboradores perguntaram a uma amostra representativa de 2.066 norte-americanos o que eles achavam que seu país deveria fazer em relação à crise na Ucrânia. Depois, pediram a cada um dos entrevistados que marcasse num mapa onde fica a Ucrânia.

Como esperado, apenas 16% foram capazes de localizá-la corretamente. A maioria, pelo menos, apontou para algum lugar entre os continentes europeu e asiático, mas houve quem indicasse o Brasil (oito pessoas) e mesmo o meio do oceano Pacífico (um indivíduo).

O mais interessante, contudo, foi constatar que, quanto mais longe do lugar certo o entrevistado punha a Ucrânia, mais ele defendia que os EUA interviessem militarmente.

O vínculo entre veemência e miopia política não é novo nem está limitado a cidadãos anônimos sorteados para responder pesquisas. Num estudo já clássico publicado em 2005, o psicólogo Philip Tetlock coletou, ao longo de 20 anos, 28 mil prognósticos feitos por 284 experts em economia e política e os comparou com os desfechos do mundo real. Na média, os cientistas se saíram milimetricamente melhor do que o acaso.

O ponto central, porém, é que, também aqui, aqueles que eram mais tonitruantes erraram mais, enquanto os mais comedidos, que em vez de certezas expressavam dúvidas e probabilidades, se saíram melhor.

A mensagem a extrair desses trabalhos, penso, é: desconfie da virulência. Em geral, quem está muito convicto de algo, é porque não se deu ao trabalho de estudar o caso e perceber suas nuances.

# MASSACRE POR UMA BAGATELA

Sunitas e xiitas estão se matando no Iraque. Por quê?

Em princípio, há mais elementos a unir essas populações do que a separá-las. Ambas são árabes e muçulmanas. Elas também estão de acordo quanto aos cinco pilares do islã. As diferenças teológicas e hermenêuticas entre os dois ramos são pequenas, dizendo respeito principalmente à sucessão do profeta Maomé. Não obstante, os desentendimentos alimentaram várias disputas, ainda que o cisma não seja tão sangrento quanto aquele entre católicos e protestantes. Como diferenças diminutas podem causar divisões tão aguerridas?

E a resposta é a natureza humana. No que é considerado um dos experimentos mais cruéis da história da psicologia, de 1961, Muzafer Sherif levou 22 crianças entre 11 e 12 anos a um acampamento em Robbers Cave, Oklahoma. Elas foram divididas em dois grupos, os Águias e os Cascavéis, sem que um soubesse da existência do outro. Durante uma semana, brincaram dentro de seu próprio grupo, sem problemas. Mas, assim que tomaram ciência de que o outro existia, os conflitos começaram. O lado bom é que Sherif mostrou que, quando surgem objetivos comuns, a rivalidade pode ser superada.

Outro grande psicólogo, Henry Tajfel, mostrou em 1971 que não é preciso quase nada para fazer com que uma pessoa se sinta como membro de um grupo. Ele levou meninos de 14 e 15 anos ao laboratório e exibiu a cada um deles telas de Klee e Kandinsky, perguntando-lhes de qual gostavam mais. Em seguida, pediu que distribuíssem dinheiro entre os participantes, que eram identificados apenas como com preferência por Klee ou por Kandinsky. A essa altura, não deve ser surpresa que os garotos favoreceram o próprio grupo, ainda que ele fosse uma ideia artificial e sem rostos concretos.

A religião é um excelente pretexto para nos massacrarmos, mas, se ela não existisse, não teríamos dificuldade em arranjar outros.

# A BIOLOGIA DA PUNIÇÃO

Pelo que fez, o criminoso merece a punição que recebeu. A palavra "merece" parece inocente, mas encarna um problema que, apesar de ter ocupado as mentes dos melhores filósofos, nunca recebeu uma resposta muito convincente.

No que se funda esse merecimento? A solução mais popular é recorrer a elementos externos, como Deus ou uma ideia de Justiça nos moldes da de Platão, para justificá-lo. É daí que brotam os sistemas de justiça retributiva, em que a punição desponta como uma consequência moralmente inquestionável do delito cometido.

De uns anos para cá, porém, pesquisadores tentam buscar uma resposta dentro de nós, mais especificamente em nossa biologia. Embora esse seja um campo de estudos novo, já traz resultados promissores, que estão muito bem descritos no excelente *The Punisher's Brain* (O cérebro do punidor), de Morris Hoffman.

Hoffman, que é juiz no Colorado, traça um panorama detalhado dos trabalhos na área da neurociência e da psicologia que apontam para uma espécie de instinto punitivo comum a toda a humanidade. Num exemplo banal, a maioria dos sistemas penais valorizam mais a intenção do que o resultado. É por isso que o homicídio doloso tende a ser punido com mais rigor que o culposo, ainda que a consequência seja a mesma.

Para o autor, desenvolvemos essas intuições ao longo dos últimos 100 mil anos buscando nos equilibrar entre a necessidade de reprimir os membros do grupo que tentavam tirar proveito do coletivo e a de evitar a punição excessiva, que poderia desestruturar a sociedade. De resto, jamais tiramos de nosso radar a possibilidade de nós mesmos não resistirmos às tentações e nos tornarmos o criminoso a ser enquadrado.

O resultado desses impulsos contraditórios está na formidável propensão humana para castigar e para perdoar. Hoffman mostra as marcas dessa esquizofrenia em várias facetas de nossos sistemas judiciais.

# DERROTA CERTA

Os EUA deveriam ter pago um resgate para libertar James Foley, o jornalista brutalmente assassinado pelo Estado Islâmico? Esse é um dilema moral clássico, e qualquer decisão que seja tomada produz resultados insatisfatórios.

Se governos acedem às exigências dos terroristas, podem salvar a vida do refém, algo que tem valor intrínseco e evita o desastre de relações públicas que é ter de lidar com uma execução exibida pela internet. O problema é que, ao fazê-lo, não só incentivam futuros sequestros como ajudam a financiar os grupos que estão empenhados em combater.

Um possível argumento para decidir a controvérsia em favor do pagamento seria dizer que a vida ameaçada é visceralmente real, enquanto os riscos da recusa são abstratos. Uma longa reportagem publicada pelo *New York Times*, porém, mostra que esses perigos são mais concretos do que se imagina. Estima-se que, desde 2008, organizações ligadas à rede Al-Qaeda faturaram ao menos US$ 125 milhões com resgates. E os valores vêm subindo rapidamente. Desse total, US$ 66 milhões foram arrecadados em 2013.

E, para completar a profecia, os grupos terroristas parecem de fato ter desenvolvido preferência por sequestrar nacionais dos países que mais facilitam o pagamento dos resgates pelas famílias ou empresas, já que, oficialmente, nenhum assume que dá o dinheiro. Entre eles estão França, Espanha, Suíça, Canadá. Ao que tudo indica, apenas EUA e Reino Unido têm uma política um pouco mais consistente de jamais pagar.

Digo "um pouco" porque não pagar não significa não negociar. Há pouco, os EUA trocaram um soldado sequestrado pelo Talibã por cinco militantes presos em Guantánamo, algo que encerra mais ou menos as mesmas dúvidas morais do resgate.

De certo aqui é que esse é um jogo em que o dirigente nunca vence. Ou é um desalmado que permite a morte de inocentes ou ajuda terroristas.

# CIVILIZAÇÃO OU BARBÁRIE

Se instituições fortes são importantes para assegurar que as sociedades se mantenham estáveis e resistam a ataques predatórios de *free riders*, elas se tornam um problema quando o objetivo é eliminar um comportamento destrutivo que já esteja arraigado. É bem este o caso do trote universitário em geral e das denúncias de abusos sexuais e morais na Faculdade de Medicina da USP em particular.

Gostamos de pensar a medicina moderna como um feliz encontro do humanismo iluminista com o saber científico e a tecnologia do século XXI, mas a verdade é que mesmo aí identificamos certos traços bárbaros de nossa espécie, como os ritos iniciáticos e a cultura da força que marcam os trotes e o tratamento dispensado aos calouros na faculdade paulista.

Curiosamente, quanto mais elitista a instituição, mais brutais tendem a ser os procedimentos. O trote na medicina e na engenharia costuma ser bem pior do que o dos cursos de letras ou de matemática. O mesmo fenômeno se repete nas unidades de escol dos militares.

É difícil acabar com esse tipo de cultura porque as próprias vítimas são muitas vezes participantes voluntários dos abusos. No afã de ser aceitos como membros plenos do grupo, calouros entregam-se entusiasmadamente aos trotes. Depois, quando veteranos, sentem-se no direito de reproduzir nos mais jovens os castigos que sofreram.

Os responsáveis pelas instituições, que teriam o dever legal de pôr fim às piores práticas, tendem a ser lenientes. Além de serem eles mesmos produto dessa cultura, tentam sempre preservar o nome da instituição, o que frequentemente exige fechar os olhos para coisas feias. A Igreja Católica vive o mesmo dilema em relação aos padres pedófilos.

Não importa, porém, quais sejam os impulsos ancestrais, no mundo de hoje essas instituições têm de fazer uma escolha entre a civilização e a barbárie. Voto na primeira

# O RACISMO E A JUSTIÇA

Protestos raciais em várias cidades dos EUA surgiram como consequência de atos judiciais – as decisões de dois *grand juries* de não levar a julgamento policiais brancos que mataram negros –, mas refletem uma dificuldade que o sistema jurídico não está aparelhado para resolver.

Apesar dos avanços institucionais das últimas décadas, os dados demográficos revelam que a raça ainda é um elemento decisivo no destino das pessoas nos EUA. Negros têm piores salários, menos instrução, estão super-representados na população carcerária, nos óbitos violentos e nos incidentes com policiais. É difícil olhar para esses números sem ser assaltado por uma sensação de injustiça.

O problema todo é que o Judiciário não lida com demografia nem com dados agregados, mas com situações particulares. Pior, ele nem sequer dá muita bola para resultados concretos – no caso, a morte de duas pessoas –, priorizando as intenções, isto é, o estado mental dos investigados e réus, e ainda nos instantes anteriores ao desfecho da história.

Nessas circunstâncias, ou seja, abstraindo-se o fato de que as vítimas eram negras e que morreram, é menos surpreendente que os policiais tenham sido liberados. Nossa reação natural é xingar o sistema e sair para protestar, o que é decerto legítimo. Mas, nem que seja apenas pelo amor à reflexão, convém perguntar se o Judiciário poderia operar sob outro paradigma.

O que aconteceria se o sistema fosse 100% consequencialista, isto é, se julgássemos as pessoas só pelos resultados de suas ações? O sujeito que atropela sem querer um pedestre e o mata se tornaria tão culpado quanto o assassino que tira a vida de sua vítima torturando-a. Nesse processo, perderíamos a capacidade de identificar e isolar indivíduos antissociais, que é a própria razão pela qual desenvolvemos sistemas judiciais.

O racismo é um problema que vai muito além do Judiciário.

# FACES DO RACISMO

Alguns me criticaram por afirmar que o racismo ainda é um elemento decisivo no destino dos negros norte-americanos. Eles retrucaram argumentando que atitudes dos próprios negros, como não valorizar a educação, importam muito mais do que eventuais atos discriminatórios.

É uma tese interessante. Um de seus principais defensores é o economista Walter Williams, da Universidade George Mason. Para ele, o racismo explica pouco. O atraso educacional dos negros, por exemplo, teria mais a ver com famílias desestruturadas, que não cobram lições de casa nem exigem respeito aos professores, do que com a distribuição de verbas escolares. Como Williams é negro e passou a juventude combatendo as Jim Crow Laws, as leis de discriminação racial então em vigor, fica difícil descartar suas conclusões apenas como uma opinião racista.

Acredito que há méritos em trabalhos como os de Williams. Em sociologia, dificilmente vamos encontrar uma causa única para qualquer fenômeno. Penso, porém, que seria precipitado exonerar o racismo desde já.

Entre as Jim Crow Laws e um mundo sem discriminação racial, temos um contínuo que não se resolve no espaço de uma ou duas gerações. É verdade que hoje é raro encontrar o tipo Ku Klux Klan, que veste lençóis e agride negros fisicamente.

Receio, porém, que o racismo implícito, isto é, inconsciente, ainda seja alto. A psicóloga Mahzarin Banaji, cujo trabalho já comentei aqui, estima que até 75% dos americanos manifestem preferência automática por brancos. E, para ela, essa é a nova face do racismo. Em vez de envolver atos que prejudicam membros de outro grupo, ele assume cada vez mais a forma de favorecimento a membros do próprio grupo. Se um policial flagra um garoto cometendo um ilícito que poderia levá-lo à cadeia, tem maior chance de fazer vistas grossas se o menino for branco.

# TODOS CONTRA TODOS

Não creio que faça muito sentido afrouxar as regras para aquisição e porte de armas de fogo no Brasil.

A inexistência de armas de fogo até o século XV não impediu nossos ancestrais de ser muito mais violentos que nós. Estima-se que a taxa média de homicídios em sociedades sem Estado chegue a 15%, o que representa 517 vezes mais que os 29 por 100 mil registrados no Brasil hoje.

É claro que criminosos não deixam de carregar e usar armas porque fazê-lo é ilegal. Uma das definições de bandido é justamente não respeitar as leis. O que a menor disponibilidade de armas faz é prevenir um tipo muito específico de assassinato, que é aquele que tem como motivação conflitos interpessoais como brigas de trânsito, desavenças matrimoniais etc. Aqui, a presença da arma de fogo pode fazer a diferença entre os hematomas e escoriações típicos de quem "sai no braço" e a morte.

É difícil calcular o peso desses conflitos no total de assassinatos, já que as investigações deixam muito a desejar. Na cidade de São Paulo, 17% dos homicídios dolosos resultam de discussões ou brigas de casal, podendo ser mais já que não há informação sobre 43% dos óbitos.

Deixando de lado as vicissitudes do aqui e agora para adotar visões de longo prazo, pode-se afirmar que os ganhos civilizacionais da humanidade no controle da violência ocorreram quando delegamos a terceiros a tarefa de punir. O ponto máximo desse processo foi a criação de Estados com suas polícias. O desarmamento se inscreve nessa lógica. Embora a proteção oferecida pelo poder público seja das mais imperfeitas, não me parece que seja o caso de retroceder à justiça com as próprias mãos.

# REFORMA DA POLÍCIA

Em princípio, acho que faz todo o sentido a ideia de desmilitarização das polícias. Embora políticos em geral e os próprios agentes da lei recorram muito à metáfora da guerra contra o crime, as atividades do soldado e do policial têm pouco em comum.

Enquanto o primeiro deve seguir as ordens do responsável pela estratégia de batalha sem fazer perguntas, o segundo tem de ser capaz de avaliar cada situação particular e definir o melhor modo de abordá-la. Se a centralização e a hierarquia rígida são fundamentais no primeiro caso, tornam-se um risco no segundo.

A experiência com os acidentes aéreos, depois corroborada pelas investigações de erros médicos, ensina que a prevenção de incidentes é facilitada quando se adotam cadeias de comando nas quais o subordinado pode questionar os atos do superior. Hoje já se tenta até criar rotinas em que a interpelação seja estrutural.

Mais até, o soldado precisa ser treinado para superar as inibições naturais do ser humano em matar um semelhante. No caso do policial, tais inibições são muito bem-vindas. Mortes em confrontos deveriam ser um desfecho extremamente raro. Não bastasse isso, a convivência de duas polícias, a militar e a civil, acaba criando duplicidades, rivalidades e outras dificuldades dispensáveis.

O fato, porém, é que ouço desde 1985 que é preciso desmilitarizar e unificar as polícias, mas nada acontece. Talvez estejamos diante de um daqueles erros que não têm volta fácil, como a estrutura tributária brasileira e o teclado tipo *qwerty*. Embora subótimos, tais sistemas sobrevivem porque as pessoas já estão habituadas a eles e redesenhá-los demandaria muita energia, sem garantias de que a alternativa funcionaria melhor.

Se isso é verdade, cabe arquitetar reformas mais modestas e mais factíveis. O pior cenário, creio, é não fazer nada na expectativa de uma grande mudança que nunca virá.

# O DILEMA DO PAU DE ARARA

Imagine que um terrorista sequestrou 200 crianças e as escondeu num prédio onde plantou uma bomba-relógio. Você capturou esse homem, sabe que o artefato será acionado em poucas horas, mas ignora o local em que as vítimas estão escondidas. O criminoso se recusa a falar e não há tempo para procurar em todos os edifícios da cidade. Você o torturaria?

Nessas condições, eu o faria sem dúvida alguma. É uma aplicação razoavelmente simples da ética consequencialista, segundo a qual ações precisam ser julgadas não através de princípios externos abstratos como Deus ou a ideia de justiça, mas pelos resultados que acarretam.

Num caso como o nosso, calculamos o bem gerado – salvar a vida de 200 inocentes –, subtraímos o mal – violar a lei e ferir um bandido – e, se o saldo for positivo, vamos em frente. Em algum grau, somos todos consequencialistas. Quase ninguém objeta a uma ação em que, para salvar mil pessoas, sacrificamos uma.

O problema com o dilema da bomba e com o consequencialismo em geral é que, nas situações concretas, as histórias nunca vêm tão redondas. Estamos seguros de que a ameaça é real? O suspeito é a pessoa certa? Mesmo que conseguíssemos nos livrar dessas incertezas mundanas, haveria outras mais metafísicas: será que entre as crianças que morreriam não estaria o próximo Hitler, hipótese em que eliminá-la seria benéfico?

Um dos pontos fracos do consequencialismo é que é impossível dispor de todas as informações necessárias para aplicá-lo de modo refletido. Uma alternativa proposta é que devemos nos apegar às regras que a experiência de várias gerações indica produzirem "o maior bem para o maior número de pessoas". É aí que até o consequencialismo pode produzir um argumento contra a tortura.

# POLICIANDO O FUTURO

Muito esquisita essa história de a França confiscar o passaporte de seis jovens com pendores jihadistas para evitar que eles se juntem a milícias radicais no Oriente Médio. Não nutro nenhuma simpatia pelo Estado Islâmico e assemelhados. Aquilo é a barbárie em estado bruto e o mundo seria um lugar bem melhor se esses grupos fossem definitivamente derrotados. Ainda assim, países democráticos, como a França pretende ser, precisam seguir algumas regrinhas básicas do chamado Estado de Direito.

Ou bem os seis suspeitos cometeram concretamente algum crime na França e por ele devem responder, ou são cidadãos livres, podendo circular por onde bem entenderem. Simpatizar com radicais e defender, com palavras, sandices políticas e religiosas não pode ser considerado delito numa democracia.

Ao impedir os suspeitos de viajar para evitar que venham a perpetrar atentados terroristas, o governo flerta com um conceito perigoso, que é o de prevenir crimes restringindo direitos. Mas como justificar a restrição antes de o delito ter sido cometido?

A probabilidade de os jovens jihadistas se converterem em terroristas de verdade é alta, dirá o observador com inclinação para a estatística. Concordo, mas análises probabilísticas são incompatíveis com o princípio da presunção de inocência e, mais importante, com a flecha do tempo, que assegura que, para objetos macroscópicos, causas precedem os efeitos. Isso significa que é não apenas ilógico como também imoral punir alguém antes de ele ter cometido o crime, ainda que o consideremos na iminência de fazê-lo.

Esse é um dilema que, cada vez mais, fará parte de nossa realidade. Com o auxílio do *big data*, cientistas deverão identificar novas e mais robustas correlações entre crime e fatores como transtornos mentais, infâncias problemáticas, características de personalidade. O que faremos com esse conhecimento?

# COM PENA DOS MENORES

Concordo que a modernidade exagerou na idealização da infância, transformando-a, sob inspiração de Rousseau, numa fase mágica, feliz e sem pecado, mas não estou tão certo de que o tratamento mais brando que legislações reservam a adolescentes seja um fenômeno exclusiva ou principalmente ideológico.

Em *The Bonobo and the Atheist*, Frans de Waal mostra que a maior tolerância para com os jovens está presente até entre os hierárquicos babuínos, uma espécie de Tea Party dos primatas. Macacos pequenos podem quase tudo, inclusive saltar na barriga de machos alfa sem ser incomodados, até que um dia um mandachuva decide que eles já são grandes o suficiente e passa a reprimi-los como adultos. É possível que a boa introjeção das regras sociais tenha como pressuposto um período de aprendizado no qual elas não são impostas de modo muito draconiano.

Quanto à proposta de simplesmente acabar com a maioridade penal e deixar que se decida caso a caso se o acusado compreendia seus atos, eu diria que a tese faz sentido, mas há um preço a pagar. Ao adotar esse sistema, nos afastamos um pouco da ideia de leis prévia e detalhadamente codificadas, que constituem a base de nosso direito de matriz romano-germânica, e nos aproximamos do paradigma anglo-saxônico de *common law*.

Cada qual tem vantagens e desvantagens. O que me incomoda no modelo inglês é que tiramos o poder de uma multiplicidade de atores, incluindo o cidadão que pode abstratamente escolher se vai ou não delinquir conhecendo a tabela de preços, e o transferimos para juízes e júris que decidem o tamanho da culpa após os fatos. Não chega a ser um cheque em branco, mas é um sistema bem mais opaco para os leigos.

# CHACINA ALTRUÍSTA

A PM paulista se referiu aos policiais suspeitos de ter liderado uma chacina como "bandidos que integram temporariamente a instituição". É isso mesmo? Esse gênero de crime é resultado apenas de algumas maçãs podres que se infiltraram na corporação ou há algo de institucional aí?

Gostamos de pensar o delinquente ou como um maluco que não controla suas ações ou como um agente racional que decide cometer crimes pesando fatores como benefício esperado e a chance de ser apanhado.

Experimentos conduzidos por pesquisadores como Dan Ariely sugerem que as coisas podem ser mais complicadas. Pelo menos em condições de laboratório, as pessoas incorrem mais em infrações à norma quando têm a oportunidade de racionalizá-las do que quando o pesquisador aumenta a probabilidade de o trapaceiro não ser apanhado.

É contraintuitivo, mas faz sentido, se pensarmos o pendor para o crime como resultado de uma contínua negociação entre a vontade de obter vantagem e a necessidade que cada um de nós tem de manter para si mesmo a imagem de que é um ser humano bom. O cérebro resolve a contradição com as racionalizações.

E uma das surpresas que surgiram nesses experimentos é que as pessoas se sentem mais à vontade para delinquir quando podem argumentar que o fazem no interesse de terceiros do que quando a vantagem é inapelavelmente pessoal. Se criminosos são uma ameaça à sociedade, quando eu os elimino estou agindo altruisticamente, o que desculpa o fato de meus métodos não serem tecnicamente muito legais.

Outro achado interessante é que a percepção (certa ou errada) de que todos estão cometendo uma violação também facilita a racionalização.

Esses dois elementos já deveriam bastar para a polícia tratar a prevenção a chacinas como uma questão institucional, não um simples problema de maçãs podres.

# COMPORTAMENTO

Durante muito tempo, prevaleceu nas ciências humanas o modelo segundo o qual somos seres racionais que precisam apenas driblar a falta de informação e algumas armadilhas armadas pelas emoções para chegar às respostas certas. Nas últimas décadas, porém, importantes descobertas no campo da psicologia e da economia comportamental mostraram que a racionalidade humana é algo muito mais complexo e está marcada por uma série de vieses cognitivos que tornam as pessoas previsivelmente irracionais. Pesquisadores já identificaram e mapearam várias dezenas desses vieses. É em alguns exotismos de nosso comportamento que eles se materializam, como veremos a seguir.

# LANCHEIRAS CANINAS

Segundo o Conselho de Medicina Veterinária de São Paulo, o Estado já conta com 50 creches para cachorro. Elas recebem animais cujos donos passam boa parte do dia fora de casa e lhes oferecem recreação, que pode incluir atividades como natação e musicoterapia. Os cães levam até suas lancheirinhas, o que dá uma nova dimensão ao termo antropomorfização, a tendência de atribuir características humanas ao que não o é.

A noção, criada pelos gregos, já surgiu como advertência. Xenófanes se insurge contra Homero por tratar Zeus como humano, atitude que julgava arrogante. Os deuses olímpicos se foram, mas a ideia de que não devemos antropomorfizar ficou, migrando da teologia para a ciência.

Quem com mais força pregou contra a antropomorfização foram os behavioristas, liderados por B. F. Skinner, para os quais, em nome da parcimônia explicativa, toda forma de introspecção deveria ser banida da pesquisa científica. Essa posição encontrou seguidores mesmo entre alguns biólogos evolucionistas, para os quais ou as coisas se explicam em termos de genes ou não se explicam.

Em tempos modernos, coube a primatologistas como Frans de Waal questionar o dogma. Não é uma coincidência. Eles trabalham com nossos parentes mais próximos que, não por acaso, são os que exibem atitudes mais parecidas com as nossas. E, se descendemos todos de um ancestral comum relativamente recente e possuímos mais ou menos a mesma química cerebral, por que não podemos ter os mesmos sentimentos?

É claro que precisamos de cuidado para não atribuir a um cachorro emoções extremamente intelectualizadas como amor romântico ou êxtase religioso, mas, como observa De Waal, se não enxergarmos as semelhanças entre os animais e nós, corremos o risco de deixar escapar algo fundamental, sobre eles e sobre nós.

Lembre-se disso da próxima vez que esquecer a lancheira do seu cão.

# LIÇÕES DE SANTA MARIA

Precisamos aproveitar casos como o da tragédia que foi o incêndio numa casa de espetáculos de Santa Maria (RS), que deixou mais de 240 mortos, para entender o que não entendemos acerca do risco em geral – uma informação valiosa tanto para compreender melhor a mente humana como para aprimorar a gestão da defesa civil.

O primeiro ponto a esclarecer é que nossa espécie é péssima em estimar as chances de ocorrência de qualquer fenômeno que fuja à escala de nossa experiência cotidiana. Quando lidamos com riscos que não fazem parte de nosso dia a dia, ou agimos como se eles não existissem ou como se fossem uma sentença de morte. O mais realista meio-termo desaparece.

Há sólidas razões darwinianas para isso. Pelo menos desde Platão, gostamos de nos imaginar como um animal racional, que pauta suas principais decisões pela lógica. A verdade, contudo, é que as funções cognitivas ditas superiores são uma aquisição evolutiva muito recente. Só chegamos perto do ponto de contar com um cérebro grande e que pode exercitar a razão porque, a exemplo de todos os outros animais, já possuíamos um sistema de detecção de perigos que garantiu a sobrevivência de alguns indivíduos e a perpetuação da espécie.

Quando você dá de cara com um leão, simplesmente sai correndo. Não se preocupa em saber se ele está ou não faminto ou mesmo se é realmente um leão. Tudo o que tenha um formato que lembre vagamente o do predador já basta para colocar-nos em alerta máximo. São reações automáticas moldadas por milhões de anos de evolução e que se traduzem em emoções viscerais como medo, pânico, nojo etc. Não precisamos pensar antes de recusar comida estragada ou fugir de um touro bravio.

Esse sistema mais animalesco não foi desligado com o advento da razão, que apenas acrescentou um segundo modo de percepção do risco, baseado em algoritmos, cálculo probabilístico e lógica formal.

É um sistema analítico, abstrato, lento e que exige reflexão antes de traduzir-se em ações.

A simples existência de dois modos distintos já explica algumas de nossas idiossincrasias: temos um pavor injustificado de ameaças que sabemos quase inexistentes em ambientes urbanos modernos, como cobras e tubarões, mas nos expomos prazerosamente a perigos reais, como tabaco e carros velozes.

E isso é apenas parte da história. Mesmo o sistema analítico, supostamente racional, muito por interferências do modo visceral, carrega uma série de vieses que o tornam um verdadeiro campo minado. Nos últimos anos, após os trabalhos pioneiros de Daniel Kahneman e Amos Tversky na área da ciência cognitiva, acumulamos um impressionante catálogo das falhas de raciocínio que vêm embutidas na nossa forma de pensar.

Um de meus exemplos favoritos diz respeito à dificuldade de processar porcentagens. Num já clássico experimento de 1997, médicos treinados julgaram uma doença que mata 1.286 pessoas de cada 10.000 – 12,86% – como mais grave do que uma com taxa de mortalidade de 20%. Aqui, eles se deixaram enganar pela concretude das 1.286 vítimas contra a abstração da frequência de 20%.

É nesse contexto neuronal muito pouco promissor que tentamos dar sentido às informações que recebemos sobre tragédias como a de Santa Maria. Apenas ouvir a notícia já ativa o sistema automático. O destaque aí são as amígdalas, estruturas cerebrais localizadas nos lobos temporais associadas à memória e ao aprendizado emocionais, notadamente o medo. Elas são um órgão meio paranoico de sobrevivência. Estão sempre esperando pelo pior e prontas a disparar para nos dar uma chance de sobreviver.

O problema com as amígdalas é que elas não sabem fazer contas nem estimar riscos e voltam a ser ativadas a cada nova notícia dramática que lemos sobre o incêndio da discoteca. Como o modo experiencial é emocionalmente intenso, muitos de nós ficam com a sensação de que o fogo em boates (ou qualquer outra tragédia da hora) é uma ameaça iminente e não um risco ponderável.

É claro que as amígdalas não são soberanas – o cérebro, vale lembrar, é uma cacofonia de módulos e sistemas onde vence quem grita mais alto. Com um pouco de treino, sua atividade pode ser inibida por ordem do sistema racional, sediado no córtex pré-frontal. Quem exercita muito essa área pode facilmente se convencer de que incêndios quase nunca são um problema.

O risco de fato não é dos mais elevados. De acordo com o Datasus, morreram no Brasil, em 2010, 953 pessoas em consequência da exposição à fumaça ou ao fogo. Isso representa 0,08% do total de 1.136.947 óbitos registrados no país naquele ano, ou 0,66% das 143.256 mortes provocadas por causas externas.

O sujeito que quiser ganhar alguns cobres deixando de comprar equipamentos e materiais antifogo tem grande possibilidade de se dar bem, já que incêndios são relativamente raros. A esmagadora maioria das pessoas vive seus 70 e tantos anos de vida sem passar por nenhum incêndio. Mesmo o administrador público bem-intencionado não costuma dar muita atenção a esse capítulo. Ele consegue um retorno maior tanto em termos econômicos como humanos se dedicar seus esforços a combater riscos que provocam maior número de óbitos, como quedas (10.426 mortes em 2010), atropelamentos (9.944) ou afogamentos (5.548).

O problema com esses eventos mais ou menos raros é que, mesmo ocorrendo poucas vezes, podem produzir perdas catastróficas. Trata-se, portanto, de um assunto que não será resolvido pelas chamadas forças de mercado. Individualmente, faz sentido apostar que não ocorrerá nenhum incêndio neste ou naquele estabelecimento específico e embolsar a economia resultante. Em termos atuariais, entretanto, sabemos que, num dado período, ocorrerá um certo número de desastres. É como a loteria. A chance de eu ou qualquer outra pessoa em particular ganhar o prêmio é irrisória, mas é quase certo que alguém o faturará.

O jogo só muda se houver uma regulamentação em nível de Estado e prefeituras que seja cumprida sob pena de multas relativamente pesadas. Aí já não estamos falando de um risco abstrato e relativamente pequeno, mas sim da experiência mais cotidiana de lidar com fiscais e autos de infração.

Voltando a nossos cérebros, as amígdalas não ficam, é claro, disparando para sempre. À medida que o tempo passa, nos habituamos ao noticiário, que também vai ficando cada vez mais esparso até quase desaparecer. Logo depois do acidente, autoridades de todo o Brasil escarafuncharam discotecas em busca de falhas de segurança e chegaram a fechar estabelecimentos, mas foi somente um estado transitório. Dentro de pouco tempo, tudo voltou mais ou menos à situação anterior. Já vimos esse filme diversas vezes e com vários enredos: o naufrágio do Bateau Mouche no Rio em 1988, a explosão do Osasco Plaza Shopping em 1996 e as repetidas tragédias provocadas pelas chuvas, como as de Ilha Grande, em 2010, ou da região serrana do Rio, no ano seguinte. Em todas essas situações, encenamos uma grande reviravolta que prometia mudanças profundas e duradouras na regulação e fiscalização, mas não tardou até que esquecêssemos o assunto, com avanços que ficam em algum ponto entre o nulo e o modesto.

A pergunta é: como proceder nessas situações? O que podemos fazer para que as ações se tornem mais efetivas? Daniel Kahneman, no livro *Rápido e devagar*, traz um bom resumo de a quantas anda o debate sobre o papel de especialistas na percepção do risco.

Paul Slovic, que é provavelmente a maior autoridade do mundo em psicologia do risco, apresenta uma visão moderadamente pessimista do problema. Para ele, o especialista é um sujeito com os mesmos vieses do cidadão comum, mas com maior capacidade de nos engambelar. Não devemos confiar neles.

Para Slovic, a própria noção de risco objetivo é menos objetiva do que parece. Ele demonstra isso descrevendo de nove maneiras diferentes a mortalidade associada à poluição. Se utilizamos a notação de mortes por milhão de habitantes, obtemos um determinado efeito na opinião pública, mas, se recorremos à noção de mortes por milhão de dólares produzidos, o resultado é bem diferente. Qual o conceito mais objetivo? Aqui não existe resposta certa.

Slovic sustenta que não há melhor juiz do que o senso comum. Em muitos casos, a percepção dos cidadãos, ao introduzir noções meio metafísicas intraduzíveis em fórmulas, como mortes boas ou ruins, é até mais sofisticada do que a visão dos especialistas, fortemente restringida pela mensurabilidade.

Na ótica do psicólogo, devemos aproveitar casos de comoção motivados por catástrofes para melhorar um pouco o marco regulatório e reservar quinhões do orçamento para reduzir os perigos. A democracia é necessariamente um pouco confusa e os avanços vêm através de surtos de pânico.

Cass Sunstein, originalmente um jurista, mas que se tornou um dos mais influentes especialistas em economia comportamental, tem um projeto mais iluminista. Ele acha que especialistas têm algo a ensinar e que apenas reagir instintivamente às notícias de jornal pode causar mais mal do que bem.

Um exemplo real: após os atentados de 11 de Setembro, muitos norte-americanos acabaram desenvolvendo um medo meio irracional do terrorismo, o que os fez trocar o mais seguro transporte aéreo por longas e perigosas viagens de carro, gerando um excesso de mortes desnecessárias.

O papel do especialista, na visão de Sunstein, é alertar para os vieses que marcam a nossa percepção do risco, como o fato de tendermos a negligenciar informações estatísticas.

Conhecendo melhor as formas pelas quais nossas mentes gostam de errar, criamos as oportunidades para corrigir nossas falhas e tomar atitudes mais consistentes. Mesmo que o risco objetivo seja uma ficção, ainda existem maneiras mais ou menos fantasiosas de abordá-lo.

Como o leitor já deve ter percebido, eu pendo mais para o lado de Sunstein do que o de Slovic, ou não me teria dado ao trabalho de escrever tão longamente sobre o assunto.

# ESTEIRA DE EUFEMISMOS

A propósito da polêmica homossexualismo x homossexualidade, afirmo que não tenho nada contra a variante homossexualidade e me disponho a adotá-la tão logo os militantes parem de denegrir o sufixo "-ismo", que não encerra nada de pejorativo. Acredito, porém, que essa substituição de nomes é, muito provavelmente, um exercício fadado ao fracasso.

O pressuposto do patrulhamento linguístico é o de que palavras insidiosamente moldam atitudes, o que torna necessário manter vigilância constante contra formas sutis de ofensa. Embora haja nas humanidades quem ainda sustente essa tese, ela foi já há muito abandonada pelas ciências cognitivas. Nesse modelo, o que ocorre é exatamente o contrário. São as ideias das pessoas, incluindo seus preconceitos, que influenciam a linguagem, originando o fenômeno que o psicólogo Steven Pinker apelidou de "esteira de eufemismos".

A palavra "alcoólatra", por exemplo, foi proposta no início do século XX para substituir "bêbado" e seus sinônimos mais vulgares, com o objetivo de reduzir um pouco a carga negativa que pesava contra essas pessoas. É óbvio, porém, que a permuta de nomes não fez com que os alcoólatras parassem de beber, de modo que o novo termo logo foi contaminado pelas mesmas mazelas que o fizeram surgir. Em pouco tempo, foi trocado por "etilista", "alcoólico", "dependente químico". A lista é aberta.

Algo parecido aconteceu com o "de cor", que substituiu "crioulo", para depois dar lugar a "preto", "negro" e "afro-brasileiro".

Pinker diz que a esteira de eufemismos é a melhor prova de que são os conceitos – e não as palavras – que estão no comando. Em vez de combater nomes, deveríamos nos concentrar nas atitudes, que são, afinal, o que se deseja mudar.

# EM DEFESA DO HOMOSSEXUALISMO

Alguns membros de comunidades homoafetivas e simpatizantes me recriminaram porque, em um texto em que critiquei as declarações do pastor Silas Malafaia sobre gays, eu utilizei o termo "homossexualismo", e não "homossexualidade", como teriam desejado.

Estou ciente dessa preferência, mas receio que ela não tenha o fundamento alegado. Ao contrário do que dizem alguns militantes, simplesmente não é verdade que "-ismo" seja um sufixo que denota patologia. Quem estudou um pouquinho de grego sabe que o elemento "-ismós" (que deu origem ao nosso "-ismo") pode ser usado para compor palavras abstratas de qualquer categoria: magnetismo, batismo, ciclismo, realismo, dadaísmo, otimismo, relativismo, galicismo, teísmo, cristianismo, anarquismo, aforismo e jornalismo. Pensando bem, esta última talvez encerre algo de mórbido, mas não recomendo que, para purificar a atividade, se adote "jornalidade".

De qualquer forma e por qualquer conta, as moléstias são uma minoria. Das 1.663 palavras terminadas em "-ismo" que meu Houaiss eletrônico relaciona, apenas 115 (um pouco menos que 7%) designam doenças ou estados patológicos. E olhem que fui liberal em meus critérios, contabilizando mais de uma dezena de termos que descrevem intoxicações exóticas, como abrinismo e zincalismo.

Compreendo que os gays procurem levantar bandeiras, inclusive linguísticas, para mobilizar as pessoas. Em nome da cortesia pública, eu me disporia a adotar a forma "homossexualidade", desde que ela fosse defendida como uma simples predileção. Mas, enquanto tentarem justificar essa opção com base em delírios etimológicos, sinto-me no dever de continuar usando a variante em "-ismo". Alguém, afinal, precisa zelar para que preconceitos não invadam e conspurquem o universo de sufixos, prefixos e infixos. A batalha pode ser inglória, mas a causa é justa.

# A ETERNIDADE DAS PIRÂMIDES

Velhos esquemas de pirâmide seguem teimosamente reaparecendo sob novas roupagens – e, agora, com o auxílio da internet. É um fenômeno fascinante, tanto pelas teses que refuta quanto pelas que corrobora.

A primeira pergunta a fazer é: como é possível que sobreviva em plena era da comunicação um sistema cujas limitações matemáticas não são difíceis de demonstrar (ou, pelo menos, de imaginar) e cujos insucessos práticos são conhecidos há pelo menos cem anos? No caso mais gritante, que foi o da Albânia em 1997, o colapso dos fundos resultou na derrubada do governo e numa rebelião popular que deixou 2.000 mortos.

Como mostra Gad Saad em *The Consuming Instinct* (Instinto consumidor), a resposta clássica para explicar problemas de consumo maladaptativo, que incluem, além de pirâmides, compras compulsivas, transtornos alimentares, dependência de drogas, jogo patológico, tem sido má socialização e falta de informação.

As pessoas cometeriam erros porque recebem maus exemplos, em geral pela mídia, que é, ao mesmo tempo, acusada de estimular a obesidade infantil e a anorexia, ou porque não foram corretamente instruídas. Bastaria ensinar o consumidor a comportar-se bem que tudo isso desapareceria. Não é tão simples assim. A própria persistência desses problemas é um forte indício de que há forças mais profundas atuando aqui.

Para Saad, que faz coro aos achados de psicólogos evolucionistas e economistas comportamentais, o que temos é o darwinismo transposto das savanas para o mundo dos negócios, onde um predador/fraudador, tipicamente um macho dominante de boa lábia, que, embalado por muita testosterona e apetite por risco (pense em Bernard Madoff), explora mecanismos individuais e coletivos de autoengano para fazer com que suas vítimas fiquem cegas para a inconsistência do suposto investimento. Basicamente, funciona.

# ABAIXO A IGUALDADE

"Quando contava a meus amigos que estava escrevendo um livro intitulado *Contra a equidade*, eles olhavam para mim como se eu tivesse chegado ao estágio final da loucura. Daria no mesmo se eu estivesse escrevendo 'Contra as mães' ou 'Contra o oxigênio'". A passagem, do filósofo Stephen Asma, foi extraída de *Against Fairness*. O livro, como já sugere o título, traz uma crítica à noção de equidade – ou de igualdade, se quisermos traduzir "*fairness*" de modo um pouco mais provocativo –, que se tornou central para o Ocidente.

Com efeito, dispensamos à equidade um tratamento próximo ao de relíquia sagrada. Ela figura até no *caput* do artigo 5º da Constituição brasileira, arguivelmente o mais importante da Carta, que reza: "Todos são iguais perante a lei, sem distinção de qualquer natureza [...]". É claro que muito disso não passa de conversa fiada, já que boa parte dos 78 incisos que se seguem, além de outros dispositivos constitucionais, nada mais faz do que estabelecer muitas distinções e das mais variadas naturezas.

De qualquer forma, o amor à igualdade ocorre também em nível visceral.

Nós todos condenamos o nepotismo, que entendemos como uma forma de corrupção, e aderimos incondicionalmente à ideia de "justiça social". Dividimo-nos apenas na hora de definir se ela deve atuar no nível dos resultados, como sustentam os defensores de cotas raciais, ou de oportunidades, como clamam os proponentes da meritocracia.

O que Asma faz, e com competência, diga-se, é problematizar o conceito de equidade. Começa lembrando que estamos biologicamente programados para favorecer os mais próximos. Se mães não dessem tratamento preferencial a seus filhos e não protegêssemos com mais vigor nossos familiares e amigos, mamíferos e aves não seriam viáveis nem tampouco a vida em sociedade. "Preferir é humano. O amor é discriminatório", escreve o professor de filosofia.

Hoje, sabemos até quais são os neurotransmissores mais intimamente ligados ao favoritismo. A bioquímica do amor está calcada na oxitocina e nos opioides endógenos. Sentimos prazer sempre que apoiamos os próximos.

Quando abandonamos o campo das ideias abstratas e entramos no da vida real, tendemos a relativizar um pouco nossas convicções excessivamente moralistas. Sim, condenamos magistrados e governantes que contratam seus filhos, mas não achamos tão ruim quando o dono de um bar chama a banda de seu irmão para tocar nas noites de sexta, mesmo sabendo que existem conjuntos melhores por aí em busca de um palco. É possível até mesmo construir uma boa argumentação para mostrar que haveria infração ética se o empresário não ajudasse o irmão.

Daí não decorre, é claro, que políticos devam ser autorizados a contratar seus parentes. A impessoalidade do poder público é um valor justificável, mas é preciso atentar se não estamos nos valendo de uma indignação seletiva, que não aplicaríamos a nossos amigos.

Agir em plena concordância com a cartilha da equidade é para santos, não para humanos, sustenta Asma. E é muito melhor e mais interessante ser humano do que santo. Ele cita até um trecho da autobiografia de Gandhi em que o líder indiano diz expressamente que quem busca o bem não deve cultivar amizades nem amores exclusivos, porque eles introduziriam lealdade, parcialidade, vieses e favoritismo.

O autor também descreve algumas situações que ele julga absurdas que são motivadas pelo culto à igualdade que acabamos criando. Ele conta que ficou chocado ao descobrir que hoje em dia as escolas premiam com medalhas todas as crianças que participam da prova de corrida. A ideia é poupá-las dos dissabores da sensação de derrota. Mas, neste caso, por que realizar a prova, que serve basicamente para discriminar entre vencedores e perdedores?

Uma defesa assim veemente do favoritismo poderia nos levar a classificar Asma como um neoliberal elitista, que não está nem aí para o sofrimento dos menos favorecidos. Fazê-lo, entretanto, seria um erro. Eu pelo menos não consegui vislumbrar nenhum viés de classe na obra do autor. Ao contrário, ele mobiliza seus conceitos para justificar cotas raciais e outras políticas rejeitadas por conservadores clássicos.

Para Asma, o problema das éticas consequencialistas é que elas praticamente exigem que todos recebam o mesmo tratamento, estabelecendo um igualitarismo forte. Quem leva esse aspecto às últimas consequências é Peter Singer, que afirma que aqueles que já ganham o suficiente para viver com certo conforto têm o dever de doar o excedente para ajudar os que não tiveram tanta sorte. O cálculo do que cabe a cada um precisa ser totalmente imparcial e basear-se no princípio utilitário, que é o de levar o maior bem ao maior número possível de seres sencientes (vale lembrar que Singer é o grande inspirador dos direitos dos animais).

É fácil perceber que há uma série de paradoxos nos esperando na esquina. Se o filho de um desconhecido tem exatamente o mesmo valor que o meu, se o mendigo com que cruzo na rua exige a mesma consideração que dispenso a meu melhor amigo, então instituições como a família e a amizade ficam no limiar da inviabilidade. Para Asma, cada caso precisa ser considerado separadamente e de acordo com suas especificidades e detalhes circunstanciais.

No debate entre éticas consequencialistas e deontológicas, o filósofo fica com Aristóteles e o modelo da ética da virtude. Seus parentes próximos no mundo moderno são autores como Michael Waltzer, Michael Sandel e Alasdair MacIntyre, que tiram a ênfase do igualitarismo para colocá-la na comunidade. As pessoas se unem por vínculos variáveis, que podem estar na família, nos amigos, nos companheiros de culto, falantes da mesma língua, compatriotas etc. São essas relações que dão sentido à vida, muito mais do que os abstratos círculos éticos em expansão de Singer.

Segundo Asma, um experimento mental proposto por William Godwin no século XIX resolve a questão: você está no meio de um incêndio com mais duas pessoas e só tem a chance de salvar uma delas. A primeira é o arcebispo Fénelon e a outra é uma empregada. Fénelon está prestes a finalizar e publicar *As Aventuras de Telêmaco* (uma importante defesa dos direitos humanos), mas a empregada é a sua mãe. O princípio utilitário (maior bem para o maior número) exige que salvemos o religioso, mas o pronome "minha" diante de "mãe" faz com que esqueçamos quaisquer ideias sobre imparcialidade.

Concordo com Asma que é desumano exigir das pessoas que passem por cima da biologia para dispensar a todos a mesma consideração, mas continuo achando que essa precisa ser a lógica do Estado, que, afinal, é um ente abstrato que não se deixa influenciar nem por oxitocina nem por opioides endógenos. Mesmo que a igualdade de oportunidades não passe de uma miragem, penso que regrediríamos bastante se partíssemos do pressuposto de que, como a meta não pode ser atingida, não devemos nem sequer persegui-la.

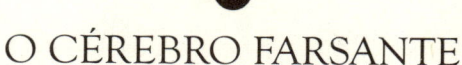

# O CÉREBRO FARSANTE

Depois que a Austrália implementou uma nova legislação que tornou os maços de cigarros mais repulsivos, com fotos explícitas das moléstias provocadas pelo tabagismo, fumantes começaram a queixar-se de que o sabor de seus cilindros tóxicos mudara para pior.

Como nada foi alterado no processo de fabricação dos cigarros, a resposta para a sensação dos fumantes só pode estar na psicologia.

Nosso cérebro, apesar da aparência de seriedade, é um grande farsante. Sobretudo nas faixas que operam abaixo do radar da consciência, que correspondem a algo como 98% dos processos, ele preenche os espaços para os quais não há informação com invencionices. Isso vale para tudo. Um caso emblemático é a visão. As "imagens" que chegam da retina não passam de um borrão desfocado com um grande buraco no meio. As áreas corticais destinadas à visão, valendo-se principalmente de nossa experiência passada, é que vão pacientemente reconstruindo tudo de modo a criar uma interpretação coerente para o que vemos.

As coisas não são diferentes com o gosto. Ao contrário até, por ser um sentido relativamente pobre, está sujeito a todo tipo de interferência olfativa, tátil e se deixa facilmente levar pelo contexto. Uma boa apresentação e um serviço eficiente melhoram o gosto da comida servida no restaurante. Psicólogos já provaram que um vinho ordinário de R$ 20 fica bem mais saboroso quando etiquetado como uma garrafa de R$ 90.

Talvez pudéssemos explorar melhor essa faceta de nossas mentes. É possível que, associando desde cedo drogas a valores negativos, consigamos reduzir os casos de dependência sem necessidade de criar custosas e ineficazes máquinas repressivas. Minha impressão é a de que algo assim já está acontecendo com o fumo, que vem perdendo adeptos desde que o *Zeitgeist* lhe atribuiu uma carga moral negativa.

# RACISMO EM EVOLUÇÃO

A tese central dos autores de *Blindspot: Hidden Biases of Good People* (Ponto cego: vieses ocultos de pessoas boas), os psicólogos Mahzarin Banaji (Harvard) e Anthony Greenwald (Universidade de Washington), é a de que o racismo mudou, mas para chegar a ela é necessário antes desvendar alguns segredinhos sujos da alma humana.

Muito por culpa de uma tradição filosófica que remonta a Platão e teve seu apogeu com os iluministas, no século XVIII, nos acostumamos a pensar nossas mentes como uma coisa una – um "eu verdadeiro" –, sob comando de uma razão que faz o que pode para resistir aos assaltos das paixões (emoções). Essa visão, entretanto, não para em pé.

Um modelo mais verossímil, que veio à tona nas últimas décadas com base em achados empíricos da psicologia e da neurociência, é o que equipara a mente a um enorme concerto de diferentes facções cerebrais, que competem umas com as outras para obter o controle sobre o comportamento. Nada impede que diferentes módulos tenham "opiniões" distintas sobre um mesmo tema. Triunfa a parte que, naquele instante, gritar mais alto, calando as vozes dos circuitos neuronais concorrentes. Imagens já utilizadas para descrever a situação incluem pandemônio e democracia representativa.

Pior, nós nos deixamos influenciar por fatores de cuja existência nem sequer suspeitamos. Há uma lista telefônica de experimentos que mostram que nossos pensamentos e decisões podem ser manipulados por itens tão diversos como música ambiente, temperatura, nível de glicose no sangue, imagens apresentadas subliminarmente, sem mencionar, é claro, as preferências e inclinações inatas que carregamos sempre conosco.

Nesse contexto, soa menos absurda a noção de que uma mesma pessoa possa ter atitudes preconceituosas e defender as ideias igualitárias tidas como autoevidentes nas sociedades contemporâneas. Não faltam exemplos de celebridades apanhadas em flagrante delito de intolerância étnica. A lista inclui os atores Mel Gibson e Charlie Sheen e o estilista John Galiano pegos fazendo declarações antissemitas e o cientista James Watson e a atriz Paris Hilton que falaram mal de negros, para nomear uns poucos.

Quem primeiro percebeu esse caráter multitudinário do racismo e dos preconceitos em geral foi o psicólogo polaco-britânico Henri Tajfel (1919-82). Seus trabalhos dos anos 1970 já sugeriam que processos de categorização às vezes ganhavam vida própria e ditavam o comportamento das pessoas sem que elas tivessem muita consciência disso. Não obstante, até o final dos anos 1980, a visão dominante entre psicólogos era a de que a discriminação era um ato consciente e intencional.

O panorama começou a mudar a partir de 1988, quando um dos autores de *Blindspot*, Anthony Greenwald, em companhia de Debbie McGhee e Jordan Schwartz, desenvolveu o Teste de Associação Implícita (IAT, na sigla inglesa). O IAT não apenas abre uma janela para que acessemos nossos preconceitos latentes, como ainda permite que os meçamos objetivamente.

Desnecessário dizer que isso revolucionou os estudos na área.

Considere a seguinte lista de palavras: João, Joana, irmão, neta, Beth, filha, Miguel, sobrinha, Ricardo, Leonardo, filho, tia, avô, Roberto, Cristina, pai, mãe, neto, Filipe, Sofia.

Agora a releia dizendo para si mesmo "olá" cada vez que encontrar um nome próprio ou de parentesco masculino e "adeus" quando as palavras forem femininas. É fácil, não é mesmo?

Passemos à fase dois.

Agora, sua missão é voltar à lista e dizer "olá" para os nomes próprios masculinos e relações de parentesco femininas e "adeus" para nomes femininos e ligações familiares masculinas. Se você é uma pessoa normal, ficou bem mais difícil. O tempo para desempenhar a tarefa deve ter subido de algo como meio segundo por palavra para três quartos de segundo. Você provavelmente também cometeu mais erros.

O motivo é que, quando rotulamos cada palavra com o "olá" ou o "adeus", nós nos guiamos por nossas associações mentais. Quando elas não trazem desvios, tudo vai muito bem. Mas, quando estão embaralhadas, precisamos de mais tempo para ordená-las. Assim, medindo a diferença na velocidade da resposta entre as fases 1 e 2, cientistas são capazes de mensurar quão fortemente uma pessoa associa determinadas características com uma categoria social.

Troque as relações de parentesco masculinas e femininas pelas palavras relacionadas a ciência e artes respectivamente e teremos uma medida de quanto cada indivíduo se deixa levar por categorias de gênero, associando homens a atividades científicas e mulheres às artísticas.

IATs não precisam se limitar a palavras. As séries podem ser compostas de imagens e mesmo imagens e palavras. Se utilizarmos fotos de pessoas brancas e negras e palavras negativas (mal, fracasso, terrível etc.) e positivas (paz, amor, felicidade, alegria etc.) teremos uma medida dos preconceitos raciais.

No site implicit.harvard.edu/implicit, vinculado à Universidade Harvard, você pode fazer vários IATs online em português. Poderá medir não apenas seu racismo implícito, como também seu preconceito contra gordos, velhos, gays e até seu grau de nacionalismo. Vale, porém, um alerta. Você poderá não gostar dos resultados.

Nos EUA, cerca de 75% das dezenas de milhares de pessoas que fizeram o teste de racismo demonstraram possuir um viés contra negros de moderado a forte. Uma proporção ainda maior revelou ter algo contra os mais cheinhos. Os próprios autores do livro descobriram, contrariados, que são portadores de preconceitos implícitos. E não adianta muito tentar refazer o teste depois. De um modo geral, os resultados tendem a se repetir.

O que significa, porém, ter preconceitos implícitos? Até pouco tempo atrás, ninguém sabia muito bem. Podia tanto ser um impulso inconsciente que mantínhamos sob controle sem grande esforço quanto ser uma espécie de tendência latente, que, embora não esteja sempre no controle, dá as cartas quando baixamos a guarda.

Resultados de várias pesquisas na área começam a pintar um quadro que aponta para a segunda possibilidade. Há uma correlação moderada entre preconceito implícito e atos discriminatórios contra negros.

Banaji e Greenwald expõem esses achados de forma bastante clara e espirituosa, mas, até aqui, o livro não traz nada de muito novo. Conclusões semelhantes constam de várias outras obras. O que me pareceu diferente é a descrição de como o racismo está passando por uma transformação importante.

O sujeito que maltrata negros e os agride física ou verbalmente é uma espécie em extinção. (O livro tem um interessante apêndice que mostra a evolução da opinião pública dos EUA na questão racial). O contingente cada vez menor de gente que ainda acredita em conceitos como o de raça inferior pelo menos aprendeu a ficar calado. É um avanço e tanto, considerando que, menos de 60 anos atrás, nos EUA ainda vigoravam as Jim Crow Laws, as leis de segregação racial que criavam distinções jurídicas entre negros e brancos, e organizações como a KKK eram vistas como respeitáveis.

Apesar da inegável melhora e de algumas décadas de políticas de ação afirmativa, efeitos do racismo ainda podem ser vistos e medidos numa série de estatísticas, como renda, desemprego, performance acadêmica, taxa de encarceramento etc. Isso vale tanto para os EUA como para o Brasil.

Como explicar isso? Banaji e Greenwald lançam uma hipótese que me pareceu particularmente interessante. Eles contam a história de uma colega, professora de Harvard e entusiasta do tricô, que, um dia, no meio de uma tarefa doméstica qualquer, abriu um corte feio na mão. Ela foi levada ao hospital – a região de Boston tem um excelente sistema de saúde – e atendida segundo o protocolo. Seu namorado havia explicado ao médico que ela gostava muito de tricô e não queria correr o risco de ter os movimentos da mão comprometidos. O profissional de saúde disse que não achava que haveria problemas e pôs-se a suturar a mão da mulher.

Nesse instante, ela foi reconhecida por alguém que circulava pelo local. Essa pessoa logo a apresentou para o médico que a atendia como uma colega da universidade. Aí tudo mudou. Ele rapidamente suspendeu a sutura e convocou um ortopedista especializado em mão. Em poucas horas a professora estava na sala de cirurgia sendo operada por um papa da quirologia.

Depois que foi identificada como um membro do grupo, ela recebeu o melhor atendimento médico imaginável. Não é que ela antes estivesse sendo negligenciada, mas para receber o tratamento VIP, isto é, para que os médicos envidassem todos os esforços em seu caso, ela teve de ser categorizada como um par.

Banaji e Greenwald sugerem que o novo racismo opera nos mesmos moldes. A diferenciação no tratamento já não se dá por atitudes que visam a prejudicar os negros, mas assume cada vez mais a forma de atos de ajuda a membros do próprio grupo. São as nossas preferências implícitas em ação. Num mundo que depende intensamente de cartas de recomendação, *networking* e conhecidos no lugar certo, isso faz toda a diferença.

Se o novo racismo traz o benefício de não ser violento, apresenta a desvantagem de ser algo muito mais difícil de combater. Afinal, não dá para recriminar alguém por tentar ajudar seus amigos. Há duas perguntas incômodas aqui. A primeira é se leis que punem atos discriminatórios (muitos dos quais podem ser inconsciente e, portanto, não voluntários) são o melhor caminho a seguir. A outra é se nossas preferências intelectuais por uma sociedade justa baseada na equanimidade não encontram uma barreira na irrefreável tendência de seres humanos de favorecer os próximos.

# PROPRIEDADE E MORAL

Para John Locke, a propriedade privada é um direito natural do homem, ao lado do direito à vida e à liberdade. Já para Jean-Jacques Rousseau, ela é a origem de todos os "crimes, guerras, assassínios, misérias e horrores" que assaltam o gênero humano.

Embora os filósofos tenham posições próximas em outros temas, a forma como descreveram a propriedade fez com que Locke virasse um dos patronos do liberalismo econômico, e Rousseau, o pai espiritual da esquerda. Qual deles tem razão?

Acho que podemos encontrar um esboço de resposta num ramo de estudos bastante improvável, que é o da moralidade animal. O acúmulo de observações etológicas mostra que nossos primos mamíferos, notadamente aqueles que vivem em grupos, apresentam comportamentos que podem ser qualificados pelo menos como protomorais.

Dale Peterson, em *The Moral Lives of Animals*, descreve como golfinhos brincam com peixes recém-capturados diante de seus pares sem que estes tentem amealhar-lhes as presas, apesar da relativa facilidade que teriam para fazê-lo. É como se os companheiros reconhecessem seu direito ao troféu. Comportamentos análogos já foram observados entre chimpanzés e mesmo entre corvos.

Seria precipitado tentar incluir golfinhos e chimpanzés no Trips, o acordo internacional de proteção da propriedade intelectual, mas é possível que estejamos aqui diante de uma solução evolutiva para reduzir conflitos entre bichos que vivem em bandos. Com efeito, cada vez que um golfinho deixa de contestar a "propriedade" do peixe capturado pelo colega, evita uma situação que poderia descambar em violência.

Se essa hipótese é correta, Locke descreveu a noção de propriedade melhor do que Rousseau. Mas isso não impede que o cidadão genebrino tenha alguma razão quando diz que ela está na origem da desigualdade e de algumas de nossas misérias.

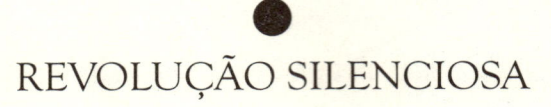

# REVOLUÇÃO SILENCIOSA

Por que as pessoas ainda insistem em se casar?

Calma, não estou advogando pelo fim do amor, da família ou das instituições sociais. O ponto central aqui é que o casamento desempenha hoje duas funções bastante distintas.

A primeira é puramente contratual. Trata-se de regular as relações jurídicas decorrentes das uniões entre pessoas, notadamente obrigações para com filhos, sucessões etc. Essa é, sem dúvida, uma atribuição do Estado, mas, como provam as chamadas uniões consensuais, esse tipo de controle pode perfeitamente ser feito *a posteriori*. Hoje ninguém precisa mais pedir ao poder público uma licença para procriar para que os filhos sejam considerados legítimos.

A outra função é mais etérea e tem a ver com o reconhecimento social do matrimônio e suas implicações para o *status* dos envolvidos. O Estado aqui é totalmente dispensável. Na verdade, tudo ficaria muito mais simples se o poder público parasse de lidar com casamentos e tratasse exclusivamente de uniões civis, deixando os aspectos sociais para igrejas, famílias e círculos de amigos. Acabaria, por exemplo, a polêmica em torno do casamento gay. O problema da necessidade ou não de autorização para que deficientes intelectuais possam casar também estaria resolvido, sem mencionar que ninguém mais teria de gastar dinheiro com divórcios não litigiosos.

Ainda que sem alarde, esse movimento já está em curso. Dados do Censo mostram que a população recorre cada vez mais às uniões consensuais, que, mesmo sendo uma inovação recente, já respondem por 1/3 dos matrimônios. De 2000 para 2010, a proporção dos que optaram por essa modalidade pulou de 28,6% para 36,4%, enquanto as demais (religioso, civil, e a dobradinha civil e religioso) caíram todas. Às vezes, há sabedoria nas escolhas das massas.

# O MISANTROPO E O TRÂNSITO

É claro que ficar preso em congestionamentos irrita. Também é evidente que existem medidas que ajudariam a reduzir o tempo perdido no trânsito. Receio, porém, que não há nem pode haver solução definitiva para o problema da mobilidade em grandes cidades.

Congestionamentos – de carros, de pessoas no metrô ou de bicicletas no parque – são, por assim dizer, um efeito colateral de viver em metrópoles, mas os aceitamos porque o pacote vem com uma série de vantagens.

Como observou o economista Bryan Caplan, até misantropos preferem morar numa cidade apinhada de gente como Nova York, com 8 milhões de habitantes. Por definição, eles detestam pessoas, mas não hesitam em gastar milhares de dólares a mais para estabelecer-se em Manhattan, quando poderiam, por valores muito menores, fixar residência numa cidade como Hays, Kansas, com 20 mil almas. Por quê?

A resposta é simples: escolhas. Em Hays, nosso pobre misantropo logo esgotaria suas opções. Teria de encomendar sempre a mesma pizza, comprar nas mesmas lojas, ver os mesmos rostos. O que torna Nova York interessante é que ela oferece possibilidades quase inesgotáveis.

E o que responde pelo dinamismo de uma metrópole é justamente o que o misantropo odeia: pessoas. Só há tantas escolhas em Nova York porque há um mar de gente para oferecer bens e serviços e consumi-los.

O mesmo raciocínio que se aplica a grandes cidades vale também para o mundo. É o crescimento populacional que torna as sociedades contemporâneas um lugar mais parecido com Nova York do que com Hays. É claro que isso produz pressões ambientais e outras dificuldades, mas uma redução da população, como defendem alguns ecologistas, viria acompanhada de significativo empobrecimento. Na verdade, até parar de crescer pode ser um problema.

Pense nessas questões da próxima vez que estiver preso no trânsito.

# MEMÓRIAS

Temos boas razões para desconfiar das autobiografias. E não porque candidatos a ídolo sejam todos mentirosos compulsivos. O problema é que nossas memórias, embora nos pareçam vívidas a ponto de as julgarmos uma espécie de fotografia do passado, são mais bem descritas como uma fantasia de nossas psiques.

O que o cérebro guarda são registros hipertaquigráficos a partir dos quais nossa mente reconstrói o episódio cada vez que nos lembramos dele. Esse processo é distorcido pelo que estamos sentindo ou pensando quando acionamos a memória. Algumas lembranças ficam estáveis por décadas, outras são sutilmente modificadas e há as que sofrem transformações profundas. Elas são indistinguíveis em nossas cabeças.

Essas mudanças não ocorrem ao sabor do acaso. A memória não evoluiu para promover a verdade, mas para nos fazer viver vidas melhores. Ela não deve ser uma alucinação tão tresloucada que nos leve a cometer erros fatais, mas, se as distorções forem no sentido de nos tornar mais seguros e confiantes, são mais do que bem-vindas. Nós nos lembramos muito mais daquilo com o que podemos viver do que daquilo que efetivamente vivemos.

A notável exceção são as pessoas clinicamente deprimidas, que fazem uma avaliação surpreendentemente realistas de si mesmas. Não se sabe se é a depressão que leva à percepção mais acurada ou se é a visão mais realista que provoca os pensamentos deprimentes. De todo modo, o excesso de realismo não é muito saudável.

Se você é um leitor em busca de verdades, só compre autobiografias de depressivos notórios.

# CORRUPÇÃO COM LIMITES

Como as pessoas se tornam corruptas?

Não é difícil perceber quais são os incentivos ao logro. Mas isso não significa que seres humanos não tenham nenhuma defesa contra o vírus da corrupção. Pelo menos duas forças atuam para manter-nos afastados desse gênero de delito.

A primeira, externa, é o temor de ser apanhado e sofrer as sanções legais e sociais correspondentes. No Brasil, infelizmente, a eficácia dos órgãos de controle e da Justiça é tão baixa que, num cálculo estritamente racional, muitas vezes vale a pena roubar. A dificuldade, então, passa a ser explicar por que a corrupção não é ainda mais generalizada.

Entra aqui a segunda força, que é a autoimagem das pessoas. Sendo interna, ela tem a vantagem de dispensar fiscais e investigadores. O problema é que, como cada qual é juiz de si mesmo, a indulgência corre solta.

O psicólogo Dan Ariely submeteu estudantes a uma série de experimentos em que tinham a oportunidade de burlar regras com diferentes probabilidades de ser pegos e com diversos tamanhos de recompensa envolvidos e concluiu que todo mundo trapaceia – mas com limites.

Para o pesquisador, a desonestidade é o resultado de uma contínua negociação entre o desejo por vantagens materiais e a necessidade que todo indivíduo tem de cultivar uma autoimagem ao menos aceitável. O cérebro resolve o problema impondo um teto aos desvios. Na população estudada por Ariely, as consciências dos estudantes toleravam bem uma burla de até 15%. É uma baliza para a qual ainda conseguiam providenciar uma racionalização que, se não justificava o roubo, pelo menos o fazia parecer menos grave.

# CARNÍVOROS RENITENTES

Quais são as perspectivas do vegetarianismo e suas variantes?

Quem coloca bem a questão é o psicólogo evolucionista Steven Pinker em *Melhores anjos*: "Será que nossos descendentes do século XXII vão ficar tão horrorizados com o fato de nós comermos carne como nós ficamos com o fato de nossos ancestrais terem escravizado pessoas?".

Para Pinker, a resposta é "provavelmente não". Embora a analogia entre libertação animal e escravidão seja retoricamente poderosa, ela não é exata. Para começar, no aspecto prático, humanos têm fome de carne. A obtenção de proteínas animais foi essencial para a evolução de nossos cérebros e moldou nossos relacionamentos sociais. As marcas dessa história aparecem no desejo por vezes irrefreável de devorar um filé

Apesar dos avanços do vegetarianismo, esse movimento parece ter um teto. Mesmo na Índia, onde algumas das principais religiões e a pobreza o incentivam, a proporção de praticantes fica entre 24% e 42% da população. Em países ocidentais, raramente chega aos dois dígitos.

No plano teórico, uma boa justificativa para não consumir animais exigiria que resolvêssemos o problema da consciência – o que nem a ciência nem a filosofia parecem prestes a conseguir. Bichos vêm num amplo gradiente que inclui desde protozoários e insetos que precisamos destruir para assegurar nossa saúde até os simpáticos macacos. Enquanto não formos capazes de distinguir os que estão na zona cinzenta com base numa teoria mais ou menos completa da consciência, haverá espaço para ambiguidades que vão garantir se não o filé, pelo menos o *escargot* e o camarão dos carnívoros renitentes.

# UM LUGAR PARA MANDELA

Nelson Mandela é o que há de mais próximo a um herói que consigo imaginar. Mas será que heróis existem de verdade? A questão é capciosa. O problema com o heroísmo e seu análogo religioso, a santidade, é que eles sempre podem ser reduzidos a uma causa egoísta.

No martírio religioso, os termos da barganha são evidentes. O sujeito troca a penosa existência terrena pelo que acredita ser uma vida eterna repleta de prazeres. Mesmo no mundo real, que não inclui um paraíso, o heroísmo pode conceder algum tipo de vida *post mortem*, já que o autor de grandes façanhas acaba conquistando uma vaga nos livros de história e na memória coletiva. Morrer por uma causa seria, assim, o triunfo do orgulho sobre a medíocre segurança.

O interessante é que o espectro do egoísmo sobrevive mesmo quando excluímos por completo a posteridade individual e recorremos apenas a explicações naturalistas. Como as sociedades recompensam aqueles que demonstram coragem, correr riscos calculados passa a ser uma estratégia para conquistar parceiros sexuais e deixar uma prole maior. Se isso não basta para banir o heroísmo, é o suficiente para torná-lo suspeito.

No limite, até o autossacrifício pode ser válido, desde que com o intuito de assegurar a sobrevivência de dois irmãos ou oito primos, para reproduzir o chiste de J. B. S. Haldane.

Obviamente, não fazemos essas contas de parentesco genético antes de pular no rio para salvar alguém. O bonito da evolução é que ela faz todos os cálculos por nós e os inscreve na natureza na forma de instintos, impulsos ou simples preferências.

É justamente aí que encontramos espaço para salvar, senão a ideia clássica do herói, ao menos sua dimensão funcional. O fato de quase todas as sociedades reverenciarem heróis em narrativas é um bom indicativo de que o conceito deve ter utilidade. E, se ele é um pouco mais do que uma ilusão, já encontramos um bom lugar para colocar Mandela.

# TRIBOS MORAIS

O filósofo e psicólogo Joshua Greene publicou um livro que é ao mesmo tempo importante, ambicioso e gostoso de ler. Trata-se de *Moral Tribes* (Tribos morais).

Para Greene, que é diretor do laboratório de cognição moral de Harvard, a evolução nos equipou relativamente bem para lidar com o problema do antagonismo entre nossos interesses individuais e a necessidade de cooperação. Viemos de fábrica com um sistema automático, isto é, uma série de sentimentos como empatia, vergonha, gratidão, vingança, indignação, que conseguem operar o pequeno milagre de fazer com que sejamos suficientemente egoístas para sobreviver e coletivistas o bastante para prosperar como grupo.

O problema é que esse sistema automático funcionava bem quando vivíamos em tribos pequenas, homogêneas e conhecíamos cada pessoa com quem interagíamos. No mundo moderno, em que habitamos megalópoles em que convivemos com gente dos mais diversos *backgrounds* culturais, esse equipamento moral intuitivo vira fonte de desavenças.

Qual moral devemos aplicar para decidir, por exemplo, sobre o casamento gay? A que diz que isso é um pecado ou a que proclama que adultos capazes fazem o que querem desde que não prejudiquem terceiros? É o que Greene chama de tragédia da moralidade do senso comum. O choque entre diferentes morais incompatíveis está por trás não só das grandes polêmicas da atualidade como de conflitos reais e do terrorismo.

Para o autor, a melhor chance de nos entendermos é encontrar uma metamoralidade que nos permita ao menos avaliar esses assuntos sob um prisma comum. Segundo ele, só quem pode pretender essa universalidade é o utilitarismo. A maximização da felicidade e a redução do sofrimento é o que de mais perto há de um valor por todos compartilhado.

# RAÇA E SUCESSO

Na discussão sobre cotas raciais, usamos os termos "negros", "pardos", "indígenas" e "brancos" com liberalidade, como se fossem conceitos inequívocos e informativos, mas será que isso é de fato verdade? O que diz a empiria?

No Brasil, até onde sei, não há muita literatura a explorar as diferenças entre subpopulações de negros, pardos etc. Mas, nos EUA, onde esses dados são um pouco menos difíceis de encontrar, o que verificamos é um quadro bem mais nuançado.

Negros em geral ficam abaixo da média dos norte-americanos em quase todos os indicadores de sucesso, como renda e educação superior, mas, se voltarmos nossas lentes para certos subgrupos, vamos encontrar alguns cujo desempenho supera a média de brancos e asiáticos.

Amy Chua, mais conhecida como a mãe tigre, e Jed Rubenfeld, autores de *The Triple Package*, mostram como filhos de imigrantes nigerianos, ganenses e jamaicanos se saem bastante bem tanto na academia como no mercado profissional.

A hipótese dos autores é que o sucesso dessas populações se deve a uma combinação de três características psicológicas bastante precisas que são passíveis de transmissão cultural: complexo de superioridade, insegurança e a capacidade de controlar os impulsos. É uma explicação interessante. Mas, esteja ela certa ou não, os dados coletados por Chua e Rubenfeld são suficientes para relativizar certos mitos recorrentes.

Como os filhos de imigrantes enfrentam praticamente as mesmas barreiras e preconceitos que os afro-americanos autóctones, seu sucesso mostra que o racismo de pessoas e instituições não constitui uma resposta completa para o baixo desempenho desses grupos.

As diferenças revelam ainda que supercategorias como negros, hispânicos e brancos são amplas demais para carregar informações muito relevantes. Desconfie quando alguém utilizá-las muito prodigamente.

# COTAS FEMININAS

Estudo mostra que dez anos de cotas para mulheres nos conselhos de empresas da Noruega tiveram efeitos limitados.

Em 2003, os noruegueses aprovaram uma lei que determinava que o chamado sexo frágil compusesse 40% dos conselhos das firmas de capital aberto. A expectativa era de que, no comando, elas promovessem mais mulheres e adotassem políticas favoráveis ao gênero, contribuindo para eliminar ou pelo menos reduzir as diferenças de remuneração entre os dois sexos, que persistem mesmo nos civilizados países nórdicos.

O que se verificou dez anos depois, porém, é um quadro menos alentador. O ponto positivo é que o cenário catastrofista, sempre evocado nessas situações, de que a assunção das mulheres por força de lei as transformaria em chefes "café com leite", não chegou nem perto de concretizar-se.

O negativo é que os benefícios presumidos tampouco se materializaram. As executivas promovidas aos conselhos obviamente ascenderam, mas os efeitos ficaram mais ou menos por aí. O trabalho, assinado por Marianne Bertrand, da Universidade de Chicago, não encontrou aumento no número geral de executivas, redução nas diferenças salariais nem melhora no ambiente corporativo.

O mistério aqui é por que nem a Noruega conseguiu igualdade plena nas remunerações médias entre os gêneros? Há duas explicações possíveis. Ou os mecanismos de discriminação são muito mais sutis, disseminados e resistentes do que se imaginava ou as mulheres, no agregado, não têm as mesmas ambições que os homens, fazendo escolhas que privilegiam outros aspectos da vida que não a carreira. Eu apostaria na segunda alternativa, acrescentando que há aí sabedoria. Especialmente num país desenvolvido como a Noruega, que atende às necessidades básicas de quase todos, há coisas mais interessantes para fazer do que virar chefe ou acumular poder.

# OTIMISMO E PESSIMISMO

Pesquisa do cardiologista Marcelo Katz, do Hospital Albert Einstein, mostrou que, de um grupo de 6.544 pacientes que se submeteram a um *check-up*, apenas 6,1% se autoclassificaram como de alto risco para problemas cardíacos. Entretanto, quando a avaliação foi feita por médicos usando parâmetros técnicos, a proporção saltou para mais ameaçadores 49,3%.

Esse não é o primeiro trabalho a revelar que as pessoas tendem a ser irrealisticamente otimistas quando se trata de fazer estimativas sobre si mesmas. Vários estudos mostram que pacientes não só subestimam seu risco de contrair câncer, aids e doenças cardiovasculares, como superestimam suas chances de cura.

É o que os psicólogos chamam de viés de otimismo. E ele é tão disseminado que serviu de base para Shelley Taylor e Jonathon Brown desafiarem nos anos 1980 a explicação tradicional de que uma avaliação precisa de si mesmo e do mundo era fundamental para a boa saúde mental. Em vez disso, propuseram a teoria, hoje bem aceita, de que são as ilusões positivas que promovem nosso bem-estar.

Só quem parece imune a esse gênero de fantasia são os deprimidos. O enigma aqui é saber se a apreciação objetiva de si mesmo é a causa ou um mero sintoma da depressão.

Qualquer que seja a resposta, o viés de otimismo é só metade da história. Se vemos a nós mesmos e nosso futuro com as lentes da generosidade, quando se trata de avaliar o mundo, é o pessimismo que dá as cartas. Daí brotam os discursos recorrentes segundo os quais tudo era muito melhor no passado e a sociedade está a um passo do precipício.

A esquizofrenia até que faz sentido se pensada à luz da evolução. Se somos otimistas em relação a eventos cujo desfecho pode depender de nós, nos esforçamos mais e isso tem valor adaptativo. Já no que diz respeito às coisas que não controlamos, aí a posição adaptativa é estar sempre pronto para o pior cenário.

# DEFESAS PATOGÊNICAS

Gostaria de discutir aqui as nossas defesas contra patógenos que não podemos ver. Nossa primeira linha de proteção é biológica e vem na forma da sensação de repulsa que experimentamos ao visualizar, cheirar ou mesmo imaginar material potencialmente perigoso, como fezes, vômito, carne podre.

No atacado, até que funciona. De modo geral, mantemos prudente distância desses itens. O problema é que não são apenas coisas nojentas que transmitem moléstias. Picadas de insetos, toques humanos (incluindo sexo), fômites, perdigotos e o próprio ar também podem fazer o serviço sujo. E não é só. Às vezes, as circunstâncias nos fazem passar por cima de nossa programação natural. Mães, e até alguns pais, aprendem rapidamente a trocar as fraldas dos filhos. Profissionais de saúde não deixam de atender pacientes que cheirem mal, estejam vomitando ou apresentem diarreia.

É aí que entra a segunda linha de defesa. Hoje sabemos como a maior parte das doenças são transmitidas e criamos equipamentos e rotinas para evitá-las. A dificuldade aqui é que esse é um conhecimento exclusivamente intelectual e o que ocorre no nível cortical, embora baste para informar o cérebro, tende a ser um péssimo motivador. A prova disso é que médicos mais do que ninguém sabem que é preciso lavar as mãos antes e depois de examinar cada paciente, mas o índice de higienização entre esses profissionais, mesmo em hospitais-escola do Primeiro Mundo, não passa muito dos 50%. Nossa dificuldade para converter achados da ciência em ações é atávica.

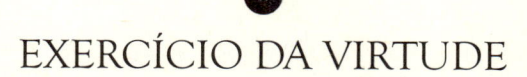

# EXERCÍCIO DA VIRTUDE

Sessenta e um por cento dos links compartilhados em redes sociais têm origem no jornalismo profissional. Interessante, mas não creio que isso nos leve muito longe. Se a ideia é contrapor-se à polarização e ao ambiente por vezes intolerante das redes, a procedência do material não é tão importante.

É claro que uma pessoa de bom senso desconfia de uma pesquisa eleitoral ou de um estudo técnico forjados em comitês eleitorais, mas esse tipo de situação quase nunca ocorre. No mundo real, se tomarmos uma coleção suficientemente longa de qualquer bom periódico jornalístico, vamos encontrar tanto textos que favorecem um determinado político como os que o prejudicam. Lembre-se de que mesmo um relógio parado fica certo duas vezes por dia.

O problema da radicalização não está tanto na origem daquilo que você lê, mas no tipo de discussão a que você se expõe. Estudos psicológicos mostram que, se duas pessoas que pensam de forma semelhante passarem algum tempo interagindo, a tendência é que uma reforce as crenças da outra e ambas saiam com posições ainda mais extremadas. O antídoto contra esse efeito não está em ler textos equilibrados, mas em aventurar-se a ouvir e considerar tão seriamente quanto possível os argumentos contrários à sua posição.

A leitura de um bom jornal ou revista é útil não só porque esse tipo de publicação confere a veracidade das coisas antes de divulgá-las, mas principalmente porque, quando damos uma espiadela no conjunto dos textos, nos obrigamos a considerar ainda que por um instante teses, crenças e raciocínios com os quais não concordamos. É nessa fresta que temos a oportunidade, senão de mudar de ideia, pelo menos de sofisticar os nossos próprios argumentos.

É Aristóteles quem afirmava que a virtude moral, mais do que uma questão de berço, é o resultado de cultivar bons hábitos.

# O TAL DE MERCADO

Quem, afinal, é o mercado?

Objetivamente, ele não é ninguém, mas a resultante dos comportamentos de uma legião heterogênea de gente. Compõem o tal de mercado desde criminosos endinheirados até velhinhas aposentadas, passando por pequenas, médias e grandes empresas. Qualquer um que tenha um caraminguá aplicado, com o objetivo bem razoável de preservar e ampliar seu valor, faz parte do mercado.

É claro que existem defensores mais e menos exaltados de mecanismos de ajuste como taxa de juros, metas de inflação e superávit primário, valor do salário mínimo etc. Destacam-se aí os banqueiros, categoria que amamos odiar, a ponto de fazê-los estrelar o papel de vilões em campanhas eleitorais. O fato, porém, é que eles são assim tão vociferantes em parte porque os pequenos poupadores os remuneramos – e regiamente – para que nossos investimentos rendam o máximo possível.

Não estou afirmando que não caibam críticas morais aos resultados produzidos pelo mercado. Elas são muitas e muito pertinentes. É fundamental, contudo, que a indignação que possamos experimentar não contamine nossa capacidade de compreender como as engrenagens econômicas funcionam no mundo real. Se isso ocorrer, o resultado são barbeiragens. Foi exatamente o que se deu na primeira gestão de Dilma.

Quanto à lista de injustiças do mundo, ela até pode ser encabeçada pelos lucros exorbitantes de banqueiros, mas não se limita a eles. Por que um sujeito que teve a sorte de jogar bem futebol ou a mulher que por acaso nasceu bonita merecem ganhar milhares de vezes mais do que pernas de pau ou feias? Como mostrou John Rawls, quase tudo o que valorizamos é um prêmio indevido.

# MULTAS, CULTURA E CORRUPÇÃO

A revelação diária de detalhes dos esquemas bilionários de desvio de verbas dá a sensação de que o país está perdido. Talvez esteja mesmo, mas é bom ter em mente que não somos os primeiros nem os únicos a percorrer essas águas. Na verdade, há indícios de que o Brasil nem sequer está entre os mais corruptos do mundo – o que diz bastante sobre nosso planeta.

Rankings de percepção de corrupção como os divulgados pela Transparência Internacional têm problemas metodológicos dos mais sérios. Ainda assim, não é o caso de atirá-los no lixo. De vez em quando, por caprichos da história e pela criatividade de pesquisadores, temos a chance de topar com medidas mais objetivas de atitudes relacionadas à corrupção, e elas indicam que os rankings não são uma invencionice completa.

Um dos exemplos mais elegantes vem de Nova York. Entre 1977 e 2002, devido a algumas excentricidades legais, o pessoal diplomático das 146 missões na ONU tinha imunidade contra multas por estacionamento irregular. Ray Fisman e Edward Miguel tabularam os autos de infração lavrados mas não pagos, chegando à conclusão de que a corrupção tem uma dimensão cultural, já que as diferenças entre as missões foram gritantes e seguiram mais ou menos os estereótipos. Enquanto os kuaitianos cometeram 246,2 violações por diplomata por ano, funcionários de 21 representações como Suécia, Noruega e Canadá não infringiram a lei ou tiveram a decência de pagar a multa. O Brasil não saiu bem na foto, ficando na 29ª posição entre os mais corruptos. Outros campeões do desrespeito às normas foram Egito, Chade, Sudão, Bulgária e Moçambique.

Mas corrupção não é só cultura, que leva tempo para mudar. Segundo uma fórmula consagrada, o grau de corrupção de um país depende ainda do nível dos monopólios ali existentes, do poder discricionário das autoridades e da transparência. Esses são fatores mais fáceis de mexer.

# IDEOLOGIA E SAÚDE

A ideologia é um troço esquisito. Ela não se limita a turvar a visão das pessoas em relação aos assuntos de sempre, como papel do Estado, aborto, legalização das drogas, mas também está sempre em busca de novos temas sobre os quais possa lançar seus feitiços.

Um caso bem documentado desse fenômeno é a atitude dos norte-americanos em relação ao aquecimento global. Mais ou menos até os anos 1980, a proteção ambiental em geral e o efeito estufa em particular não constituíam questões ideológicas. A probabilidade de um político defender uma plataforma ambientalista era praticamente a mesma fosse ele democrata ou republicano.

Do final dos anos 1990 para cá, porém, o panorama mudou bastante. Pesquisa do Instituto Gallup mostra que, em 1998, 47% dos eleitores republicanos e 46% dos democratas concordavam com a afirmação de que os efeitos do aquecimento global já se faziam sentir. Em 2013, os números eram 67% para os democratas e 39% para os republicanos.

Agora, assistimos praticamente ao vivo a um movimento semelhante em relação a um tema improvável: as vacinas. Os EUA vivem hoje um surto de sarampo que pode ser diretamente ligado à queda nas taxas de vacinação. E há dois tipos de pais que deixam deliberadamente de vacinar seus filhos.

Pela direita, temos ultraconservadores religiosos que desconfiam de tudo o que venha de cientistas ou do governo e, pela esquerda, há, principalmente na Califórnia, bolsões de liberais desmiolados que acreditam sem base fática que a vacina tríplice viral está associada a casos de autismo.

Em comum, ambos colocam suas convicções, que têm muito mais de emocional que de racional, à frente de sólidas evidências científicas. Pior, sua obstinação faz com que ponham em risco não só seus próprios filhos como também terceiros. Nunca foi tão verdadeira a máxima segundo a qual a ideologia faz mal à saúde.

# A CULTURA DO BODE

Parece cada vez mais prevalente a tendência de não assumir as próprias responsabilidades, preferindo imputar sempre a um terceiro os resultados indesejados de suas decisões ou atitudes.

Que indivíduos ajam assim quando sua autoimagem está em jogo é um fenômeno esperado pela psicologia. A situação se torna mais preocupante quando policiais, delegados e promotores, que de algum modo deveriam estar preocupados em "fazer justiça" (deixemos passar o caráter meio metafísico da expressão), embarcam nessa mesma lógica.

Num exemplo concreto, o jovem estudante ingere voluntariamente 30 doses de vodca numa festa universitária, entra em coma e acaba morrendo. De quem é a culpa? Para o delegado que investiga o caso, o rapaz foi assassinado pelos organizadores da festa, que foram presos sob a acusação de homicídio com dolo eventual.

Não estou aqui afirmando que os organizadores não violaram nenhuma lei ou norma de segurança nem que não tenham de alguma forma contribuído para o trágico desfecho, mas não me parece que faça muito sentido equiparar sua atitude à de alguém que tira intencionalmente a vida de outra pessoa (homicídio doloso) ou mesmo à do sujeito que dá um tiro no rival mirando sua perna, com o objetivo de assustá-lo, mas acerta o coração e acaba por matá-lo (um caso mais clássico de dolo eventual, em que perigos concretos são conscientemente desprezados pelo agente).

Não ignoro que dá para construir um bom caso filosófico em torno da inexistência do livre-arbítrio. Mas, mesmo que ele não passe de uma ilusão da consciência, as pessoas precisam assumir responsabilidade pelos seus atos e parar de buscar bodes expiatórios, ou a vida em sociedade se torna um romance muito mal escrito.

# VOCÊ ROUBARIA SE FOSSE SENADOR?

Se você, dileto leitor, tivesse sido eleito para um mandato parlamentar, chegasse ao Congresso e, depois de presenciar tudo o que acontece ali, recebesse uma proposta de uma grande construtora, a aceitaria?

De minha parte, gostaria de ter certeza que responderia com um sonoro "não", mas não estou tão seguro. Já li livros o suficiente para saber que, embora gostemos de equiparar honestidade a caráter, circunstâncias exercem papel bem mais determinante do que admitimos. Se todos a seu redor se comportam mal, não são desprezíveis as chances de que você venha a seguir-lhes os passos.

Há experimentos clássicos que demonstraram esse efeito, como aquele em que o psicólogo Phil Zimbardo fez com que estudantes que encenavam o papel de guardas tratassem com sadismo seus colegas que interpretavam prisioneiros.

Há exemplos mais positivos. Em *Eichmann em Jerusalém*, Hannah Arendt conta como os dinamarqueses se recusaram a participar da perseguição aos judeus. Eles simplesmente sabotavam o sistema de classificação racial. Era impossível distinguir judeus do restante da população. Os nazistas tentaram resolver a situação despachando militares alemães para cuidar das transferências, mas a estratégia fracassou porque os soldados germânicos adotavam o padrão moral dos dinamarqueses.

A ideia aqui é que buscamos no ambiente circundante âncoras morais para guiar nosso comportamento. Se essa hipótese é correta, a corrupção tem forte componente inercial. Rouba-se hoje porque se roubou no passado. Como não dá para despachar nossos políticos para a Dinamarca, só resta punir exemplarmente todos os envolvidos ao longo de uma meia dúzia de escândalos para tentar romper com a inércia e inaugurar um padrão moral mais saudável.

# DISCRIMINAÇÃO INVISÍVEL

Como todos os anos, nas semanas que antecedem e sucedem o Dia Internacional da Mulher, feministas põem a boca no trombone para denunciar a discriminação de gênero nos salários. A queixa procede, mas numa proporção provavelmente menor do que querem as militantes.

De um modo geral, essas estatísticas são obtidas comparando-se os salários medianos percebidos por homens e mulheres com características hierárquicas e demográficas semelhantes. Elas invariavelmente ganham menos. No caso do Brasil, onde a diferença é alta, elas podem receber 70% do que é auferido por eles.

Esses números, porém, tendem a ser enganosos, já que escondem motivos legítimos para a disparidade, como horas trabalhadas, escolhas de carreira (setores piores de trabalhar, como mineração e construção civil, pagam melhor e têm maior presença masculina). Fatores psicológicos, como a maior propensão dos homens para pedir aumento ao patrão e correr riscos em geral, também influem. As pausas que as mulheres fazem em suas carreiras para ter filhos e a maior flexibilidade que pedem para poder cuidar dos rebentos também estão entre as causas mais citadas para explicar o *gap* salarial.

O interessante é que, à medida que os estatísticos vão controlando os resultados para essas características, a diferença cai, mas nunca chega a zero. É essa parte, digamos, inexplicável da disparidade que nos autoriza a falar em discriminação. Aqui, atuariam estereótipos inconscientes contra as mulheres. Essa percepção é reforçada por estudos que mostraram que currículos idênticos com nomes masculinos e femininos enviados a firmas resultavam em ofertas salariais mais generosas para os homens.

Não sou muito otimista quanto à nossa capacidade de combater o preconceito nesses níveis mais inconscientes. Prova disso é que, embora poucos saibam, baixinhos também sofrem forte discriminação salarial.

# DESIGUALDADE E INVEJA

Combater a desigualdade está se tornando o mantra da modernidade. Mas será que queremos mesmo eliminar as desigualdades? É evidente que, quando a diferença entre a maior e a menor remuneração existente numa sociedade cresce demais, a mobilidade social fica emperrada, o que gera uma série de problemas. Sistemas que beneficiam apenas uma elite, além de carregarem uma injustiça intrínseca, terão dificuldade para funcionar de forma eficaz.

Alguma disparidade, porém, pode ser positiva. Desde que os mais pobres tenham assegurada uma existência digna e sua situação esteja sempre melhorando, a desigualdade não é imoral e ainda funciona como um motor da economia e, portanto, da prosperidade. É para comprar um carrão melhor que o do meu vizinho que eu me disponho a trabalhar mais. É meio rude explicitá-lo, mas a palavra-chave aqui é "inveja".

E esse é um sentimento complicado. Religiões tendem a condená-lo, mas, como acabamos de ver, ele também tem uma faceta positiva. Bertrand Russell, o filósofo e matemático inglês, em *The Conquest of Happiness*, de 1930, revela algumas das ambiguidades em torno da inveja.

Segundo Russell, ela está na base da democracia e funciona como uma força de remoção de injustiças. Tende a fazê-lo, porém, da pior forma possível, que é reduzindo os prazeres dos mais afortunados em vez de aumentar os dos menos. No plano mais individual, diz o autor, ela é uma das principais fontes da infelicidade humana, já que é insaciável. "Se você deseja glória, pode invejar Napoleão. Mas Napoleão invejava César, César invejava Alexandre e Alexandre, ouso dizer, invejava Hércules, que nunca existiu."

# NEUTRALIDADE DE GÊNERO

"Uma língua é um dialeto com exército e marinha." O chiste do autor iídiche Max Weinreich escancara as relações entre idioma e poder. Elas são inegáveis, mas qual a sua extensão? É possível para um grupo poderoso impor distinções linguísticas que não estejam antes na cabeça das pessoas? O que vem antes, o conceito ou a palavra?

Depois de mais de uma década de árdua batalha linguística, que opôs feministas e a turma do LGBT aos puristas do idioma, o dicionário da Academia Sueca trouxe além dos pronomes pessoais *"han"* (ele) e *"hon"* (ela), a forma neutra *"hen"*. A ideia é utilizá-la quando o sexo da pessoa é desconhecido, quando o indivíduo ao qual se refere é transgênero ou quando o falante considera que não é o caso de especificar.

O pronome *"hen"* fora proposto nos anos 1960, mas foi só a partir de 2000 que a ideia caiu nas graças de ativistas e se tornou uma causa. A Academia Sueca não tinha alternativa que não registrar a forma, já que ela vinha sendo utilizada de modo crescente em meios de comunicação, documentos e até sentenças judiciais.

Vejo o pronome com simpatia. Ele permite uma cortesia pública para com um grupo marginalizado e dá mais liberdade a autores na hora de falar ou escrever, mas sou cético em relação ao efeito que a novidade possa ter na redução da discriminação.

Embora especificidades da língua possam exercer um efeito limitado e modesto em nossas atitudes, é praticamente impossível fazer com que as pessoas deem peso a ideias que já não estejam antes em suas mentes. Sempre que se tenta esterilizar o idioma com a adoção de um eufemismo – "alcoólatra" no lugar de "bêbado", por exemplo –, é questão de tempo até que ele seja contaminado pelas mesmas conotações negativas e precise ser substituído – "etilista", "dependente". Infelizmente, policiar a língua não basta para resolver injustiças ou quebrar preconceitos.

# DINHEIRO COMPRA FELICIDADE?

Será que dinheiro traz felicidade? A resposta curta é: "Sim, mas só até US$ 75 mil anuais."

Pesquisas feitas ao longo da última década (a maioria dos estudos é dos EUA, daí a utilização de dólares) sugerem que felicidade e grana caminham juntas, mas só até certo ponto.

É claro que, se você vê seu filho passar privações e ainda por cima é perseguido por cobradores, tem todas as razões para sentir-se mal. É evidente também que, se a sua renda aumentar, você provavelmente vai se declarar mais satisfeito. Esse movimento, porém, não é linear. A partir de um certo ponto, que flutua entre os US$ 75 mil e os US$ 100 mil, dependendo da pesquisa, o dinheiro a mais já não se traduz tão cristalinamente em mais felicidade.

Para sermos um pouco mais técnicos, há duas medidas básicas de felicidade, a afetiva, que tenta captar as instâncias em que o sujeito experimenta emoções positivas, e a valorativa, que tem mais a ver com metas de vida e a narrativa que criamos para nossas biografias. Enquanto a primeira tende a empacar lá pelos US$ 75 mil, a segunda não encontra limite (lembre-se que Eike Batista almejava ser o homem mais rico do planeta).

Isso também faz sentido. Quantos jantares gourmet você devora numa noite? De um modo mais geral, o ser humano se adapta a quase tudo, especialmente ao que é bom. E, quanto mais avançamos nessa escala, mais difícil fica comprar prazer adicional.

O conselho dos especialistas é, além de evitar a armadilha das dívidas, gastar em coisas que proporcionem experiências de vida. A felicidade que elas geram tem prazo de validade maior. Escalar o Everest, por exemplo, traz uma sensação positiva que, em vez de apenas diminuir com o tempo, é de algum modo incorporada à sua narrativa autobiográfica.

# NO FUNDO DOS TEUS OLHOS

Será que o racismo é uma característica indelevelmente humana? Não, mas não é preciso muito para que se torne. O mais impressionante dos muitos experimentos que mostram como é fácil para as pessoas mergulhar na lógica do nós contra eles foi o conduzido por Jane Elliott nos anos 1960.

Elliott, que era professora do terceiro ano de uma escola no interior de Iowa, onde todas as crianças eram brancas, queria explicar para seus alunos o que significava o assassinato de Martin Luther King. Ela seguiu o roteiro, referindo-se ao problema do racismo de forma abstrata. Viu que a garotada, entre 8 e 9 anos, não entendeu muita coisa e, então mudou de estratégia.

Ela dividiu os alunos de sua classe em dois grupos, o de olhos azuis e o de olhos castanhos, e afirmou que o primeiro era superior e o segundo, inferior. Concedeu aos membros do primeiro time privilégios, como o direito de repetir o lanche. Imediatamente, surgiram as divisões. As crianças de olhos azuis não apenas não brincavam mais com as de íris castanha como as maltratavam. Uma delas sugeriu que Elliott alertasse a direção da escola para o potencial criminoso de seus colegas amendoados. Estes, já no segundo dia, apresentaram declínio na performance acadêmica e diziam se sentir tristes.

Aí Elliott virou o jogo. Disse que cometera um erro e que, na verdade, os olhos castanhos é que eram de gente superior, e os azuis, dos ruins. Foi a vez de os castanhos se gabarem de suas características, e os azuis se sentirem mal. O detalhe importante é que isso ocorreu numa intensidade menor do que na versão anterior.

O experimento, que chamou a atenção da imprensa e deu origem a toda uma família de estudos acadêmicos, revela que a disposição para segregar é real, mas também escancara o artificialismo e a insignificância das divisões que criamos.

# INJUSTIÇA PATENTE

Na Europa medieval, uma das formas de identificar bruxas era amarrar seus membros e atirá-las num lago profundo. Se afundassem, eram inocentes; se flutuassem, culpadas, já que a recusa ao batismo as faria ser rejeitadas pelas águas. Hoje, com 900 anos de perspectiva, não temos dificuldade em apontar os erros nos pressupostos de tais julgamentos e classificá-los como quintessência da injustiça.

De acordo com Adam Benforado, autor de *Unfair* (Injusto), nossos descendentes pensarão exatamente a mesma coisa de nosso sistema judicial como opera hoje. Para Benforado, o problema não está apenas em desvios mais ou menos previsíveis como o racismo da polícia ou a existência de promotores trapaceiros, mas na própria mente humana.

O autor reúne evidências da psicologia, da neurociência e das próprias cortes para mostrar tudo o que pode dar errado – e efetivamente dá – nas diversas fases de um caso judicial, da investigação, ao cumprimento da pena, passando pelo julgamento e pela própria noção de livre-arbítrio.

Gostamos de imaginar que decisões legais são tomadas após muita consideração e sempre baseadas em provas materiais e apoio científico, mas Benforado mostra que a realidade é muito diferente. Fatores absolutamente irrelevantes como o ângulo em que a câmera enquadra o suspeito e a palavra escolhida pelo advogado para questionar a testemunha podem fazer a diferença entre a condenação e a absolvição. Nos EUA, isso pode significar a diferença entre a vida e a injeção letal.

Reformar o sistema não é simples. É preciso antes de mais nada reconhecer os poderosos processos inconscientes que moldam nossos juízos conscientes e tentar redesenhar os procedimentos para pelo menos reduzir os vieses. O desafio fica ainda maior quando se considera que nossas mentes farão tudo o que puderem para se defender da acusação de que não são justas.

# AI DONA FEA!

Beleza é fundamental, já dizia o poeta. Agora no século XXI temos condições não apenas de confirmar essa predisposição humana, mas também de esquadrinhá-la e quantificá-la. É o que faz Christian Rudder, autor de *Dataclisma: quem somos quando achamos que ninguém está olhando*.

Rudder, um matemático que dirige um site de namoro, usa o *big data* para lançar luzes em relação a temas sobre os quais temos o péssimo hábito de mentir (para pesquisadores e às vezes para nós mesmos), como amor, sexo, racismo. Como não dá para abordar tudo, limito-me a relatar algumas descobertas de Rudder sobre beleza. Ela importa para todos, mas muito mais para as mulheres. Homens e mulheres considerados bonitos são mais populares no Facebook. Para cada percentil que galgam na escala de formosura, eles ganham dois amigos e elas três. Mas é no emprego que a coisa fica muito mais assimétrica.

Aqui, a beleza masculina quase não afeta as chances de ser chamado para entrevistas de contratação. A curva é uma linha. Já para elas, a curva é exponencial. Uma mulher *"top ten"* consegue cinco entrevistas contra zero das que estão entre as 20% mais feias. O efeito ocorre mesmo quando o responsável pela contratação é uma mulher heterossexual.

Pior, coisas parecidas ocorrem nos tribunais. Pessoas mais bonitas têm menos chance de ir para a cadeia e, quando vão, tendem a pegar sentenças menores que os feios.

A hipótese para explicar o fenômeno é que o córtex orbitofrontal medial está envolvido tanto na avaliação da beleza de uma face quanto na da virtude de comportamentos. Isso significa que, para o cérebro, as curvas do rosto dizem algo sobre o caráter de uma pessoa. Convencê-lo de que isso é bobagem não é trivial.

# A ECONOMIA DO LOGRO

A economia de mercado é um dos responsáveis por ter tirado a humanidade de um estado de miséria semicrônica para colocá-la no período de maior bem-estar material que jamais experimentou. Os economistas comportamentais George Akerlof e Robert Schiller, ambos laureados com um Nobel, não discordam dessa tese, mas a ela acrescentam outra um pouco mais incômoda: da mesma forma que o mercado produz com eficiência o que as pessoas querem, ele também produz o que elas não querem e as faz consumirem esses itens.

O argumento está muito bem desenvolvido no recém-lançado *Phishing for Phools*, título que já vem com um par de trocadilhos para o qual não arrisco uma tradução em português. O subtítulo, porém, dá o sentido geral da obra: "a economia da manipulação e do logro".

O caso de Akerlof e Schiller fica cristalino em alguns exemplos concretos. Fumar não é objetivamente bom para o usuário. Se ele pensasse e agisse racionalmente, como sustentam os modelos mais tradicionais dos economistas, jamais desenvolveria o hábito, que rouba vários anos de sua expectativa de vida, mina sua saúde e o deixa mais pobre. Não obstante, como o ser humano vem de fábrica com uma série de fraquezas, incluindo uma propensão bioquímica a certos vícios, desenvolveu-se toda uma indústria do tabaco, que fez o que estava a seu alcance para ampliar ao máximo o número de fumantes, mesmo que isso tenha significado mentir e manipular trabalhos científicos.

O fumo é só um pedaço da história. Akerlof e Schiller usam essa mesma chave para tratar de álcool, jogos de azar, publicidade, cartões de crédito, política e vários outros aspectos da vida. A ideia geral é que, solto, o mercado sempre encontrará a melhor forma de explorar as fraquezas humanas. Como não podemos eliminá-las (nem ao mercado, que, afinal, faz mais bem do que mal), resta recorrer à informação e regulação.

# EDUCAÇÃO

As pessoas não são iguais. Elas diferem em tudo, da altura à força, passando pelos dotes intelectuais e a beleza. Variam também em gostos e aspirações. Às discrepâncias de base ainda podem se somar aquelas impostas por um ambiente de privações. Nesse cenário pouco auspicioso, a educação desponta como a melhor, senão a única, esperança de nos aproximarmos um pouco mais da tal de justiça social. Uma educação básica de qualidade, ao nivelar ainda que muito imperfeitamente os diversos jogadores, dá uma chance a todos. Esse é um jogo em que o Brasil está sendo derrotado.

# A IDEIA DE INFÂNCIA

A tragédia de Newtown que resultou na morte de 27 pessoas nos toca mais profundamente do que outros tiroteios em escolas porque 20 das vítimas eram crianças de apenas 6 ou 7 anos. O atirador não só roubou a vida de quase três dezenas de seres humanos, como também atentou contra a ideia de infância, que, para nós, modernos, carrega algo de sagrado.

É interessante que nem sempre foi assim. O historiador Philippe Ariès, por exemplo, chegou a sustentar que o amor que, hoje, sentimos pelos nossos filhos é uma criação recente. Durante a Idade Média, diz ele, crianças eram vistas como adultos em miniatura. Elas podiam ser vendidas e até enforcadas como adultos, caso cometessem algum crime. Os pais não ligavam muito se morressem. Não havia nada de específico na infância.

Recentemente, os métodos e certas conclusões de Ariès foram objeto de duras críticas, muitas das quais parecem procedentes. Mas a noção de que, da Idade Média para cá, emergiu um novo conceito de infância permanece solidamente de pé.

No campo das ideias, dois dos principais responsáveis pela mudança são John Locke (1632-1704) e Jean-Jacques Rousseau (1712-1778). O primeiro veio com a concepção de que a mente humana é uma *tabula rasa*, que precisa ser preenchida com civilização. Já o segundo sustentou o ideal romântico de que crianças conservam uma espécie de pureza original que tem de ser protegida da corrupção do mundo adulto.

Embora incompatíveis entre si, ambas as teorias implicam que a infância tem uma especificidade e abrem as portas para a educação, a convicção de que podemos e devemos moldar a mente dos pimpolhos.

Pelo que sabemos hoje, tanto a *tabula rasa* como o ideal da pureza infantil não fazem muito sentido, mas isso agora é irrelevante. A ideia de que as crianças ocupam um espaço especial – quase sagrado – já está encravada na modernidade.

# CONTRA O HIPERATIVISMO PARENTAL

A seção de puericultura da Livraria Cultura traz 2.038 itens. Ali abundam títulos como *Criando filhos vitoriosos* ou *Como multiplicar a inteligência do seu bebê*. Será que pais têm realmente todo esse poder sobre o futuro de suas crianças?

Evidentemente, nós gostamos de acreditar que sim. Imaginar que controlamos o mundo circundante é um dos mais poderosos – e ilusórios – vieses cognitivos do homem. As evidências, entretanto, sugerem um quadro bem diferente.

Para começar, boa parte do futuro da criança é definida num período de tempo relativamente curto que varia de 24 a 48 horas, que é quando ocorre a fusão dos gametas maternos e paternos.

Embora grande parte dos pedagogos seja alérgica ao termo "genética", não há como deixar de reconhecer o forte papel da hereditariedade biológica.

O peso dessas evidências é tanto que mesmo um cientista tido como campeão do antideterminismo, sir Michael Rutter, autor de *Genes and Behavior* (Genes e comportamento), escreve: "Qualquer crítico desapaixonado terá de concluir que a evidência em favor de uma importante influência genética sobre diferenças individuais é inegável".

Com efeito, uma série de trabalhos feitos com gêmeos e adotados mostra que as forças da natureza vencem as da criação para a maioria das características que desejamos para nossos filhos. Aí estão incluídos não apenas qualidades em que isso é fácil de aceitar, como altura, peso, beleza física e personalidade, mas também traços mais elusivos, como inteligência, sucesso profissional, felicidade, religiosidade, propensão ao uso de drogas e até para cometer crimes.

Isso significa que podemos desistir de educar as crianças e deixar que a biologia siga seu curso? Nem tanto. Os fatores genéticos tendem a ser mais fortes que os efeitos da criação, compreendida como o ambiente que irmãos gêmeos, fraternos ou adotivos compartilham e é em larga medida definido pelos pais, mas ainda sobra um enorme espaço para o chamado ambiente não compartilhado, que é um outro nome para a história única de cada indivíduo – algo que a ciência ainda não sabe como medir e nem mesmo analisar direito.

Existem, porém, algumas pistas interessantes. Judith Harris, autora de *The Nurture Assumption* (A hipótese da criação), sustenta que a socialização dos jovens não se dá através dos pais, mas principalmente por meio de seus pares, de outras crianças da mesma faixa etária e sexo.

Um dos muitos argumentos que ela usa para apoiar sua teoria é o fato de que filhos de imigrantes não terminam falando com a pronúncia dos pais, mas sim com a dos jovens com os quais convivem.

Pode parecer até meio banal, mas a conexão linguística é especialmente interessante para o debate hereditariedade x criação, porque ela é uma das poucas características que não embaralha fatores genéticos e ambientais. Com efeito, o idioma que falamos e a forma como o fazemos não são determinados pelos genes, mas só pelo meio em que vivemos.

Outros livros interessantes nessa mesma linha são *Reclaiming Childhood* (Reivindicando a infância), de Helene Guldberg, e *Selfish Reasons to Have More Kids* (Razões egoístas para ter mais filhos), de Bryan Caplan. Por não dizerem exatamente o que desejamos ouvir, são um pouco mais difíceis de encontrar, mas quem procurar bem conseguirá achá-los. Fazem um bom contraponto ao hiperativismo parental, inaugurado por Locke e Rousseau, que é a marca da modernidade.

# O VALOR DO DIPLOMA

Por que confiamos em diplomas? O médico ou o advogado que frequentou uma faculdade sabe realmente mais dos que os velhos práticos e rábulas?

Para socorrer-me nessa empreitada, convoco o psicólogo Geoffrey Miller, autor do excelente *Darwin vai às compras*. Miller dedicou grande parte de sua carreira a estudar a sinalização conspícua, que é como os biólogos se referem a determinadas facetas do mundo animal que desafiam o bom-senso e a lógica. O exemplo clássico é a cauda do pavão. Por que diabos um bicho desenvolveria um apêndice tão custoso em termos energéticos e que ainda lhe atrapalha enormemente a vida, dificultando o voo e servindo de chamariz para predadores? E a resposta é muito simples: sexo, sexo e sexo.

A cauda do pavão fala diretamente ao coração das pavoas. E o que ela diz é "meu portador é dotado de genes tão excelentes que pode dar-se ao luxo de me manter e continuar como membro ativo do mundo dos vivos". Vantagem adicional: o que a cauda diz é verdade. É relativamente difícil falsificar uma sinalização conspícua. Pavões com genes inferiores são sistematicamente excluídos da pavonidade.

Seres humanos não pertencemos à família dos fasianídeos, mas também somos bichos e nos reproduzimos, o que nos permite utilizar essa forma de comunicação com o sexo oposto. Se eu uso um Rolex estupidamente caro, estou dizendo "tenho dinheiro o bastante para desperdiçá-lo com supérfluos, donde se depreende que sou rico, um sinal de minhas aptidões físicas e/ou intelectuais e, portanto, da qualidade superior de meus genes".

E, se você achava que Freud via sexo em tudo, é porque não conhece bem Miller. Para ele, a sinalização conspícua entre humanos (leia-se sexo) não se limita às instâncias mais óbvias, como joias, maquiagens e carros possantes. Para o autor, diplomas universitários também entram nessa categoria. Eles são um jeito dispendioso de informar ao mundo (em especial ao outro gênero) que seu portador é dono de um QI elevado.

Nas palavras de Miller: "Se eu digo, no segundo encontro, 'os bordos de Harvard ficavam tão lindos no outono', estou basicamente afirmando que 'minhas notas no SAT [espécie de Enem dos EUA] foram altas o suficiente (entre 720 e 800 pontos) para que eu fosse aceito, então, meu QI é superior a 135, e eu ainda apresento conscienciosidade, estabilidade emocional e abertura intelectual o bastante para ter sido aprovado nos cursos. E ainda consigo reconhecer uma árvore'. O conteúdo informativo é o mesmo, mas, enquanto a primeira formulação soa poética, a segunda parece rude".

No caso das escolas de elite americanas, o título custa uns US$ 160 mil. No Brasil, as instituições mais reputadas tendem a ser gratuitas para o aluno, mas essa é uma ilusão passageira, já que, para ingressar numa delas, o candidato, via de regra, precisou cursar 12 anos de caros colégios particulares no ensino básico. OK. Isso diz mais a respeito das qualidades dos pais dos alunos do que deles mesmos, mas, como estamos falando de genes, que se transmitem de uma geração para a outra, a distinção fica menos importante.

Temos aqui, porém, um interessante paradoxo. Como aponta Miller, o credencialismo universitário poderia ser substituído, com grande economia, por um teste de QI. Eles são feitos em duas horas e medem a inteligência do candidato com mais precisão do que os quatro anos de estudos superiores. Eles também preveem com alto índice de acerto qual será seu desempenho profissional. Na verdade, podemos até afirmar que as universidades roubam um pouquinho, já que selecionam seus alunos através de provas como o SAT, nos EUA, e o Enem e os vestibulares no Brasil. E esses testes nada mais são do que uma forma menos objetiva de medir o QI do estudante.

Apesar dessa incongruência, ninguém ousa propor que empregadores troquem os títulos universitários por testes de QI. Se um empreendedor destemido o fizesse, provavelmente teria problemas com sindicatos, universidades, Ministério Público etc. Precisaria de um pouco de sorte para escapar da cadeia.

Embora nem todos os estudantes concordem, faculdades não servem apenas para conferir diplomas. Elas também agregam alguma coisa à formação do aluno, aumentando seu capital humano. A ideia central é que a transmissão de um determinado núcleo de ideias valorizadas pela sociedade nos torna cidadãos melhores e mais sábios. Há, além disso, a questão técnica. Médicos e engenheiros não nascem prontos. Eles precisam ser treinados.

A questão, diz Miller, é que cursos universitários não são a única forma de fazê-lo. Livros e DVDS também funcionam e são muito mais baratos. Charles William Eliot, que foi reitor de Harvard entre 1869 e 1909, não tinha nenhum problema em admitir que uma pessoa podia obter uma educação de primeira apenas lendo os livros certos. Não foi por outro motivo que ele decidiu editar a coleção Clássicos de Harvard.

Hoje, em tempos de internet, que dá acesso gratuito a vídeos com palestras de alguns dos melhores professores do planeta em todas as áreas, pode-se perguntar por que um aluno racional pagaria para assistir a aulas de mestres piores.

Em algum grau, as empresas já descobriram que a formação prémoldada dos cursos superiores não satisfaz às suas necessidade e investem cada vez mais em programas internos de treinamento.

Calma, não estou recomendando nem sugerindo que troquemos os vestibulares por testes de QI, dinamitemos as universidades e revoguemos as exigências de titulação. Ainda acredito na meritocracia e creio que o sistema acadêmico, embora encerre uma série de problemas e vícios, mais funciona do que não funciona. Mesmo assim, de vez em quando, é bom parar para questionar seus postulados, como faz Miller. O mundo é um lugar repleto de paradoxos e incongruências. Seria uma surpresa se não os encontrássemos também na vida acadêmica.

# CONVERSANDO COM OS MORTOS

Neste exato instante em que seus olhos passam por estas linhas, está ocorrendo um pequeno milagre da tecnologia. Não, não estou falando do computador nem da transmissão de dados pela internet, mas da boa e velha leitura, inventada pela primeira vez cerca de 5.500 anos atrás.

Para nós, leitores experimentados, ela parece a coisa mais natural do mundo, mas isso não passa de uma ilusão. Ler não apenas não é natural, como ainda envolve cooptar uma complexa rede de processos neurológicos que surgiram para outras finalidades.

Acho que dá até para argumentar que a escrita é a mais fundamental criação da humanidade. Ela nos permitiu ampliar nossa memória para horizontes antes inimagináveis. Não fosse por ela, jamais teríamos atingido os níveis de acúmulo, transmissão e integração de conhecimento que logramos obter. Nosso modo de vida provavelmente não diferiria muito daquele experimentado por nossos ancestrais do Neolítico.

A importância da leitura e a relativa clandestinidade neurológica em que ela ocorre justificam um exame mais acurado. E, nesse caso, um dos melhores guias é o matemático e neurocientista francês Stanislas Dehaene, autor de Os *neurônios da leitura*, que ganhou em 2012 uma edição brasileira.

Dehaene começa sua obra descrevendo o que chama de paradoxo da leitura. Está mais do que claro que nosso cérebro não passaram por um processo de seleção natural que os habilitasse a ler. A primeira escrita, vale lembrar, tem poucos milhares de anos, tempo insuficiente para que tenha deixado marcas mais profundas em nossos genes.

Apesar disso, quando enfiamos seres humanos em máquinas de ressonância magnética funcional que escrutinam seu cérebro enquanto leem um texto, verificamos que existem mecanismos corticais bastante especializados nessa atividade. São mais ou menos as mesmas áreas do cérebro que se iluminam em cada fase do processo, independentemente de quem leia o texto e de qual seja o sistema de escrita utilizado.

A conclusão é que, de alguma forma, conseguimos adaptar nosso cérebro de primatas para lidar com a escrita. Para Dehaene, operou aqui o fenômeno da reciclagem neuronal, pelo qual processos que surgiram para outras funções foram recrutados para a leitura. A coisa funcionou tão bem que nos tornamos capazes de ler com proficiência e rapidez, obtendo a façanha de absorver a linguagem através da visão, algo para o que nosso corpo e mente não foram desenhados.

Antes de continuar, é preciso qualificar um pouco melhor esse "funcionou tão bem". É claro que funcionou, tanto que me comunico agora com você, leitor, através desse código especial. Mas, se você puxar pela memória, vai se lembrar de que teve de aprender a ler, um processo que, na maioria esmagadora dos casos, exigiu instrução formal e vários anos de treinamento até atingir a presente eficiência.

Enquanto a aquisição da linguagem oral ocorre, esta sim, naturalmente e sem esforço (basta jogar uma criança pequena numa comunidade linguística qualquer que ela "ganha" o idioma), a escrita/leitura precisa ser ensinada e praticada.

> As dificuldades não são poucas. Começam nos olhos (só conseguimos ler o que é captado pela fóvea) e se estendem por todo o tecido neuronal. Um problema particularmente interessante é o da invariância. Como o cérebro faz para concluir que A, a, ɑ, **a**, ᴀ são a mesma letra, apesar dos diferentes desenhos? *Pior, mesmo quAnDo* **fazemos uma sopa** *de fontes e mIsturAmos* TuDo, continuamos DECIFRANDO A MENSAGEM COM POUCA PERDA DE VELOCIDADE.

Estudos de neuroimagem conduzidos por Dehaene mostram que existe uma área na região occipitotemporal ventral do hemisfério esquerdo que se especializou em identificar caracteres da escrita, sejam eles alfabéticos ou ideográficos, como no caso do chinês. O neurocientista a batizou de "caixa de letras".

A partir daí as coisas só se complicam. O impulso visual é trabalhado por diversas populações de neurônios de forma paralela, ganhando cada vez mais invariância. Nós provavelmente percebemos as palavras a partir de pares de letras, captados por neurônios especializados que "gritam" à medida que são ativados. É literalmente um pandemônio neuronal.

Outras regiões do cérebro também entram na jogada. Enquanto o pandemônio ocorre, áreas ligadas ao processamento fonológico, ao córtex auditivo e motor, além, é claro, da cognição, que dá sentido aos signos, também são acionadas. Ler é integrar tudo isso através da criação de novas sinapses, que brotam criando avenidas entre as áreas relevantes do cérebro. Não é uma surpresa que exija bastante treino.

O esforço, porém, compensa. Adultos experientes utilizam ao mesmo tempo duas vias de leitura, a fonológica, que se guia pelos sons, e a léxica, que vai diretamente das letras para o sentido.

Já com crianças a coisa é um pouco diferente. De um modo geral, a neurociência ainda não é uma ciência madura o bastante para que dela possamos extrair prescrições para a vida prática. Os meios pelos quais os dados são obtidos ainda são muito grosseiros e a grande variabilidade individual sabota os esforços generalizantes. Mas o que já foi descoberto sobre a leitura é suficiente para afirmar com pouca margem a dúvidas que qualquer bom método de alfabetização precisa ensinar explicitamente o código fonológico. É só quando a criança o compreende e o domina que consegue ler, primeiro pela via sonora e, mais tarde, após gerar muitas sinapses, também pela léxica. É só aí que temos a impressão de ler "naturalmente".

Embora estejamos apenas tateando no conhecimento dos processos neurológicos envolvidos na leitura, Dehaene já expõe uma impressionante quantidade de dados e, melhor, uma teoria coerente para explicá-los. Provavelmente, muita coisa ainda vai mudar, mas o que temos já dá margem para *insights* valiosos, tanto para aperfeiçoar nossos métodos de alfabetização e tratamento de dislexias, como para especular sobre a natureza humana.

Aprender a ler modifica nosso cérebro. Gera novas sinapses que integram áreas do cérebro que, no mundo pré-histórico, provavelmente quase não se falavam. Nós começamos desenvolvendo sistemas de escrita que se adaptavam a nosso cérebro, mas, uma vez que a mágica da leitura se disseminou, ela deixou suas marcas em nossas mentes. E marcas bastante profundas. Vários estudos mostram que o cérebro de pessoas que sabem ler funciona de forma diferente do de analfabetos. Especialmente a memória ganha muito com a alfabetização.

Embora a turma que cultue a decadência dos tempos não o admita, ao longo das últimas décadas, a inteligência média da humanidade, medida em termos de QI, aumentou bastante. É o chamado Efeito Flynn, que já foi testado e confirmado em 30 países. Se um humano mediano da década de 1910 (que, por definição tinha um QI de 100) fosse trazido para os dias de hoje, sua pontuação seria de apenas 70, no limite do retardo mental. Como os testes de QI são calibrados para que a mediana seja sempre 100, esses ganhos históricos não ficam tão evidentes.

Uma possibilidade, totalmente especulativa e que avanço por minha conta e risco, é que a alfabetização em massa, que teve lugar no século XX, pode fazer parte do *blend* que está deixando os seres humanos mais espertos. Seria interessante uma análise estatística que procurasse elucidar esse mistério.

De toda maneira, mesmo que a leitura não tenha nos tornado mais inteligentes, é inegável que ela, através das ciências, imprimiu muito mais eficácia às nossas sociedades e, ao mesmo tempo, multiplicou nossas possibilidades de flertar com a transcendência, na forma de filosofia, poesia etc. Mais ainda, ela cria verdadeiras passagens intergeracionais, que integram a humanidade. É a escrita, como diz Dehaene, que nos permite conversar com os mortos com os nossos olhos

# CULTURA MATEMÁTICA

Saiu mais um estudo mostrando que o ensino de matemática no Brasil anda em petição de miséria. A pergunta é: podemos viver sem dominar o básico da matemática? Durante muito tempo, a resposta foi sim. Aqueles que não simpatizavam muito com Pitágoras podiam simplesmente escolher carreiras nas quais os números não encontravam muito espaço, como direito, jornalismo, as humanidades e até a medicina de antigamente.

Como observa Steven Pinker, ainda hoje, nos meios universitários, é considerado aceitável que um intelectual se vanglorie de ter passado raspando em física e de ignorar o bê-á-bá da estatística. Mas ai de quem admitir nunca ter lido Joyce ou dizer que não gosta de Mozart. Sobre ele recairão olhares tão recriminadores quanto sobre o sujeito que assoa o nariz na manga da camisa.

Joyce e Mozart são ótimos, mas eles, como quase toda a cultura humanística, têm pouca relevância para nossa vida prática. Já a cultura científica, que muitos ainda tratam com uma ponta de desprezo, torna-se cada vez mais fundamental, mesmo para quem não pretende ser engenheiro ou seguir carreiras técnicas.

Como sobreviver à era do crédito farto sem saber calcular as armadilhas que uma taxa de juros pode esconder? Hoje, é difícil até posicionar-se de forma racional sobre políticas públicas sem assimilar toda a numeralha que idealmente as informa. Conhecimentos rudimentares de estatística são pré-requisito para compreender as novas pesquisas que trazem informações relevantes para nossa saúde e bem-estar.

A matemática está no centro de algumas das mais intrigantes especulações cosmológicas da atualidade. Se as equações da mecânica quântica indicam que existem universos paralelos, isso basta para que acreditemos neles? Ou, no rastro de Eugene Wigner, podemos nos perguntar por que diabos a matemática é tão eficaz para exprimir as leis da física.

# A MEDIDA DAS COTAS

Os estudos que mostram que o desempenho médio de estudantes beneficiados por programas de ação afirmativa é inferior ao dos demais não deveriam causar surpresa. Se fosse tão fácil para cotistas apresentar rendimento superior ao de não cotistas, como sugeriram alguns trabalhos divulgados com alarde poucos anos atrás, ninguém estaria discutindo cotas. É justamente porque são piores que a ideia de ação afirmativa se coloca.

Também não é o caso de tomar tais resultados como demonstração insofismável de que essas iniciativas deveriam ser rejeitadas *prima facie*, já que serviriam apenas para aniquilar a meritocracia dos vestibulares clássicos. Dá para sustentar, como o fez Fábio Waltenberg, responsável por um dos estudos, que o desnível da ordem de 10% verificado entre os dois grupos é um preço baixo a pagar pela maior inclusão.

Toda a dificuldade em torno das cotas vem do fato de que universidades desempenham um duplo papel. Elas se tornaram a principal mola de ascensão social do mundo moderno e também têm a missão de formar os quadros que estarão à disposição da sociedade em todas as áreas.

Enquanto o primeiro critério admite salpicadas da tal de justiça social, o segundo recomendaria uma adesão mais forte à excelência acadêmica. O desafio é encontrar um jeito de conciliar os dois princípios. Não sei se isso é possível, mas a resposta, se existe, não são os 50% de vagas exclusivas para minorias e pobres do novo modelo federal de ação afirmativa. Sua implementação aumentará o *gap* entre cotistas e não cotistas, inflacionando o preço da inclusão.

A única conclusão forte a tirar disso tudo é que é urgente melhorar o nível da escola básica. Uma das características do conhecimento acadêmico é que o aluno só progride bem quando domina as etapas anteriores. O lugar certo para combater o desnível são os primeiros anos do ensino fundamental, não a faculdade.

# FICÇÃO UNIVERSITÁRIA

Os dados do Ranking Universitário Folha (RUF) trazem elementos para que tentemos desfazer o mito, que consta da Constituição, de que pesquisa e ensino são indissociáveis.

É claro que universidades que fazem pesquisa tendem a reunir a nata dos especialistas, produzir mais inovação e atrair os alunos mais qualificados, tornando-se assim instituições que se destacam também no ensino. O RUF mostra essa correlação de forma cristalina: das 20 universidades mais bem avaliadas em termos de ensino, 15 lideram no quesito pesquisa (e as demais estão relativamente bem posicionadas). Das 20 que saem à frente em inovação, 15 encabeçam também a pesquisa.

Daí não decorre que só quem pesquisa, atividade estupidamente cara, seja capaz de ensinar. O gasto médio anual por aluno numa das três universidades estaduais paulistas, aí embutidas todas as despesas que contribuem direta e indiretamente para a boa pesquisa, incluindo inativos e aportes de Fapesp, CNPq e Capes, é de R$ 46 mil (dados de 2008). Ora, um aluno do ProUni custa ao governo algo em torno de R$ 1.000 por ano em renúncias fiscais.

Não é preciso ser um gênio da aritmética para perceber que o país não dispõe de recursos para colocar os quase 7 milhões de universitários em instituições com o padrão de investimento das estaduais paulistas.

E o Brasil precisa aumentar rápido sua população universitária. Nossa taxa bruta de escolarização no nível superior beira os 30%, contra 59% do Chile e 63% do Uruguai. Isso para não mencionar países desenvolvidos como EUA (89%) e Finlândia (92%).

Em vez de insistir na ficção constitucional de que todas as universidades do país precisam dedicar-se à pesquisa, faria mais sentido aceitar o mundo como ele é e distinguir entre instituições de elite voltadas para a produção de conhecimento e as que se destinam a difundi-lo. O Brasil tem necessidade de ambas.

# LAGOSTA NO BANDEJÃO

Se há uma fórmula pouco democrática para escolher o reitor de uma universidade pública, é a eleição direta promovida só entre representantes da comunidade acadêmica. Sei que a afirmação soa contraditória para quem foi educado igualando eleição direta a democracia, mas não é difícil justificá-la.

A USP sozinha aquinhoa 5% do ICMS de São Paulo. É um belo orçamento. Ela tem, de acordo com o princípio da autonomia universitária, razoável poder discricionário para investir esses recursos como julgar melhor.

É justamente aí que está a pegadinha. Se entregamos a uma instituição tanto dinheiro de impostos e, ao mesmo tempo, deixamos que ela escolha sem nenhum tipo de interferência como vai utilizá-lo, o resultado não é uma universidade pública na acepção mais plena do termo, mas uma associação corporativa. Um candidato a reitor menos escrupuloso poderia ver-se tentado a eleger-se prometendo generosos aumentos salariais para docentes e funcionários e lagosta no bandejão dos alunos.

Para que o circuito da democracia feche, é preciso que o conjunto da população dê o seu pitaco. A atual forma de fazê-lo, que é conferindo ao governador a prerrogativa de selecionar um dos três nomes apresentados pela comunidade acadêmica, pode não ser a ideal, mas ao menos empresta um pouco de legitimidade pública à escolha do dirigente.

Não estou dizendo aqui que a comunidade acadêmica deva ser ignorada na definição do reitor. Ela deve ser ouvida, mas de forma ponderada. O voto de professores, que têm seu prestígio profissional ligado ao da universidade e nela permanecem por longos períodos, deve valer mais que o de alunos, que não costumam ficar mais do que dois pares de anos vinculados à instituição. Mais importante, a sociedade, que é quem de fato paga as contas da universidade, não pode ser alijada desse processo.

# GRATUIDADE SUSPEITA

Não existe universidade grátis. Ou a conta é paga pelo estudante e sua família ou pela sociedade, por meio de impostos cobrados a todos.

A segunda hipótese tem a vantagem de assegurar que bons alunos não se verão excluídos pelo fato de eventualmente serem pobres.

A primeira é, em tese, menos regressiva, já que dispensa a população, inclusive os que têm menos recursos, de pagar por um curso que, no futuro, possibilitará ao estudante beneficiado auferir salários bem maiores do que os de pessoas que não frequentaram a universidade.

A escolha se daria então entre favorecer a mobilidade social e promover justiça tributária. Mas há um complicador adicional. O advento do que os demógrafos chamam de casamento assortativo (no qual as partes se escolhem livremente) pode estar criando um novo estamento social. Ao menos nos EUA, economistas já apontam o fato de universitários tenderem a casar-se entre si como uma fonte de desigualdade. Seus filhos, por uma combinação de razões econômicas, biológicas e culturais, terão mais chance de chegar à universidade, assegurar renda e unir-se a outra pessoa nas mesmas condições.

Se esse fenômeno é real, o papel da faculdade como mola de ascensão social pode estar se reduzindo, o que faria da gratuidade um subsídio que os mais pobres oferecem aos mais ricos. Ironias da história.

# POR QUE EDUCAÇÃO É IMPORTANTE?

Para um indivíduo prosperar, basta que ele consiga um trabalho. Mas, para a sociedade progredir, é preciso que as pessoas façam seu trabalho, ou seja, que efetivamente criem bens e serviços.

Essa diferença já era conhecida dos economistas clássicos. Frédéric Bastiat (1801-1850), em seus impagáveis *Sofismas econômicos*, imagina uma petição ao rei para que todos os súditos sejam proibidos de usar a mão direita. A razão do pedido é explicada na forma de silogismo: quanto mais uma pessoa trabalha, mais rica ela fica; quanto mais dificuldades precisa superar, mais trabalha; logo, quanto mais dificuldades uma pessoa tem de superar, mais rica ela se torna.

Quando a coisa é colocada assim de forma escancarada, percebemos o ridículo da situação. O problema é que raciocínios muito parecidos com esse, quando vendidos sob a palavra de ordem da preservação de empregos, ganham sólido apoio popular. Esse é, na opinião de Bryan Caplan, uma espécie de viés econômico que compromete a noção de democracia.

Fazendo coro a Bastiat e outros economistas ortodoxos, Caplan sustenta que, enquanto a população vê o desemprego como "destruição de postos de trabalho", especialistas nele veem a "essência do crescimento econômico, a produção de mais com menos". Um exemplo esclarecedor é o da evolução da mão de obra agrícola nos EUA: "Em 1800, era preciso utilizar quase 95 de 100 americanos para alimentar o país. Em 1900, 40%. Hoje, 3%... Os trabalhadores que deixaram de ser necessários nas fazendas foram usados na produção de casas, móveis, roupas, cinema...".

E onde entra a educação nessa história? Uma força de trabalho intelectualmente preparada não apenas produz com maior eficiência como ainda pode ser mais facilmente readaptada para outras funções, quando seus trabalhos se tornam obsoletos. Cada vez mais, a educação se torna matéria-prima do crescimento.

# ONDE ESTÁ O MÉRITO?

Eduardo Giannetti lembra que a desigualdade não é um mal em si. Ela coloca (ou não) um problema ético dependendo da forma como foi estabelecida.

Reproduzo suas palavras: "A questão crucial é: a desigualdade observada reflete essencialmente os talentos, esforços e valores diferenciados dos indivíduos ou, ao contrário, ela resulta de um jogo viciado na origem – de uma profunda falta de equidade nas condições iniciais de vida, da privação de direitos elementares e/ou da discriminação racial, sexual ou religiosa?".

Essa é, sem dúvida, uma distinção importante. É nela que fundamos a noção de mérito, que legitima instituições venerandas como concursos públicos, provas escolares e esportivas e até a mais arcana ideia de sucesso (ou fracasso) na vida.

Não resisto, porém, a complicar as coisas invocando John Rawls. Para o filósofo norte-americano, a roleta genética das capacidades e aptidões naturais não é essencialmente "mais justa" do que os direitos de nascimento que a nobreza se autoatribuía ou as vantagens proporcionadas por crescer numa família rica.

A tese é radical. Atributos como força, inteligência e beleza seriam um prêmio indevido, já que resultam de combinações aleatórias de genes e não de virtudes individuais. Se é injusto discriminar alguém devido à cor da pele, é injusto favorecer outrem porque teve a sorte de nascer com a qualidade certa na época certa.

Aqui, a própria ideia de mérito parece derreter diante de nossos olhos. É possível salvá-la? Se temos como pressuposto uma noção mais absoluta de justiça como Rawls, creio que não. Pragmaticamente, porém, dá para defender que o Estado contrate o candidato que foi melhor na prova porque ele tende a ser mais eficiente. O problema é que assim fica mais difícil equiparar automaticamente a noção de meritocracia à de justiça.

# NÃO HÁ ALMOÇO GRÁTIS

A cobrança de mensalidades nas universidades públicas é uma medida, creio, de justiça social, que deveria ser implementada mesmo que as universidades estivessem com folgas no orçamento.

A constatação básica é a de que a palavra de ordem "universidade pública, gratuita e de qualidade" é uma ilusão cognitiva. Uma universidade pode perfeitamente ser pública e de qualidade (no modelo brasileiro, são justamente as públicas que tendem a fazer mais pesquisa e, portanto, consagrar-se como melhores), mas alguém precisa pagar por isso.

Ou a conta vai para o conjunto dos contribuintes, ou para o estudante e sua família. Também é possível dividir a fatura, fazendo com que o aluno pague uma parte e o poder público (isto é, todos nós), outra. Como uma pessoa que conclui curso universitário tende a receber, ao longo de toda a vida, salários bem superiores à média, parece-me razoável exigir que ela arque diretamente com pelo menos uma fatia desse bolo.

Trocando em miúdos, não faz muito sentido exigir que os impostos do favelado paulista subsidiem os estudantes de medicina ou engenharia da USP, que, apesar dos relevantes serviços que prestarão, serão recompensados com vencimentos 15 ou 20 vezes maiores que a média nacional.

A questão, no fundo, é simples. A menos que incorrêssemos em alíquotas de imposto significativamente maiores que as atuais, o Estado não consegue oferecer "gratuitamente" tudo o que dele se exige. Precisamos fazer escolhas. E aí o caso da universidade é um dos mais difíceis de defender. A educação básica e a saúde, para citar apenas dois itens, me parecem prioridades bem mais claras.

# SUBORNANDO OS ALUNOS

Devemos pagar os jovens para que se deem bem na escola? A questão não é trivial e já fez correr muita tinta no mundo acadêmico.

Especialmente os pedagogos torcem o nariz para essa ideia. Apoiam-se principalmente em suas intuições e em alguns trabalhos que mostram que incentivos financeiros podem ser traiçoeiros. Às vezes, eles funcionam bem num primeiro momento, mas, depois que são retirados, deixam atrás de si um rastro de destruição, pois fazem com que a atividade antes remunerada não seja mais vista como possuidora de valor intrínseco. É o que os psicólogos chamam de efeito de superjustificação ou de corrupção da motivação.

Economistas, como é natural, tendem a ser um pouco mais simpáticos a prêmios em dinheiro. Para eles, o que importa é saber se os programas funcionam. Se forem eficazes já trazem sua própria justificativa moral.

E, aqui, as evidências, embora não sejam inequívocas, sugerem alguma eficácia. Roland Fryer Jr., de Harvard, é um dos estudiosos que mais pesquisou o assunto nos últimos anos. Depois de ter gastado mais de US$ 6 milhões distribuindo várias modalidades de incentivos em mais de duas centenas de escolas dos EUA, concluiu que pagar alunos para cumprir determinadas tarefas, como assistir às aulas, comportar-se bem, ler livros, fazer a lição de casa, funciona melhor do que recompensá-los pelo produto final, que é tirar boas notas. A razão provável é que os estudantes não sabem o que fazer para transformar seu desejo de receber o bônus num resultado mensurável.

Aqui, mesmo sem descartar os temores dos pedagogos, inclino-me a concordar com os economistas. Se os incentivos dão certo, é preciso utilizá-los. Ainda que a corrupção da motivação seja um fenômeno real, não podemos levá-la muito longe sem questionar a legitimidade de salários, comércio, lucro e tantas outras instituições que definem a sociedade.

# GARGALO DA EDUCAÇÃO

É certo que o Brasil precisa aumentar sua população diplomada. Aqui, só 13% dos adultos entre 25 e 64 anos são detentores de título universitário, contra uma média de 33% nos países desenvolvidos (OCDE).

Não creio, porém, que a proposta, defendida por alguns especialistas, de oferecer juros menores a estudantes que se disponham a cursar carreiras em que o país tem interesse, como engenharia e medicina, vá dar certo. Não é só o governo que identificou a carência desses profissionais. A iniciativa privada também o fez e busca, às vezes desesperadamente, contratá-los, oferecendo bons salários.

Se os alunos não respondem aos estímulos de mercado e optam por carreiras saturadas, como direito e administração, é provavelmente porque não se sentem capazes de enfrentar cursos mais técnicos como engenharia e medicina. E talvez tenham motivos para isso. Testes internacionais mostram que o desempenho acadêmico de nossos alunos do ensino médio é bem ruim e piora ainda mais em matemática e ciências.

Receio que já estejamos enfrentando o gargalo imposto por um ensino básico deficiente, que não capacita o estudante seguir qualquer carreira, levando-o a preferir aquelas em que é mais fácil enrolar.

# PÁTRIO PODER

Pais que vivem em bairros violentos de São Paulo chegam a comprometer 20% de sua renda para manter seus filhos em escolas privadas. O investimento faz sentido? A pergunta, por envolver múltiplas variáveis, é complexa, mas, se fizermos questão de extrair uma resposta simples, ela é "provavelmente sim".

Uma série de estudos sugere que a influência de pais sobre o comportamento dos filhos, ainda que não chegue a ser nula, é menor do que a imaginada e se dá por vias diferentes das esperadas. Quem primeiro levantou essa hipótese foi a psicóloga Judith Harris no final dos anos 1990.

Para Harris, os jovens vêm programados para ser socializados não pelos pais, como pregam nossas intuições e nossa cultura, mas pelos pares, isto é, pelas outras crianças com as quais convivem. Um dos muitos argumentos que ela usa para apoiar sua teoria é o fato de que filhos de imigrantes não terminam falando com a pronúncia dos genitores, mas sim com a dos jovens que os cercam.

As grandes aglomerações urbanas, porém, introduziram um problema. Em nosso ambiente ancestral, formado por bandos de no máximo 200 pessoas, o "cantinho" das crianças era heterogêneo, reunindo meninos e meninas de várias idades. Hoje, com escolas que reúnem centenas de alunos, o(a) garoto(a) tende a socializar-se mais com coleguinhas do mesmo sexo, idade e interesses. O resultado é formação de nichos com a exacerbação de características. Meninas se tornam hiperfemininas, e meninos, hiperativos. O mau aluno encontra outros maus alunos, que constituirão uma subcultura onde rejeitar a escola é percebido como algo positivo. O mesmo vale para a violência e drogas. Na outra ponta, podem surgir meios que valorizem a leitura e outras "nerdices".

Nesse modelo, a melhor chance que os pais têm de influir é determinando a vizinhança em que seu filho vai viver e a escola que frequentará.

# O CAMINHÃO DA MUDANÇA

Esqueça a hiperatividade paterna e os milhões de cursos extras. Eu já tinha brincado que a ação mais efetiva que pais podem tomar para o futuro de seus rebentos (fora a escolha de um parceiro sexual com bons genes) é mudar-se para uma vizinhança melhor.

Bem, essa hipótese acaba de ganhar apoio com um impressionante trabalho dos economistas Raj Chetty e Nathaniel Hendren, de Harvard. Eles analisaram dados de mais de 5 milhões de famílias que se mudaram dentro dos EUA e puderam estabelecer empiricamente que trocar de bairro ou de cidade pode afetar dramaticamente o futuro do jovem.

Segundo os autores, não se trata de mera correlação estatística, mas de efeitos causais. Com auxílio do *big data*, eles estabeleceram um ranking de todos os 2.478 condados dos EUA. O melhor é Sioux, Iowa. Uma criança cujos pais estão entre os 25% mais pobres que passe toda a sua infância ali, terá, como adulto, um acréscimo de 35% em sua renda comparada com a média nacional para a mesma coorte. O pior é Shannon, Dakota do Sul. O impacto de viver ali é de robustos -35%.

O efeito é proporcional ao tempo de exposição do indivíduo à nova vizinhança (daí a causalidade). Se você se muda bebê, se sai melhor do que se chegar já adolescente. Os indicadores relativos ao migrante vão se igualando aos da população permanente a uma taxa de 3% a 4% ao ano.

Os autores identificaram cinco fatores mais associados à ascensão social dos mais pobres: menos segregação residencial por renda e raça; menores níveis de pobreza, melhores escolas; menores taxas de crimes violentos; e maior proporção de lares com pai e mãe vivendo juntos. Já para as crianças mais ricas, as características que se mostraram relevantes foram: qualidade das escolas, capital social e menos desigualdade.

O caminhão de mudanças parece ser eliminar uma arma eficaz contra a armadilha da pobreza intergeracional.

# O RANKING DO ENEM

Saiu mais um ranking de colégios baseado no Enem. Não tenho nada contra a cultura da avaliação, muito pelo contrário. Acredito naquele mantra da física que diz que só conhecemos aquilo que podemos medir. Antes da introdução de exames como Enem, Enade, Saresp, Prova Brasil, Pisa, vivíamos numa espécie de caverna platônica, na qual, sem acesso a dados empíricos sobre a educação, tomávamos sombras por realidade.

Feita a defesa da avaliação, é preciso evitar o risco de fazer uma interpretação fundamentalista dos rankings. O mundo é melhor com eles, mas isso não significa que sejam perfeitos e não carreguem distorções. É preciso compreendê-las para não comprar gato por lebre.

Uma vantagem do Enem é que, por ser um exame que assegura vaga em universidade, é a prova em que os alunos mais se esforçam para ir bem. A desvantagem é que, por ser um teste não obrigatório, ele vem com vieses de seleção que o tornam pouco adequado para avaliar escolas.

Esse efeito pode ter prejudicado o desempenho de colégios de elite paulistas. Alunos tão bons que estejam confiantes de que conseguirão entrar em instituições que não usam o Enem em seu processo seletivo, como a USP e o ITA, não têm incentivo para fazer a prova, o que puxa para baixo a média de suas escolas.

Analogamente, dado que a disputa pelas posições mais altas é apertada – o 70º colocado tem nota apenas 10% menor que a do primeiro –, não é difícil para um colégio galgar alguns pontinhos manobrando para que só os melhores estudantes façam a prova. Valem truques como expulsar alunos repetentes ou oferecer prêmios para que aqueles que costumam gabaritar se inscrevam.

Eu costumo até brincar afirmando que, como é forte a correlação entre renda dos pais e desempenho escolar, o modo mais eficiente de uma escola melhorar sua posição no Enem é aumentar o valor da mensalidade.

# ENTRE A LEI E A ESCOLA

Nunca pensei que aconteceria, mas eu e o Exército brasileiro estamos de acordo em relação a alguma coisa: o projeto de lei que criminaliza a homofobia é inoportuno. Vou um pouco mais longe e coloco nessa mesma categoria normas já em vigor, como os vários dispositivos legais que pretendem banir discursos racistas, nazistas e outros dos chamados crimes de ódio.

Não me entendam mal. É óbvio que discriminar uma pessoa em virtude de seus hábitos sexuais, origem étnica, religião ou qualquer outra característica análoga é não apenas estúpido como também imoral. Ocorre que nem tudo o que é estúpido e imoral deve ser também ilegal.

Historicamente, a esquerda sempre sustentou, com razão, que a lista de condutas reguladas pelo Código Penal fosse a menor possível. Foi graças a essa tendência que comportamentos como homossexualismo e adultério deixaram de ser delitos e princípios como a liberdade de expressão puderam firmar-se. De uns tempos para cá, porém, militantes de causas passaram a defender que violações ao que entendem ser a moral correta se tornem crimes.

O pressuposto dessa guinada é a ideia, a meu ver equivocada, de que a lei penal serve para educar a sociedade. Não serve. O direito penal envolve sempre uma forma de violência do Estado contra o indivíduo. Na versão *light*, ele é intrusivo, opressivo e abre flanco para o arbítrio de autoridades. Na pesada, joga pessoas na cadeia, um castigo extremo e de eficácia em geral muito baixa.

Certamente há casos em que é preciso utilizá-lo para evitar males ainda maiores, mas eles tendem a ser a exceção e não a regra. Excluídas situações muito especiais, os crimes violentos numa sociedade são cometidos por uma fração de não mais de 2% da população total.

Como já ensinava Savigny, não é a vontade arbitrária do legislador que altera os costumes. Se queremos fazê-lo, melhor tentar a escola.

# OMISSÃO DE SOCORRO

No plano intelectual, eu não poderia concordar mais com a tese de Mariliz Pereira Jorge de que time de futebol não é herança, de modo que as crianças deveriam ser deixadas livres para escolher seus próprios clubes do coração. Da mesma maneira que não me parece muito certo transmitir a filhos uma religião antes de eles terem idade para decidir se querem ou não segui-la, não soa muito católico exigir que o garoto seja um adepto do mesmo time do pai.

Na esfera afetiva, contudo, as coisas tendem a ser mais complicadas. Se o sujeito está convencido de que todos os que não seguem sua religião estão condenados ao inferno, é demais cobrar-lhe que não introduza em sua fé um ser que ama, correndo o que imagina ser o risco de sujeitá-lo a sofrimentos eternos. Eu mesmo já tive de enfrentar uma situação dessas, mas encontrei uma solução não autoritária, que divido com o leitor.

Sou pai de gêmeos e, alguns anos atrás, quando os meninos estavam descobrindo o futebol, expliquei-lhes didaticamente que eu torcia para o Corinthians por ser o melhor time do mundo. Eles se convenceram, mas, pouco depois, provavelmente por influência de coleguinhas, um dos garotos começou a exibir preocupantes tendências são-paulinas. Ato contínuo, aumentei a mesada do que permanecera fielmente corintiano. Funcionou à perfeição. Sem impor nada nem limitar-lhe o livre-arbítrio, fiz com que o filho rebelde retornasse ao bom caminho, onde está até hoje.

Será que é ético subornar um indivíduo para que faça o que é melhor para ele, como tirar boas notas, parar de fumar, perder peso? Admito que seria preferível fazer as coisas certas pelas razões certas ("pelo sentido do dever", no vocabulário kantiano), mas, se existe um atalho que funciona e o resultado nos parece vital, será que temos o direito de não utilizá-lo? Isso não seria o equivalente moral da omissão de socorro?

# O VALOR DOS VALORES

A maioria dos leitores compreendeu o tom meio brincadeira meio reflexão do texto "Omissão de socorro". Alguns, porém, me acusaram, ao que parece seriamente, de grave desvio ético. Como a questão dá pano para a manga, volto ao tema.

Começo me defendendo. Não creio que a acusação de corruptor faça muito sentido. Para sustentá-la teríamos de classificar o ato de torcer pelo Corinthians como ilegal ou pelo menos imoral. Ainda que alguns palmeirenses particularmente exaltados possam pensar assim, acho que o entendimento médio, a perspectiva do que os norte-americanos chamam de "*reasonable man*", é o de que não há diferença moral em apoiar o clube A ou B. Parece mais adequado, portanto, falar em incentivos indiretos (tomei o cuidado de não reduzir a mesada do menino) do que em corrupção ou chantagem.

Um argumento mais sutil contra minha atitude é o levantado pelo filósofo Michael Sandel. Para ele, certas esferas, como educação e deveres cívicos, precisam ser mantidas longe do alcance do mercado. É que, para o professor de Harvard, quando atribuímos valor monetário a determinadas coisas, acabamos por desvirtuá-las. Se pago meu filho para ler um livro, estou deturpando o valor da leitura, que deveria ser intrínseco.

Não discordo do diagnóstico de Sandel, mas tenho restrições em relação a suas recomendações. O dinheiro, afinal, é útil por ser uma moeda de troca universal. Se ele não tivesse esse caráter abstrato, que permite intercambiar valores que de outra maneira seriam incomensuráveis, eu teria de encontrar um açougueiro interessado em ler textos jornalísticos cada vez que quisesse adquirir um filé, o que me condenaria à inanição.

# A MÁGICA DA REPROVAÇÃO

O pensamento mágico, definido como a atribuição de relações causais entre atos e eventos que não podem ser justificadas pela razão e pela observação, permeia nossa espécie. Por vezes, ele é só divertido, como ocorre quando o técnico de futebol faz questão de usar sua meia da sorte em todos os jogos da equipe. Sua hipótese é desmentida a cada derrota do time, mas isso não o faz abandonar o fetiche.

Em outras ocasiões o pensamento mágico se revela menos benigno. É o que ocorre com a ideia de que obrigar um aluno de baixo desempenho escolar a repetir de ano vai fazê-lo aprender. A tese, embora possa ter apelo intuitivo – desta vez, ele vai estudar! –, não é amparada pelas evidências empíricas. Ao contrário, metanálises como a de Holmes e Matthews (1984) e a de Jimerson (2001) compararam os resultados de dezenas de estudos e concluíram que, ao menos no ensino fundamental, a reprovação não só não é benéfica como pode piorar o desempenho do aluno.

Com efeito, se um estudante não consegue aprender, ou o problema está nele ou na escola. No primeiro cenário, o remédio seria descobrir quais são suas deficiências e tentar repará-las. Mas, sem uma ação voltada especificamente para este aluno, não parece inteligente apenas obrigá-lo a repassar pela mesma experiência esperando resultados diferentes. Se a falha está no sistema, então o buraco é mais embaixo, e a reprovação como meio de corrigir o problema fica mais difícil de justificar.

A grande tragédia do pensamento mágico é que, nas democracias, ele facilmente se converte em políticas.

# IDEOLOGIA DE GÊNERO

Ao contrário de alguns padres e pastores, não vejo mal nenhum no fato de escolas públicas tentarem ensinar à criançada que é moralmente errado discriminar gays, lésbicas, travestis etc. Não estou tão certo quanto à eficácia dessa empreitada, mas me parece melhor tentar do que não tentar.

Os que se opõem à proposta costumam afirmar que ela tira a autonomia dos pais para educar seus filhos da forma que preferirem e falam numa ideologia de gênero que destruiria a identidade sexual das crianças e, de quebra, arruinaria a família. A primeira acusação me parece infundada e a segunda, inócua.

Obviamente, os pais têm o direito de ensinar o que quiserem a seus filhos. O que eles não podem é privar os rebentos de entrar em contato com ideias diferentes das suas. Se forem convincentes na defesa de seus princípios, triunfarão. Caso contrário, sempre poderão dizer que Deus tinha outros planos para a criança.

Quanto à ideologia de gênero, não nego que ela exista. Certas alas dos movimentos feminista e gay sustentam que as diferenças comportamentais entre meninos e meninas não passam de construções culturais que a sociedade machista lhes impõe. Não sei se é esse o espírito que anima os vários planos de educação, mas a ideia é tão despropositada que não tem muita chance de funcionar.

Há hoje um oceano de evidências científicas a sugerir que as diferenças comportamentais entre os sexos não são artificiais. Das preferências de meninos e meninas por certos brinquedos e talvez até por cores, tudo parece ter um dedo da biologia, mais especificamente de uma combinação dos genes com a exposição a hormônios durante a gravidez. Não é que não haja espaço para a cultura operar, mas ela não consegue transpor alguns dos limites que a biologia coloca.

A maioria da humanidade está fadada a ser predominantemente heterossexual. Os defensores da família podem, portanto, ficar sossegados.

# CIÊNCIA

A razão humana não evoluiu para nos fazer descobrir a verdade, mas mais provavelmente para que triunfássemos em debates. É o que explica a presença de alguns vieses poderosos de nossa mente, como a tendência de ignorar evidências contrárias à tese que queremos provar. Não obstante, com um pouco de treino e disciplina e recorrendo a uma arquitetura muito específica, conseguimos transformar essa racionalidade parcial num método até certo ponto eficaz para descobrir "verdades" acerca do mundo. É o método científico. Ele só funciona como uma empreitada coletiva, na qual cientistas, tentando mostrar que são melhores que seus antecessores, acabam revelando os erros dos outros. No acumulado, conseguimos nos livrar de parte dos equívocos que sempre acompanharam a humanidade.

# ORIGENS DA MORAL

*Moral Origins*, de Christopher Boehm, é um livro importante. Como sugere o título, ele trata do surgimento da moralidade nos humanos, mas, ao contrário de obras congêneres, que têm como matéria-prima um misto de especulações filosóficas, modelos matemáticos, *insights* psicológicos e achados neurocientíficos, o autor, como bom antropólogo que é, busca evidências materiais para oferecer uma explicação histórica.

Recorrendo a observações zoológicas de chimpanzés e a um impressionante catálogo do comportamento de várias tribos de caçadores-coletores, Boehm sustenta que a moral humana começa com o igualitarismo. Enquanto nossos primos são animais fortemente hierárquicos, nós nos notabilizamos por formar alianças para destronar qualquer macho alfa que quisesse virar dono do pedaço. Fazíamos isso para garantir que a carne obtida nas caçadas fosse dividida de forma justa.

Esse impulso igualitário disparou várias engrenagens. De um lado, valentões incorrigíveis e psicopatas foram eliminados fisicamente – e seus genes excluídos do *pool* da humanidade. De outro, indivíduos com pendores dominantes aprenderam a exercer o autocontrole, primeiro passo para desenvolver uma consciência moral. Esse processo de seleção social afetou até nossa biologia. O homem é o único animal que cora, a marca física de uma emoção moral.

Pelo meu relato, essa pode parecer mais uma "*just so story*", uma assertiva que não tem como ser confirmada nem falseada, ou seja, algo sem valor científico, mas, ao longo das 400 páginas da obra, o autor chega a ser obsessivo ao sustentar cada afirmação com evidências empíricas. É tão detalhista que, em algumas ocasiões, o livro se torna repetitivo.

Mesmo que não compremos pelo valor de face a hipótese de Boehm, o texto traz um conjunto admirável de observações bastante contundentes sobre nossa natureza.

# RAÇA E GENES

Aquilo que vemos como características raciais não corresponde necessariamente à biologia. A análise de DNA revelou que uma estudante que se declarou negra tinha menos genes de origem africana do que a que se definiu como "muito branca".

A razão para a confusão é que o Brasil é um país miscigenado e a cor da pele, que tomamos como principal indicador de raça, é definida por um conjunto de cinco a dez genes que operam pelo modelo de interação. Se um branco tem um filho com uma negra, é provável que a criança exiba uma cor intermediária. Mas, quando os pais são ambos mestiços, o filho pode herdar múltiplas combinações desses genes, ampliando o leque de colorações possíveis.

A questão central é se é lícito ou não falar em raças humanas. E aqui o debate é acirrado. De um lado, há cientistas, encabeçados pelo biólogo Richard Lewontin, que sustentam que raças são meras construções sociais, fruto da imaginação de nossas mentes essencialistas sem significado biológico ou taxonômico.

Do outro lado, estão autores como Anthony Edwards e Richard Dawkins, para os quais as categorias raciais têm algum valor informativo, já que existe correlação entre a frequência dos diferentes alelos de um gene numa população e a sua distribuição geográfica. Em outras palavras, as pessoas se parecem com seus pais e tendem a herdar várias de suas características. É útil para um médico saber se o paciente é negro na hora de diagnosticar uma possível anemia falciforme ou outra doença de maior prevalência nesse grupo.

A polêmica está longe de resolvida, mas, mesmo que a ciência venha a reconhecer a validade do conceito de raça, isso de modo algum legitimaria qualquer forma de discriminação. O argumento contra o racismo é moral, e não biológico.

# O PASTOR E OS GAYS

Psicólogos podem tentar curar gays? A guerra de abaixo-assinados contra e a favor da cassação do registro profissional de psicólogo do pastor Silas Malafaia devido a suas declarações sobre o homossexualismo coloca essa candente questão na ordem do dia.

Em minha opinião, enquanto cidadãos, reverendos e despiciendos podem dizer o que pensam, pouco importando se o conteúdo das declarações é politicamente correto ou verdadeiro. Defender a liberdade de expressão é defender a possibilidade de os outros afirmarem exatamente aquilo que não queremos ouvir.

A coisa muda um pouco de figura quando o indivíduo fala na condição de psicólogo ou membro de outra categoria profissional que se apoie, ainda que imperfeitamente, numa ciência. Do mesmo modo que um médico não pode sair por aí dizendo que cura doenças incuráveis, um psicólogo não pode proclamar que possui terapias efetivas contra o que seu ramo de saber nem sequer considera moléstia. Não se pode bater de frente e em público contra os consensos da disciplina. Diversas disposições do Conselho Federal de Psicologia proíbem seus profissionais de "patologizar" o homossexualismo.

Se o pastor crê que a psicologia está errada, pode tentar demonstrá-lo através de trabalhos científicos, apoiados em argumentação técnica, nos fóruns adequados. Ao menos em teoria, se ele convencer os seus pares, mudará o consenso da área e, se não for, precisa resignar-se e abandonar o assunto ou a profissão.

O que complica o caso de Malafaia é que ele é a um só tempo clérigo e psicólogo e costuma restringir suas declarações polêmicas às ocasiões em que se manifesta como sacerdote. Se isso basta para limpar sua barra, é o que o conselho de psicologia do Rio, onde corre um processo ético, terá de decidir. Se fosse eu a julgar, no mínimo exigiria que ele avisasse que não fala como psicólogo quando se refere ao homossexualismo.

# APELO À NATUREZA

Ao contrário de homeopatia, florais de Bach e outros representantes da chamada medicina alternativa, fitoterápicos apresentam princípios ativos que provocam reações fisiológicas. Vale lembrar que a mortal cicuta e o psicodélico cipó-mariri são produtos "100% naturais", não obstante seu poder de nos levar a óbito ou ao delírio.

Como entusiasta da medicina libertária, acredito que cada um deve ser livre para dispor do arsenal farmacológico da forma que preferir, sem precisar de uma autorização do Estado para isso. É fundamental, porém, que as pessoas saibam o que estão tomando e tenham acesso a dados precisos que indiquem os benefícios esperados e o risco que correm ao consumir determinado produto.

O problema com fitoterápicos é que é difícil extrair deles essas informações. Uma planta pode conter centenas de compostos. Por tentativa e erro ao longo dos milênios, descobrimos que a erva X é boa para a moléstia Y, mas isso não significa que tenhamos identificado a substância responsável pelo resultado.

Para agravar o quadro, as proporções entre os princípios ativos contidos em cada planta mudam conforme solo, clima, insolação, armazenagem, preparo e sabe-se lá mais o que, tornando a necessária padronização uma meta quase inatingível.

O que de mais positivo podemos dizer sobre os fitoterápicos é que são um excelente ponto de partida para desenvolver novos medicamentos. Mas, se as pessoas fazem questão de sucumbir à falácia do apelo à natureza, não vejo razões para proibi-las. Apenas não dispensaria os fabricantes desses produtos de fornecer bulas tão completas quanto possível. Embora a experiência dos milênios indique que seu uso é, em geral, seguro, sabemos pouco sobre as interações com outras drogas e o risco para grupos específicos de pacientes.

# CHIPPY E OS ECONOMISTAS

Erros primários de dois economistas num estudo que justificava políticas de austeridade foram descobertos por um grupo de pesquisadores e a polêmica ganhou dimensões virais na internet. As piadas que surgiram na controvérsia são boas, mas, como este é um espaço sério, arrisco um comentário sobre o estatuto epistemológico da economia.

Aqui nós somos vítimas de uma metáfora. Consideramos ciência tudo o que acadêmicos publicam, sem levar em conta as especificidades dos diversos ramos do saber. Enquanto a física me permite prever com precisão a que hora será a segunda maré cheia em Santos em 28 de setembro de 2113, a economia e as demais ciências sociais ficam muito aquém disso.

Publicações especializadas como *The Economist*, em 1995, e *Brill's Content*, em 1999, fizeram matérias satíricas mostrando respectivamente que lixeiros e até um chimpanzé chamado Chippy faziam previsões econômicas mais acuradas do que especialistas. Em 2005, porém, o psicólogo Philip Tetlock publicou um estudo devastador. Ele coletou, ao longo de 20 anos, 28 mil prognósticos feitos por 284 experts em economia e política e os comparou com os desfechos do mundo real. Na média, os cientistas se saíram milimetricamente melhor do que Chippy, que acertava a metade de suas "previsões".

Nem todos erraram igualmente. Especialistas menos tonitruantes, que expressavam seus prognósticos em termos de probabilidades e não de certezas e que recorriam a múltiplas fontes de dados e não só a suas teorias favoritas, não foram tão mal.

Devemos ser céticos, mas sem atirar a criança com a água do banho. No atual estágio de desenvolvimento, estudos e modelagens econômicos valem tanto por seus erros como por seus acertos, à medida que nos permitem entender melhor os fenômenos e distinguir princípios causais de ruídos ideológicos.

# O FIM DOS PEIXES

Ciência e senso comum nem sempre andam de braços dados, mas os biólogos às vezes exageram. Não satisfeitos em ressuscitar os dinossauros, que agora passam diariamente em nossas janelas na forma de passarinhos, eles também extinguiram os peixes. Sim, você leu bem. Para a cladística, que é o ramo da biologia que organiza os seres vivos com base em suas relações filogenéticas, os peixes não constituem uma categoria. Achou pouco? Bem, eles também eliminaram as mariposas e as zebras. Nem ouso perguntar o destino do pobre peixe-zebra.

Brincadeiras à parte, esse divórcio entre o que nos diz a ciência e o que clamam nossos instintos mais básicos lança luzes tanto sobre os rumos da investigação científica como sobre nossa natureza. Um livro notável, que me foi recomendado pelo amigo André Nemésio, trata bem dessas questões. É *Naming Nature: The Clash Between Instinct and Science* (Nomeando a natureza: o choque entre instinto e ciência), da bióloga Carol Kaesuk Yoon.

Transitando entre a história da taxonomia, a neurologia clínica e a antropologia linguística, Yoon defende a tese ligeiramente paradoxal de que tanto a ciência como o senso comum estão corretos. No final das contas, peixes existem, ainda que mais em nossas mentes do que numa suposta organização geral da natureza.

O ponto fraco do livro é o final, em que Yoon, com um fervor quase religioso, prega que o distanciamento entre os cidadãos de um mundo cada vez mais urbanizado e a natureza é um fator-chave na verdadeira extinção em massa que está em curso. Não é que as espécies não estejam desaparecendo num ritmo preocupante, mas é complicado ligar isso a uma suposta falta de interesse sem apresentar evidências empíricas. Deixemos, porém, isso para lá e nos concentremos nas partes boas de *Naming Nature*, que são muitas.

Para começar, um pouco de taxonomia, a ciência que lida com a descrição, identificação e classificação dos organismos. Em sua forma moderna, ela foi inaugurada por Carolus Linnaeus (1707-1778), que conseguiu imprimir um pouco de ordem ao caos. Ele nos legou não apenas os familiares nomes científicos binomiais, como *Homo sapiens*, que resistem há mais de 200 anos, como também a hierarquia em os seres devem ser colocados: reino, filo, classe, ordem, família, gênero, espécie (dica mnemônica que funciona em inglês: *king Philip came over for great sex*).

Apesar dos esforços de Lineu, a taxonomia ainda tinha muito mais de arte do que de ciência. Ele próprio se destacava por classificar espécimes fiando-se em instintos, ou, para utilizar um vocabulário mais técnico na "*umwelt*" ("mundo circundante", em alemão), que é o nome que os biólogos dão à forma particular pela qual cada espécie vê e interpreta seu ambiente. Lineu superava seus contemporâneos porque percebia semelhanças entre plantas e bichos que seus rivais não eram capazes de enxergar.

Na verdade, a taxonomia lineana se baseava justamente em ordenar os organismos com base em similitudes inscritas em nossos instintos. O que nada é peixe; o que voa é ave. E os casos controversos a gente resolve individualmente.

No século XIX, porém, entra Darwin e tudo muda. O principal é que, com a teoria da evolução, as espécies deixam de ser fixas. O *Homo sapiens* não surgiu pronto no sexto dia da criação, mas evoluiu a partir de outras espécies do gênero *Homo*, o qual, por sua vez, veio de outros primatas, que... até chegar na vida terrestre primordial.

À primeira vista, essa revolução sabota a própria ideia de taxonomia. Se o que queremos classificar está em constante mudança, no que poderíamos nos fixar para estabelecer critérios?

Mas este é um daqueles casos em que o enigma engendra sua própria solução. Já que é a evolução que gerou a exuberância de seres vivos com que nos deparamos, o critério para classificá-los deve ser evolutivo: espécies que divergiram mais recentemente devem ser catalogadas juntas, como representantes do mesmo gênero e daí pulamos para a família, ordem, classe... A partir daí, podemos montar uma imensa árvore genealógica que engloba toda a criação. É nisso que deve constituir a boa taxonomia, que sai da caprichosa *"umwelt"* e pode tornar-se científica.

E os desenvolvimentos não pararam em Darwin. O advento de métodos estatísticos, bioquímicos e de genética molecular mudaram significativamente o panorama da área, que passou a dispor de elementos mais objetivos do que as intuições de Lineu para hierarquizar as espécies. O que Darwin vislumbrara no século XIX poderia enfim tornar-se realidade. Em meados do século XX, Willi Hennig propõe a cladística, que agrupa itens tomando por base o critério de características partilhadas que estão presentes no último ancestral comum das duas espécies, mas não em parentes mais distantes.

É aí que morrem os peixes. É impossível juntá-los todos numa categoria sem colocar seres estranhos no meio do bolo. Um caso emblemático é o dos dipnoicos, também conhecidos como peixes pulmonados. Olhando para eles, não há dúvida de que são peixes. Nadam e se comportam como um. Só que eles também têm pulmões e, evolutivamente falando, são parentes mais próximos das vacas do que de outras ordens íctias como o salmão. Assim, se o cladista quiser a todo custo manter os peixes como uma categoria válida, teria de nela incluir vacas e todos os seres portadores de pulmões, nós inclusive. Obviamente, faz mais sentido sumir com os peixes.

Relutamos, entretanto, em fazê-lo. E o motivo é que temos dificuldade para pensar contra nossa *"umwelt"*. Passamos as últimas dezenas de milhares de anos tratando peixes como uma categoria real – e pescando-os e com eles nos fartando. A palavra existe em todas as línguas conhecidas. E, no que pode ser algo muito mais profundo, nossos cérebros parecem ter módulos específicos para pensar a natureza segundo padrões mais ou menos pré-definidos.

O antropólogo Brent Berlin mostra que somos relativamente competentes para identificar nomes de pássaros em línguas de tribos que nem suspeitávamos existir, como os huambisas do Chile. Se submetermos estudantes universitários a pares de palavras em huambisa nos quais um dos elementos é uma ave e o outro um "peixe" (a partir de agora acho melhor usarmos aspas), verificaremos que eles acertarão bem mais do que os 50% esperados se as escolhas fossem totalmente aleatórias. Como?

A resposta está no som. Tomemos um dos pares de Berlin: "*takái-kit*" e "*teres*". A esmagadora maioria das pessoas marca o primeiro como pássaro. Os fonemas da palavra parecem carregar uma onomatopeica passaridade que nossos cérebros não têm muita dificuldade para reconhecer.

Mais eloquente ainda é o caso dos pacientes neurológicos. A literatura registra hoje um número razoável de pessoas que, devido a doenças ou traumas, perderam a capacidade de reconhecer seres vivos, mantendo intactas suas outras habilidades cognitivas, incluindo o reconhecimento de objetos inanimados. Há também o movimento-espelho, de gente que deixa de visualizar coisas inanimadas, conservando a percepção de viventes.

Em boa parte dessas situações, o que deflagra a cegueira para com seres vivos é uma encefalite herpética que provoca lesões no lobo temporal, mais especificamente o sulco temporal superior e o giro fusiforme lateral. Se a dificuldade é só com objetos, as estruturas mais comumente comprometidas são o giro temporal médio e o giro fusiforme medial.

Seja qual for a causa, o resultado é que a "*umwelt*" fica de algum modo chamuscada. E, a crer no impacto devastador que essas lesões têm sobre a vida do paciente, não parece exagero afirmar que ela de algum modo define nossa humanidade.

Ao que tudo indica, viemos de fábrica com uma notável capacidade de nos interessar por seres vivos, reconhecê-los, nomeá-los e categorizá-los. E isso faz todo o sentido do ponto de vista evolutivo, já que esses organismos são nossa comida e por vezes nós a deles.

Voltando à pergunta inicial, o que dizer dos "peixes"? Eles existem ou não? Não vejo muito como fugir da solução de Yoon. Não dá para negar estatuto de realidade a algo que está tão fortemente impregnado em nossas mentes. O cérebro praticamente clama para que vejamos "peixes" como peixes. Daí não decorre que precisemos obrigar a ciência a operar apenas com categorias naturais. Aliás, não há nada menos natural do que léptons, prótons e quarks, mas os físicos não têm dificuldade de trabalhar com eles. A biologia, assim, está certa em buscar as definições que melhor sirvam a seus propósitos e enveredar pelos caminhos que surgirem sem se preocupar muito com nossas sensibilidades. A discussão lembra um pouco a que ocorreu no rebaixamento de Plutão, que teve seus direitos planetários cassados e tornou-se um mero planetoide. Lá como cá, o divórcio entre senso comum e precisão científica gera um certo estranhamento, mas logo aprendemos a viver com isso.

Uma questão interessante para especular é: existe um ponto em que devemos abandonar teorias que aparentam solidez para ficar com nossas intuições? Como já coloquei numa coluna mais antiga, se seguirmos teorias físicas elegantes e bem estabelecidas ao pé da letra, temos de aceitar a existência de universos paralelos, o que obviamente fere nosso senso de realidade. A saída fácil é afirmar que precisamos aguardar por evidências empíricas de que esses mundos de fato existem. Concordo em boa parte, mas, como lembra o físico Brain Greene, defensor da realidade desses universos, não existe ideia mais contraintuitiva do que a de que a Terra se move em altíssima velocidade em torno de seu próprio eixo e também do Sol. Afinal, o que vemos é o Sol cruzando os céus e não sentimos estar em movimento. Foram a ciência e a matemática de Copérnico e Galileu que nos levaram ao paradigma heliocêntrico, que hoje não recebe contestação. Evidências empíricas mais diretas de que o heliocentrismo é real tiveram de esperar por instrumentos sofisticados que só surgiram séculos depois.

Existindo ou não "peixes", essa é uma boa questão para pensar à noite.

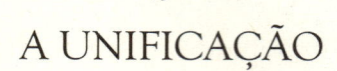

# A UNIFICAÇÃO

O *Manual Diagnóstico e Estatístico de Transtornos Mentais* (DSM), embora seja uma publicação da Associação Psiquiátrica Americana, funciona como uma bíblia das doenças mentais no mundo todo. Não é coincidência que laboratórios acompanhem de perto a elaboração das novas edições do DSM, que, quase a partir do nada, cria e extingue moléstias que movimentam bilhões de dólares.

Não é, porém, a questão econômica que me interessa aqui, mas a filosófica. Se há um ponto em que defensores e críticos da última versão do DSM (5) concordam, é que o novo manual, na hora de descrever os transtornos, segue recorrendo mais a sintomas subjetivos do que a marcadores biológicos, no que representa um revés para aqueles que advogam pela unificação da psiquiatria com a neurologia.

Para esse grupo, não há distinção entre mente e cérebro. A toda patologia correspondem alterações anatômicas ou eletroquímicas no encéfalo. O que temos de fazer é identificá-las e encontrar um meio de atuar sobre elas, providenciando assim a cura.

Nem todos concordam. Há correntes que enfatizam os aspectos não orgânicos das doenças, em especial fatores sociais e culturais. É certo que a esquizofrenia tem bases genéticas, mas o ambiente familiar em que vive o paciente define o impacto que a moléstia terá em sua vida. Garante-se aí espaço para a psiquiatria e a psicologia clínica, com seus subjetivismos e discurso por vezes metafísico.

Ao menos no atual estágio da medicina, em que o conhecimento do cérebro só engatinha, é difícil descartar as objeções de psiquiatras e psicólogos à unificação. Mas essa é uma consideração prática que não afeta a questão de princípio: a mente humana é idêntica ao cérebro ou encerra algo mais? Até prova em contrário, fico com a primeira hipótese. Descartá-la significaria jogar fora o paradigma materialista que está na base de todas as conquistas científicas dos últimos 200 anos.

# A LUZ DA EVOLUÇÃO

Comprei e li *Why We Get Sick: The New Science of Darwinian Medicine* (Por que nós adoecemos: a nova ciência da medicina darwiniana), do médico Randolph Nesse e do biólogo George Williams. Trata-se de um clássico na matéria, publicado no já longínquo ano de 1996.

De lá para cá, saíram muitas novas obras sobre esse tema, como *Supernormal Stimuli* (Estímulos supernormais), de Deirdre Barrett, e *The Wild Life of Our Bodies* (A vida selvagem de nossos corpos), de Rob Dunn.

Apesar de trazer algumas informações desatualizadas, *Why We Get Sick* permanece uma leitura importante. É uma obra suficientemente geral para abordar as diferentes vertentes da medicina darwiniana e funciona também como um manifesto dessa ciência emergente. É até um pouco frustrante constatar que ela avançou menos do que seria desejável nestas últimas duas décadas.

Com efeito, análises darwinianas penetraram todas as esferas do mundo acadêmico, incluindo o bastião das humanidades. Hoje encontramos comentários evolucionistas até sobre arte, literatura e filosofia. Os resultados, é claro, são desiguais. Na medicina, entretanto, que é por definição uma ciência biológica, a invasão foi surpreendentemente menor. A maioria das faculdades ainda não ministra uma disciplina específica. Uma possível explicação é que médicos costumam interessar-se mais pelo como tratar do que pelas causas profundas das moléstias. Não dá para afirmar que isso seja um mal, mas pode haver situações em que deixar de compreender a gênese do problema nos faz abordá-lo de forma errada. É um pouco isso que Nesse e Williams procuram mostrar.

Um exemplo eloquente é o da miopia. Ela é claramente hereditária – algo em torno de 80% – e extremamente prevalente. Estima-se que de 800 mil a 2,3 bilhões dos 7 bilhões de terrestres (de 11,5%

a 33%) tenham algum problema refrativo, entre os quais a miopia é o predominante.

Considerando que míopes sem óculos somos praticamente inválidos, como é possível que um gene desses não tenha sido eliminado pela seleção natural? Como é que feras, precipícios e a total falta de pontaria não acabaram com os míopes na Idade da Pedra?

É aqui que as coisas começam a ficar complicadas e interessantes. A miopia tem um importante componente genético, mas também é fortemente determinada pelo ambiente. Ela provavelmente inexistia na Idade da Pedra, assim como é extremamente rara entre os poucos caçadores-coletores que ainda restam no planeta. Sua incidência é muito maior nas sociedades industrializadas do que nas tradicionais. Por quê?

A hipótese de Nesse e Williams é a de que havia algo no processo de alfabetização que facilitava o surgimento da miopia naqueles que tinham genes que os predispunham para isso. Estudos mais recentes sugerem que o gatilho não está na alfabetização, mas na quantidade de luz solar a que a criança é exposta. Quanto mais tempo ela passa em ambientes internos, maiores as chances de desenvolver o problema.

Isso já basta para mostrar que não dá muito certo pensar a miopia como uma doença clássica, isto é, compreendida como um ou mais genes defeituosos que codificam uma característica mal adaptativa. Faz mais sentido interpretá-la como uma variação genética que provavelmente traz alguma vantagem adaptativa ainda desconhecida, mas que, interagindo com as mudanças ambientais que experimentamos nos últimos séculos, se tornou desvantajosa. Como desenvolvemos também óculos, lentes de contato e cirurgias refrativas, ela não chega a ser fatal para seus portadores. De toda maneira, essa perspectiva darwiniana não apenas nos permite entender melhor o fenômeno como até cogitar de estratégias preventivas, baseadas na exposição à luz solar.

Coisas semelhantes valem para muitas outras doenças e condições, que, à luz do darwinismo, deixam de ser mistérios médicos para tornar-se narrativas biológicas. Moléstias cardíacas e o mal de Alzheimer, por exemplo, também estão associados a certos genótipos – o

ApoE4 parece facilitar o surgimento de ambos –, que devem trazer vantagens para seus portadores. Como o homem do Pleistoceno quase nunca tinha problemas do aparelho circulatório (a comida era escassa, magra, e o regime de exercícios, intenso) e raramente chegava à idade de apresentar sintomas de Alzheimer, esses genes foram mantidos. E continuam a sê-lo, já que as dificuldades tendem a aparecer apenas depois da fase reprodutiva, período em que a seleção já não atua.

Esse tipo de abordagem permite *insights* valiosos para pensar quase tudo, de cânceres a alergias e doenças mentais, passando pelo enjoo das grávidas, engasgos a corrida contra os micróbios (que estamos condenados a perder), além da senescência. Sugere, também, que pesquisemos melhor condutas que hoje aplicamos acriticamente. A febre, além de ser desagradável, pode matar e causar sérios problemas de saúde, mas não podemos esquecer que ela é um eficaz mecanismo de defesa contra infecções, que até répteis tentam emular quando estão doentes. Sem jamais deixar de dar antitérmicos a quem precisa, valeria a pena investigar o que perdemos ao fazê-lo.

De um modo geral, a medicina evolutiva ensina que muitas das doenças são provocadas por genes que jamais serão eliminados do *pool* genético da humanidade porque conferem benefícios numa fase anterior. Mudanças ambientais podem torná-los mais ou menos "doentios". Há uma outra família de problemas que têm origem nas soluções de compromisso que a natureza produziu ao longo de nossa evolução. As dores nas costas que acometem humanos, por exemplo, são consequência direta de termos decidido andar sobre duas pernas.

Seria um tremendo erro se os profissionais de saúde abandonassem o caráter instrumental da medicina e passassem a dar mais atenção a teorias totalizantes do que a terapias e ao controle clínico das moléstias, mas certamente não faria mal se procurassem também pensar as doenças e disfunções com que se deparam sob um prisma darwinista. Podem descobrir coisas muito interessantes, que eventualmente abrirão novas possibilidades terapêuticas. Afinal, como dizem Nesse e Williams, parafraseando o grande geneticista Thodosius Dobzhansky, "nada em medicina faz sentido, exceto à luz da evolução".

# OS SIBARITAS E AS PATENTES

Cientistas e inventores, a exemplo de qualquer animal, tendem à preguiça, isto é, só gastam energia quando há motivo. Foi com base nessa premissa que os voluptuosos sibaritas desenvolveram, já em 500 a.C., um mecanismo que dava a cozinheiros e descobridores de produtos de luxo o direito de explorar com exclusividade durante um ano os frutos de sua imaginação. Alguns séculos depois, surgiria o moderno sistema de patentes.

Há racionalidade no esquema. Quando concedemos ao inventor o direito de ser o único a ganhar com sua criação por um período limitado de tempo, não só estabelecemos um incentivo à inovação, como também estimulamos a competição, o que gera mais soluções. A lógica é tão sedutora que, em 1980, a Suprema Corte dos EUA autorizou o patenteamento de um ser vivo criado por biotecnologia e, logo, genes, genomas humanos e não humanos entraram na onda.

Nem todos gostaram, pois a moda trouxe um problema matemático que atende pelo nome de "tragédia dos anticomuns". Trata-se do movimento espelho da mais conhecida "tragédia dos comuns", que é quando vários indivíduos, agindo racionalmente, exaurem recursos comuns limitados, como um pasto ou ponto de pesca, pois nenhum dos coproprietários pode bloquear a ação dos demais. Na "tragédia dos anticomuns", temos o oposto: como vários proprietários podem limitar o acesso ao bem, ele é subutilizado, ainda que isso não interesse a ninguém.

É o que ocorria no campo da biotecnologia nos EUA. Como muita gente tinha algo patenteado, criaram-se feudos sobrepostos. Se um cientista quisesse desenvolver uma droga ligada a um gene "com dono", precisava negociar com o detentor da patente. Como uma pesquisa típica envolve até centenas dessas negociações, muitos preferiam nem tentar.

Fez bem a Suprema Corte dos EUA ao decidir que genes que ocorrem naturalmente não são patenteáveis.

# DEMOGRAFIA DO NOBEL

Richard Dawkins criou celeuma ao tuitar: "Todos os muçulmanos do mundo têm menos Prêmios Nobel do que o Trinity College, em Cambridge. Eles já fizeram grandes coisas, mas foi na Idade Média".

Se a ideia era causar controvérsia, Dawkins até que pegou leve. Ele poderia ter estragado o feriado do Eid al-Fitr e quem sabe as negociações de paz entre israelenses e palestinos se, em vez de mencionar o Trinity College, tivesse falado nos judeus.

Os números impressionam: os muçulmanos receberam 10 láureas (1,2% do total); o Trinity College, 32 (3,8%); e judeus, nas contas da *Encyclopaedia Judaica*, 187 (22%). A comparação fica mais gritante quando se considera que os muçulmanos representam 23% da população mundial e os judeus, apenas 0,2%.

O que isso significa? Não sabemos bem. O que dá para dizer é que haveria aí um fenômeno intrigante a ser estudado, mas temos grande dificuldade para fazê-lo porque esse é um terreno politicamente minado, como Dawkins acaba de demonstrar.

Existem poucos estudos na área, como *Natural History of Ashkenazi Intelligence*, de 2005, que levantaram hipóteses genéticas interessantes e testáveis. A dificuldade é que esses trabalhos não têm sequência porque o assunto é tabu nos meios universitários. Pesquisadores morrem de medo de ser tachados de racistas, reducionistas e sabe-se mais o quê.

O problema aqui é o mito da *tabula rasa*, segundo o qual os homens nascem como uma folha em branco e as diferenças que acabam por desenvolver são fruto de condições externas. A ideia fez carreira entre pensadores de esquerda. Em vez de defender que todos devem ter os mesmos direitos, resolveram que a igualdade precisaria ser um dado da natureza. Só que não é. Se não existissem diferenças biológicas entre indivíduos e grupos de indivíduos, não haveria espécies nem evolução e não estaríamos aqui para discutir essas coisas.

# QUESTÃO DE IGUALDADE

De Barack Obama a Woody Allen, passando pelo black bloc, todo mundo resolveu imprecar contra a desigualdade. Há um interessante debate econômico sobre as repercussões sociais de diferenças crescentes entre a renda dos mais pobres e a dos mais ricos.

Para os teóricos mais à direita, a disparidade não chega a ser um problema. Desde que não haja miséria e os mais pobres tenham assegurada uma existência digna, a desigualdade funciona até como um motor da economia. É para comprar um carrão melhor do que o do vizinho que o sujeito se dispõe a trabalhar mais.

Economistas mais à esquerda, entretanto, afirmam que, quando a diferença entre a maior e a menor remuneração cresce demais, a mobilidade social fica emperrada, o que gera uma série de problemas. Sistemas que beneficiam apenas uma elite, além de fracassar em seu compromisso democrático, carregam as sementes de sua própria destruição.

Nessa discussão, sou agnóstico e penso até que os dois lados podem estar certos. Mas há uma questão anterior, como coloca o filósofo Stephen Asma em *Against Fairness* (Contra a equidade).

Para Asma, seres humanos estamos biologicamente programados para favorecer os próximos. O amor é discriminatório, diz. Se mães não protegessem suas crias, mamíferos e aves seriam inviáveis. Esse pendor simplesmente não combina com as exigências republicanas que nos impomos, ocasionando paradoxos. Acertadamente condenamos o juiz que contrata parentes para seu gabinete, mas também recriminamos o empresário de sucesso que deixa de empregar seu irmão necessitado.

Uma igualdade estrita exigiria que eu dê a meu filho o mesmo valor que atribuo ao filho de um desconhecido e que dispense ao mendigo o tratamento que concedo a um amigo. Para Asma, éticas consequencialistas, centradas na igualdade, têm algo de profundamente desumano.

# O MUNDO COMO ELE É

"Quem sai na chuva é para se queimar", dizia Vicente Matheus. Diante das críticas iradas que recebi por ter aventado a possibilidade de haver razões biológicas para explicar o número desproporcional de judeus entre os laureados com um Prêmio Nobel, lanço uma provocação.

Saiu na *Personality and Social Psychology Review* a primeira metanálise a avaliar estudos sobre inteligência e religiosidade. Miron Zuckerman e colaboradores compararam 63 trabalhos publicados entre 1928 e 2012 e concluíram que há uma correlação negativa entre habilidades cognitivas e o grau de crenças religiosas. Não é uma correlação muito forte – fica entre -0,20 e -0,25 para estudantes universitários e a população geral –, mas é significativa.

Segundo os pesquisadores, há três interpretações possíveis para esses achados. Pessoas inteligentes são menos conformistas e têm maior probabilidade de opor-se a dogmas. Elas também privilegiam o raciocínio analítico, não o intuitivo, o que mina crenças religiosas. Por fim, os mais inteligentes não têm tanta necessidade dos "produtos" que a religião entrega, como autocontrole e ligações que proporcionam segurança.

O que isso significa? Que precisamos pesquisar mais para descobrir qual (ou quais) das explicações é a que vale e para levantar e testar hipóteses alternativas. E, mesmo que chegássemos à improvável conclusão de que a melhor forma de promover a inteligência é fechando igrejas, isso de modo algum nos autorizaria a restringir cultos e perseguir padres. Só que o argumento para nos opor à redução de liberdades (e ao racismo, sexismo etc.) é moral e não baseado em pretensas realidades naturais, como a bondade intrínseca da religião ou a igualdade entre os homens.

Se queremos que a ciência tenha alguma utilidade nessa empreitada, pesquisadores devem ser incentivados a descrever o mundo como ele é, não como gostaríamos que fosse.

# CIÊNCIA E PRECONCEITO

Existem raças humanas? O grau de inteligência varia entre grupos étnicos? Um povo é melhor do que outro? Essas são perguntas difíceis, admito, e as respostas, se é que existem, podem ser ainda piores.

Evitamos esse tipo de questão por motivos nobres. A experiência histórica ensina que a combinação de estereótipos raciais e ambições políticas pode ter consequências terríveis, repugnantes mesmo. Mas, se nosso objetivo é conhecer o mundo como ele é, não como gostaríamos que fosse, não deveríamos nos deter diante de perguntas cujas respostas podem nos desagradar. Se essas perguntas levam à formulação de hipóteses em princípio falseáveis e ao alcance de testes empíricos, temos na verdade o dever de seguir com a investigação. Deixar de fazê-lo seria o equivalente sociológico de não realizar o exame de sangue para não correr o risco de descobrir uma hipercolesterolemia ou outro problema de saúde.

Confesso que preparei as peças munido de real *"animus cutucandi"*. Misturei deliberadamente Dawkins, muçulmanos, judeus, inteligência, religião e ateísmo, que são nitroglicerina jornalística. Mas, eterno otimista que sou, esperava ter de responder apenas pelo que afirmei, não por ilações construídas a partir de elementos externos aos textos.

Nunca propugnei pela supremacia judaica nem sentenciei que islâmicos são todos ignorantes. Tampouco sustentei que a genética explica todas as características humanas ou que a religião necessariamente torna as pessoas burras.

Isto esclarecido, passemos ao que eu efetivamente disse. Aproveitei a provocação de Dawkins aos muçulmanos e a ampliei, introduzindo os judeus e comparando desempenhos em relação ao Prêmio Nobel. Enquanto islâmicos receberam 10 láureas (1,2% do total), judeus, nas contas da *Encyclopaedia Judaica*, ficaram com 187 (22%). A diferença fica ainda maior quando se considera que os muçulmanos representam 23% da população mundial e os judeus, apenas 0,2%.

A partir dessa constatação, fiz apenas e tão somente duas proposições:

1. Estamos diante de uma anomalia estatística que merece estudo;
2. É difícil fazer pesquisas nessa área, sobretudo quando incluem hipóteses biológicas, porque ela é ideologicamente carregada.

Depois, mencionei um estudo que afirma existir uma correlação negativa entre habilidades cognitivas e grau de crenças religiosas. Aproveitei o gancho para lembrar que:

1. Posições liberais e contra a intolerância em geral devem sustentar-se em juízos morais, não em supostas propriedades da natureza.

Exploremos um pouco melhor os pontos levantados. O número de prêmios Nobel recebidos por judeus é desproporcional. Esse é um dado difícil de contestar. Podemos levantar um número quase infinito de hipóteses para explicar o fenômeno. A mais popular é, sem sombra de dúvida, a da educação. Judeus se sairiam bem na academia porque têm uma tradição milenar de estudo. Como essa é uma causa de origem ambiental que ainda fortalece o papel do ensino, é aprovada por todos quase automaticamente. É perfeitamente possível e até provável que esse seja um fator, mas daí não decorre que não existam outros.

Há também quem prefira afirmar que o Prêmio Nobel é essencialmente político e não tem nada a ver com inteligência. É inegável que o galardão tem sua dimensão política. Ela é especialmente forte (por definição) na premiação da Paz, um pouco menos na Literatura e menos ainda nas áreas científicas. Embora prestígio, indicações e conexões sociais sempre estejam a operar, a Academia Real de Ciências da Suécia e o Instituto Karolinska, que definem os ganhadores dos Nobel científicos, não são exatamente a Academia Brasileira de Letras. Para receber o galardão é preciso ter produzido uma obra importante (pelo menos sob os parâmetros da época em que foi selecionada). Apesar de um ou outro erro histórico, não é para qualquer um.

De toda maneira, judeus se saem bem também em outros indicadores de inteligência. Como escreveu Steven Pinker num artigo de

2006, "embora nunca tenham excedido 3% da população americana, judeus respondem por 37% das Medalhas Nacionais de Ciência dos EUA, 25% dos Nobel em Literatura recebidos por americanos e 40% dos vencedores de Nobel de Ciências e de Economia do país. No palco mundial, 54% dos campeões mundiais de xadrez tinham um ou dois genitores judeus".

Em termos de QI, o índice médio dos judeus *ashkenazim* (mais adiante vou explicar o que é isso) fica entre 108 e 115, o que representa algo entre meio e um desvio-padrão acima da média. Não é nada astronômico, o que significa que existe um bom número de judeus burros. A pegadinha é que uma diferença moderada na média se traduz em diferenças ainda maiores na cauda. Como explica Pinker, se em dois grupos do mesmo tamanho a turma A apresenta uma diferença de um desvio-padrão (15 pontos) na média em relação a B, então haverá 3 vezes mais representantes de A do que de B na população de pessoas com QI maior ou igual a 115. Mas, se formos procurar entre os que têm QI maior do que 160, isto é, a categoria dos Einsteins, haverá 42 membros de A para cada representante de B.

Outros críticos preferem simplesmente negar relevância aos testes de QI e ao próprio conceito de inteligência geral (g). É perfeitamente legítimo e provavelmente útil postular outros tipos de inteligência e tentar mensurá-las. Mas seria necessário um mar de evidências para derrubar o QI. Após mais de cem anos de mensurações e testes práticos, é quase consensual entre psicometristas e psicólogos clínicos que o teste tem validade. Há boa correlação entre QI, em suas variadas formas de aferição, e características como desempenho acadêmico, sucesso profissional, renda, saúde e até taxa de divórcio (caso em que a correlação é negativa). Pode não servir como um retrato perfeito de cada indivíduo em particular, mas no agregado funciona bastante bem.

Voltando às nossas hipóteses, causas ambientais como a da tradição do estudo, ou a das "*Yiddishe Momme*", são relativamente fáceis de aceitar. A porca torce o rabo quando alguém evoca uma explicação biológica, como fizeram Gregory Cochran, Jason Hardy, Henry

Harpending, da Universidade de Utah, em 2005, ao publicar *Natural History of Ashkenazi Intelligence*, e, mais recentemente, Charles Murray e Richard Lynn com trabalhos na mesma linha.

Antes de continuar, é preciso abordar uma outra crítica comum que é a de que judeus não constituem uma raça. De fato, não constituem. Judeus vêm em todos os formatos e sabores, dos judeus com origem na Europa Central, conhecidos como *ashkenazim* (que significa "alemães" em hebraico), aos que vieram da península Ibérica ou *sepharadim* (espanhóis), passando pelos judeus etíopes, iemenitas, persas, sem mencionar os convertidos.

Os trabalhos que trazem hipóteses genéticas tratam sempre dos *ashkenazim*. São eles que se saem especialmente bem nos Nobel e nos demais indicadores de inteligência. Mais importante, constituem um grupo étnico bastante característico, marcado por muitos casamentos consanguíneos e nos quais é anormalmente alta a frequência de doenças genéticas como Tay-Sachs, Gaucher e a mutação deletéria no gene BRCA1. Igualmente interessante, as duas primeiras moléstias afetam o metabolismo dos lipídeos, mais especificamente o armazenamento dos esfingolípideos, que, em modelos animais, se mostraram associados ao crescimento neuronal.

Se isso basta para caracterizar uma raça é questão aberta a debates (e que debates!). De um lado, há cientistas, encabeçados pelo biólogo Richard Lewontin, que sustentam que raças são meras construções sociais, fruto da imaginação de nossas mentes essencialistas sem significado biológico ou taxonômico. Do outro lado, estão autores como Anthony Edwards e Richard Dawkins, para os quais as categorias raciais têm algum valor informativo, já que existe correlação entre a frequência dos diferentes alelos de um gene numa população e a sua distribuição geográfica.

Não faria muito sentido falar em raça negra ou branca, já que são supercategorias que incluem um número muito grande de grupos, mas, se pensarmos em *ashkenazim* ou zulus, ou hausas e demais populações que tenham se mantido em relativo isolamento por alguns séculos, a coisa talvez mude de figura.

Bem, a hipótese polêmica aventada por Cochran e colaboradores é a de que as moléstias típicas dos *ashkenazim* são subproduto de genes que foram mantidos ao longo da história evolutiva do grupo porque foram selecionados por aumentar a inteligência. E, especialmente para os judeus europeus, que só podiam exercer determinados ofícios como o de banqueiros, comerciantes e intermediários, a inteligência tinha valor adaptativo.

A tese é controversa e pode estar certa ou errada. Mas ela é específica o suficiente para ser testável e, daí, corroborada ou falseada. Como observa Pinker, bastaria pegar um número grande de pares de irmãos em que um tenha a doença e o outro não e ver se o portador da moléstia (homozigoto) se sai melhor nos testes de inteligência. Se ele for mais burro, a hipótese será rejeitada.

E o problema é justamente que esse tipo de estudo é tabu. Desperta reações tão veementes que jovens talentos da psicologia, das ciências sociais e da genética preferem dedicar-se a áreas mais tranquilas. E não dá para recriminá-los por desejar uma carreira longa e segura.

Essa penumbra que paira sobre o assunto não tem muita razão de ser. Mesmo que concluamos que judeus e populações do leste da Ásia têm um QI superior ao do de outros grupos por razões biológicas, o que isso significa?

Não muito. É engraçado como não fazemos objeção a um juízo do tipo: negros são em média mais altos do que japoneses, mas basta alguém sugerir que os asiáticos tenham uma inteligência média superior à do grupo de ascendência africana para desencadear uma revolução. Só que médias são um conceito traiçoeiro. Representam um valor obtido a partir resultados válidos para vários indivíduos, mas que não podem ser extrapolados a nenhum indivíduo em particular. Homens são em média mais altos do que mulheres, mas não temos nenhuma dificuldade para encontrar uma mulher em particular mais alta do que vários homens. Na média, a humanidade tem um testículo e um seio.

O argumento contra o racismo, o sexismo e outras formas de intolerância deve ser moral, e não natural ou científico. Vamos supor que eu justifique a não discriminação contra gays com base na "evidência científica" de que o homossexualismo tem componentes genéticos e ambientais, não sendo, portanto, uma escolha que possa ser modificada. Imagine-se agora que alguém demonstre de forma insofismável que tais evidências estavam erradas. O que ocorre neste caso? A discriminação fica legitimada?

É errado prejulgar pessoas, de todas as cores e orientações sexuais, religiosas ou filosóficas, pela prosaica razão de que não gostaríamos de sofrer tal tratamento se estivéssemos em seu lugar, não porque a igualdade esteja inscrita na natureza. Não está. E o bônus adicional de aceitar essa regrinha, que Kant batizou de imperativo categórico, é que ficamos livres para investigar.

# EXPERIMENTAÇÃO ANIMAL

É moralmente lícito fazer experimentos com cães? A meu ver, a mais consistente defesa dos animais vem pelo pensamento de Peter Singer, que é um consequencialista radical, isto é, alguém para quem o valor de uma ação é dado não por princípios deontológicos, mas pelos resultados que produz.

Nesse contexto, agir moralmente é não infligir sofrimento desnecessário e maximizar o bem-estar. Isso já basta para legitimar experimentos que produzam mais bem do que mal.

Para Singer, tais considerações valem não só para o homem, mas para todos os seres sencientes. Daí não decorre que não exista diferença entre uma criança e um pernilongo. Há uma hierarquia entre os seres vivos, que é dada por sua capacidade de experimentar dor e por seu grau de consciência. Vegetais aparecem lá embaixo e mamíferos vêm no alto. Complicador: uma pessoa em coma pode valer menos que um cachorro saudável. Singer aceita bem isso.

Outro momento em que a porca torce o rabo para os consequencialistas é na hora de fazer as contas. Não é difícil admitir o sacrifício de algumas cobaias para encontrar a cura para uma doença fatal que afete milhões de pessoas. Mas e quando os valores envolvidos são mais etéreos? Quantas dores de cabeça humanas justificam matar um ratinho?

Não há resposta final. Para o vegetariano, abater um mamífero para comê-lo é errado, mas a maioria das pessoas e a totalidade das espécies carnívoras não pensam assim.

A meu ver, a posição ética aqui é tentar limitar cada vez mais experimentos fúteis, como os que envolvem cosméticos, e seguir adiante com aqueles que, um dia, poderão resultar em benefícios mais palpáveis.

Não há como avançar no conhecimento de doenças sem infligir sofrimento a cobaias. E não dá para invocar o consequencialismo, que funciona tão bem para estender considerações éticas aos animais, e jogar fora as partes que nos desagradam.

# RITMO DA EVOLUÇÃO

A evolução humana está em processo de aceleração ou desaceleração? A pergunta, que pode parecer de um academicismo meio bizantino, na verdade encerra uma ácida polêmica que cinde em dois o habitat dos biólogos.

O trabalho da brasileira Carolina Marchetto, que usou células embrionárias reprogramadas para mostrar que o homem está evoluindo de forma mais lenta que chimpanzés e bonobos, dá algum suporte para a hipótese da desaceleração, mas a questão está longe de resolvida.

Para os cientistas que se perfilam nesse grupo, o advento da cultura, com seus desenvolvimentos sociais e tecnológicos, nos tornou menos dependentes da genética. O paleontologista Stephen Jay Gould era um campeão dessa teoria. Para ele, não houve mudança biológica significativa nos últimos 40 mil anos.

Na outra ponta, pesquisadores como os antropólogos Henry Harpending e John Hawks e o físico Gregory Cochran sustentam não só que a evolução genética continua viva e atuante na humanidade como se acelerou nos últimos 40 milênios, especialmente desde o surgimento da agricultura, dez mil anos atrás. Essa teoria, embora longe de consensual, tem ganhado a simpatia de pesquisadores de várias áreas.

As conclusões desse grupo se baseiam principalmente em análises estatísticas de mutações observadas no genoma de diferentes populações humanas. Em suas contas, 23% de nossos genes estiveram sob pressão seletiva recente. No plano teórico, a ideia é que a concentração demográfica e a exposição a ambientes mais diversos favoreçem a evolução.

É cedo para cravar quem está certo. Mais trabalhos deverão ser produzidos e, pelo menos em princípio, as evidências podem resolver a questão. O complicador aqui é político. Evolução recente pode ser interpretada como sinônimo de raça, e este é um assunto que tende a ser especialmente explosivo na academia.

# DE RATOS E CÃES

"O coração tem suas razões que a razão desconhece", escreveu Pascal. O pensamento do filósofo se aplica bem aos paulistanos e seu amor pelos animais.

Segundo o Datafolha, 66% dos entrevistados se opõem ao uso de cães em pesquisas científicas. O índice baixa para 59% quando as cobaias são macacos, 57% caso sejam coelhos e apenas 29% se forem ratos.

Esses resultados, embora não surpreendentes, contrastam com o discurso dos ativistas, para os quais infligir sofrimento a bichos constitui um caso de especismo, delito moral que os militantes mais radicais equiparam ao racismo e ao escravagismo.

Em termos puramente filosóficos, esse é um raciocínio consistente, se aceitarmos as premissas consequencialistas de pensadores como Peter Singer, para o qual todos os seres sencientes são dignos de igual consideração. Se há uma hierarquia entre eles, ela é dada pela capacidade de sentir dor e prazer de cada espécie e indivíduo. Um ser humano vale mais que uma lesma; o problema é que os mamíferos, em geral, estão todos mais ou menos no mesmo plano.

Sob essa chave interpretativa, proteger cães em detrimento dos ratos constituiria especismo. Seria o equivalente de, na escravidão, defender a libertação dos nagôs e jejes, mas não dos hauçás e axantis, para citar alguns dos grupos étnicos entre os quais o Brasil fez mais vítimas.

O que a pesquisa Datafolha mostra, no fim das contas, é que as pessoas definitivamente não pensam por meio de categorias filosóficas.

Ao rejeitar a lógica consequencialista com base em emoções, o paulistano revela a principal dificuldade dessa matriz ética, que é exigir um igualitarismo tão forte que se torna desumano. Um consequencialista consequente, afinal, precisaria atribuir ao próprio filho o mesmo valor que dá ao filho de um desconhecido.

Não importa o que digam Singer e a filosofia, nos corações dos paulistanos um cão vale mais do que um rato.

# VOCÊ MATARIA O GORDÃO?

Para alguns, trata-se de uma praga que tomou de assalto a filosofia; para outros, é uma poderosa ferramenta que permite perscrutar os recônditos da psique humana. Falo da *"trolleyology"*, o nome dado aos dilemas morais propostos por Philippa Foot nos anos 1960 e desenvolvidos por outros autores.

Tomemos um exemplo. Uma locomotiva desembestada vai atropelar cinco pessoas que estão sobre a linha. Você tem a opção de acionar um dispositivo que faz com que o comboio mude de trilhos, e, neste caso, atinja um único passante. Você aciona a alavanca? Cerca de 90% das pessoas respondem que sim. É melhor perder uma vida do que cinco.

Vejamos agora uma variante do problema. Você está em cima de uma ponte e avista o trem desenfreado prestes a abalroar cinco caminhantes. A seu lado está um sujeito imenso, que, se lançado sobre os trilhos, teria massa para parar a locomotiva salvando os cinco. Você jogaria o gordão? Aqui, 90% respondem que não, embora, em termos puramente racionais, a situação seja a mesma: sacrificar uma vida para salvar cinco.

O filósofo David Edmonds acaba de lançar *Would You Kill the Fat Man?*, em que analisa vários desses problemas e tenta pôr um pouco de ordem não só nas contradições da mente humana, como também na cada vez mais volumosa (e às vezes tortuosa) literatura de dilemas morais.

Embora não traga nenhuma revolução interpretativa, o livro é divertido e informativo. Edmonds admite que esses experimentos mentais têm algo de *"fake"* – paradoxos de laboratório que não acontecem na vida real –, mas mostra que sua relevância está justamente nessa artificialidade. É ela que permite ao filósofo manipular as situações como um cientista e, assim, destrinchar as distinções morais relevantes para nossa espécie. Se há uma chance de a moral tornar-se uma ciência, na interface da filosofia, da psicologia e da biologia, é aí que vamos descobri-la.

# JORNADAS IMPROVÁVEIS

Por que os animais e as plantas estão onde estão? Por que há crocodilos em todos os continentes, exceto na Antártida, e o ornitorrinco está restrito à Oceania? Como cada ser vivo foi parar onde está?

*The Monkey's Voyage* (A viagem do macaco), do biogeógrafo americano Alan de Queiroz, conta várias histórias improváveis de como animais atravessaram oceanos em jangadas acidentais ou mesmo em icebergs e, de quebra, dá uma bela mostra de como funciona a ciência.

Ele mostra que, após a descoberta da deriva continental no início do século XX, foi ganhando aceitação entre os biólogos a tese de que a maioria das espécies esteve onde está desde sempre. Elas parecem hoje diferentes porque tiveram evolução distinta devido ao surgimento de barreiras naturais, como foi, por exemplo, a separação da América do Sul da África 184 milhões de anos atrás.

Nos anos 1970 e 1980, essa hipótese, elegante e de alto poder explicativo, era a dominante. Mas eis que surgiram os relógios moleculares, que permitem estimar a partir da análise de DNA quanto tempo atrás duas espécies se diferenciaram e os cientistas viram que as datas não batem. A separação entre macacos do novo e velho mundo, por exemplo, é mais recente do que a dos continentes.

E, como ensinava Sherlock Holmes, eliminando o impossível, o que quer que sobre, por mais improvável que pareça, deve ser a verdade. Se os macacos não estavam nos dois continentes desde sempre e hoje estão, forçosamente chegaram a um deles singrando mares. Aos poucos, a teoria de que o mundo de hoje foi colonizado através de fortuitas jornadas oceânicas, da qual Queiroz é um entusiasta, vai desbancando a anterior. Ao que parece, elegância e verdade, ao contrário do que os físicos gostam de acreditar, não estão necessariamente correlacionadas.

Igualmente interessante, o novo modelo, para horror de físicos e religiosos, reforça o papel do acaso.

# ABAIXO A SUSTENTABILIDADE

Sustentabilidade se tornou uma daquelas noções pelas quais nutrimos respeito quase religioso. Só um doido poderia ser contra a ideia de que devemos usar os recursos naturais com sabedoria, de modo a preservá-los e transmiti-los a nossos descendentes.

Bem, essa pessoa existe e não é tão fácil classificá-la como maluca. Trata-se do normalmente ponderado e sempre racional físico David Deutsch. Em *The Beginning of Infinity*, Deutsch defende a ideia de que a sustentabilidade é ruim para nós. É verdade que, para chegar a essa conclusão, ele redefine um pouco o conceito, mas seus raciocínios são engenhosos e merecem reflexão.

Para Deutsch, um modo de vida que favoreça a criatividade torna a sociedade insustentável. A descoberta de uma vacina eficaz contra vírus diarreicos, por exemplo, derruba drasticamente a mortalidade infantil, produzindo temerárias repercussões demográficas. O segredo é saber lidar com o novo problema.

Segundo o autor, apenas sociedades estáticas são sustentáveis, não para sempre, é óbvio, mas por períodos longos, medidos em vários séculos. A questão de fundo é que mais cedo ou mais tarde surgem problemas que não estavam no *script* e, diante deles, sociedades estáticas simplesmente sucumbem. O que caracteriza a civilização científica é sua capacidade de gerar problemas e resolvê-los à medida que surgem. Foi assim que evitamos fantasmas malthusianos como a superpopulação e a falta de alimentos. Para Deutsch, não há motivo para imaginar que não conseguiremos escapar também à mudança climática e o que mais vier.

No fundo, trata-se uma batalha entre visões de mundo pessimistas e otimistas. Para os primeiros, seres humanos são a doença e a sustentabilidade, a cura. Para otimistas como Deutsch, a sustentabilidade é a doença e o homem, com sua capacidade de resolver problemas, a cura.

# DE FUNERAL EM FUNERAL

A vitamina D cura ou não cura a esclerose múltipla? Vacinas podem causar autismo?

Numa perspectiva clássica, a ciência vai, a cada passo que dá, desnudando mais e mais a realidade e, com isso, nos aproxima da "verdade".

Na prática, não é impossível que isso ocorra, pelo menos para os que acreditam em realismo científico. Um bom exemplo é o das teorias atômicas. O primeiro a propor uma delas foi o filósofo grego Leucipo, no século V a.C. Ele se baseava apenas em suas próprias especulações. Depois, no século XVIII, já sob a vigência do método científico, os modelos ganharam apoio da empiria e foram aos poucos sendo aperfeiçoados. Thomson, por exemplo, o descreveu como um pudim de passas. Com Rutherford se tornou o esquema planetário, que ainda aparece em livros escolares. Depois veio a mecânica quântica e a coisa ficou mais difícil de ser representada com desenhinhos.

O ponto central, porém, é que essa descrição só funciona (se é que funciona) como reconstrução histórica de esforços coletivos – a ciência é uma empreitada social. No plano individual, isto é, na visão de cada cientista, idiossincrasias e pendores pessoais se tornam decisivos, o que leva até homens inteligentes a acreditar em coisas estranhas.

O psicólogo Michael Shermer propõe um modelo para explicar isso a que chama de realismo dependente da crença. O cérebro, sustenta o autor, é uma máquina de gerar crenças. Elas vêm em primeiro lugar; é só em seguida que elaboramos as explicações que as justificam. E, uma vez que as crenças estão formadas, o cérebro passa a procurar por evidências que as confirmem, desprezando as que as desmintam. Isso significa que, muitas vezes, nenhum nível de novas evidências fará um cientista desistir de um modelo no qual tenha um alto investimento emocional.

É por essas e outras que Max Planck certa vez afirmou que a ciência avança de funeral em funeral.

# CIÊNCIA E LIBERDADE DE EXPRESSÃO

Como qualquer outro empreendimento coletivo, a ciência só se materializa se houver comunicação entre as pessoas que dela se ocupam. Mas, mais do que a maioria dos empreendimentos coletivos, a ciência depende da crítica para avançar. O momento-chave da descoberta científica, como apontava Popper, é o erro. Um experimento que refuta uma teoria é muito mais informativo e, assim, decisivo, do que um que a corrobora.

Nesse contexto, é importante não só que cientistas possam criticar colegas e superiores, como também que tenham liberdade para desafiar os cânones estabelecidos. Até podemos conceber que a ciência seja produzida num cenário de censura a ideias, mas ela provavelmente caminharia de modo hesitante, preocupada em não desagradar aos poderosos.

Um bom exemplo disso é a biologia soviética. A URSS amargou décadas de atraso nesse campo pela simples razão de que ele foi profundamente influenciado pelo agrônomo Trofim Lysenko, o qual, mais por razões ideológicas que científicas, militava contra a genética mendeliana, já que nela não via muito espaço para as ideias socialistas de igualdade.

É claro que nem toda ditadura precisa ser tão ideológica quanto a Rússia stalinista. A China está aí para provar que mesmo regimes autoritários podem ser pragmáticos. Resta saber se isso é o bastante. Um grupo crescente de economistas aposta que, para um país prosperar de forma sustentável, é preciso que haja um fluxo constante de inovações e ganhos de produtividade que, em última instância, dependeria da liberdade política dos cidadãos.

# A MÃE-NATUREZA

O que move defensores dos direitos dos animais como o grupo que atacou uma fazenda de criação de chinchilas? Nosso primeiro impulso é afirmar que eles nutrem um respeito quase religioso pela natureza. Mas só imaginar isso já significa entrar num terreno pantanoso, no qual quase nenhuma de nossas intuições para em pé.

Para começar, é complicado falar em natureza. A menos que descambemos de vez para a religião, é difícil acreditar que ela tenha um plano para os seres vivos. Admitamos, porém, pelo prazer da discussão, que a gentil mãe-natureza atue teleologicamente. Neste caso, o desafio passa a ser identificar qual é seu objetivo. A perpetuação da espécie, se apressará em dizer o aluno aplicado.

Aceita a premissa, boas medidas do sucesso de uma espécie são a quantidade de indivíduos com o qual ela conta e também a sua distribuição pelo planeta. Por esses critérios, galináceos e bovinos estão entre os animais mais exitosos. Sua população se conta na casa dos bilhões – incomparavelmente mais do que a de bichos parecidos que originalmente ocupavam o mesmo nicho – e estão em todos os recônditos da Terra. Apesar do sucesso das duas espécies, a maioria dos indivíduos leva uma vida miserável, sendo criados em condições nada invejáveis e abatidos de forma cruel.

Isso ocorre porque a seleção atua primordialmente no nível dos genes. São eles e não os indivíduos que se perpetuam. E bois e galinhas só contam com superpopulações porque têm genes que os tornam facilmente domesticáveis e que deixam sua carne saborosa para o gosto humano.

O paradoxo aqui é que, na métrica da natureza, o indivíduo, por cuja libertação lutam os defensores dos animais, importa pouco. Na imagem consagrada por Richard Dawkins, indivíduos não passam de máquinas de sobrevivência para os genes. E o que é bom para o gene pode ser até mesmo péssimo para o indivíduo.

# VAI MORRER DE QUÊ?

Foi Arthur Schopenhauer quem afirmou que o homem está condenado a ser um eterno insatisfeito. Nós nos esforçamos e sofremos para tentar obter aquilo que desejamos, mas, quando finalmente conseguimos, o sentimento de satisfação é no máximo efêmero e, assim, mergulhamos no tédio, para dele sair apenas quando surge um novo desejo, num ciclo torturante que se repete ao longo de toda a vida.

A fim de não desmentir o filósofo, faço hoje uma análise pessimista dos avanços da medicina. Sim, é verdade que esse ramo do saber deu, ao longo dos últimos séculos, passos notáveis, que tiveram significativo impacto na saúde e na vida das pessoas.

Destacam-se aí as medidas de saneamento básico, que reduziram bastante as diarreias – historicamente as maiores assassinas de bebês –, vacinações e o advento dos antibióticos. Isso já bastou para mudar radicalmente o mapa da mortalidade. Em 1950, 40% dos óbitos no Brasil se deviam a moléstias infectocontagiosas; hoje, elas são menos de 10%. Em termos de expectativa de vida ao nascer, passamos dos 43,3 anos em 1950 para 73,5 em 2010.

Ótimo, não é mesmo? Sim, mas, como todos precisamos morrer de alguma coisa, quando tiramos as doenças infecciosas da frente, pulamos para o próximo item da lista, que são as moléstias cardiovasculares. Elas representavam 12% dos óbitos em 1950 e hoje são 40%. E a coisa não para aí. As causas cardíacas, em certa medida evitáveis com mudanças no estilo de vida, medicamentos e cirurgias, já vão perdendo espaço para outras moléstias, notadamente os cânceres, mas também demências, doenças que afetam a mobilidade e as várias enfermidades crônicas capazes de tornar nossa existência especialmente miserável.

Estamos ficando mais saudáveis, mas isso apenas nos empurra para mortes mais sofridas. Schopenhauer morreu do coração em 1860, aos 72 anos, sentado no sofá de sua casa com seu gato.

# ÉTICA EM PESQUISA

Foram pesadelos bioéticos reais que levaram à adoção de normas rígidas para regular experimentos com seres humanos.

Num dos exemplos mais infames da história recente, o governo norte-americano manteve até 1972 um programa científico que tinha o objetivo de avaliar a progressão natural da sífilis. Para tanto, privou durante décadas centenas de negros de tratamento com antibióticos. Os "voluntários" não apenas não receberam injeções de penicilina que os curariam, como nem sequer foram avisados de que tinham a doença.

Depois desse e de outros casos igualmente aterradores, não há como não defender que os padrões para pesquisa com cobaias humanas sejam rígidos e incluam itens como o consentimento esclarecido e a comunicação obrigatória do diagnóstico.

Daí não decorre, porém, que reguladores não tenham exagerado. Hoje é muito difícil, por exemplo, conseguir autorização para colher dados nos milhões de prontuários médicos guardados em hospitais sem obter antes o consentimento de cada paciente ou de seus responsáveis. E essas informações, quando consideradas no agregado, contêm respostas para dúvidas sobre tratamentos que poderiam salvar muitas vidas. Está tudo lá, mas não podemos olhar.

E o problema não está restrito à medicina. Os padrões éticos mais elevados foram estendidos a outras áreas do conhecimento. Ficou complicado, ainda que não inteiramente proibido, obter de algum comitê de ética autorização para mentir para os voluntários. Em princípio, faz todo o sentido. Mas, em campos como a psicologia, pesquisas relevantes e com baixo potencial de dano para as cobaias podem estar sendo deixadas de lado.

Testes que se revelaram capitais para compreender melhor a natureza humana, como os célebres experimento de Milgram ou o da prisão de Stanford, dificilmente seriam aprovados nos dias de hoje. Será que não estamos perdendo algo?

# MEZZO GENES, MEZZO AMBIENTE

Um dos mais polêmicos subprodutos da biologia é o debate sobre o peso dos genes e o do ambiente nas características humanas. Até algumas décadas atrás, o embate era essencialmente ideológico. Enquanto a esquerda apostava todas as suas fichas na maleabilidade das pessoas, cuja índole poderia ser melhorada através de obras de engenharia social, a direita advogava por uma espécie de natureza humana imutável e, em geral, meio ruinzinha.

À medida, porém, que dados empíricos foram surgindo – principalmente através de estudos que comparam pares de gêmeos monozigóticos (geneticamente idênticos) com dizigóticos (que partilham em média 50% do DNA) –, as posições mais extremadas ficaram insustentáveis. As pesquisas mostravam que tanto a genética como o ambiente importavam para quase todas as características estudadas. Faltava apenas estabelecer com mais precisão o peso de cada um.

Não falta mais. Saiu há pouco na *Nature Genetics* uma grande metanálise que avaliou 2.748 estudos com gêmeos publicados nos últimos 50 anos, envolvendo nada menos do que 14.558.903 pares de irmãos e 17.804 características, e concluiu pelo empate. Considerados todos os traços, o grau de hereditariedade verificado, isto é, a parte atribuível aos genes, ficou em 49%.

Obviamente, isso significa que 51% de todas as características humanas que cientistas já se interessaram em medir podem ser tributadas ao ambiente. A má notícia para os fãs da engenharia social é que o ambiente compartilhado, isto é, fatores sobre os quais teríamos algum controle, como escola, atitudes dos pais etc., não parecem desempenhar um papel muito importante. Ao que tudo indica, bem mais relevante é o ambiente não compartilhado, que é uma grande nuvem de mistério que inclui desde elementos da vida intrauterina até as forças do acaso.

# DISCOS VOADORES E ABDUÇÕES

Discos voadores existem? Para responder a essa pergunta, é preciso antes definir se há ou não vida em outros planetas. Como enviamos nossas sondas a pouquíssimos mundos, nós não sabemos. Ainda assim, boa parte dos pesquisadores, na esteira dos astrônomos Carl Sagan e Frank Drake, tende a achar que a vida é relativamente abundante no Universo. Os elementos que possibilitaram sua formação na Terra, afinal, estão presentes em toda parte.

E quanto à vida inteligente? Como mostrou Peter Ward, a ocorrência de vida multicelular (pré-requisito da inteligência) depende não só de química, mas também de uma combinação de fatores astrofísicos e geológicos que tende a torná-la muito mais rara. Some-se a isso a vastidão do Universo e pode-se especular que, ainda que existam outras civilizações, elas podem estar tão longe que qualquer contato é impossível.

De toda forma, a ciência não pode em princípio excluir a possibilidade de que alienígenas inteligentes existam e visitem nosso planeta. Mas os ETs fazem isso? Aparentemente, não. Nos anos 1960, após estudar dezenas de relatos de óvnis, a Universidade do Colorado publicou um relatório no qual afirmava que não valia a pena seguir pesquisando esse tipo de fenômeno, que envolve sempre uma interpretação errônea de eventos atmosféricos ou artefatos voadores *made in Earth*. A conclusão foi referendada pela Academia Nacional de Ciências dos EUA.

Isso significa que todas as pessoas que dizem ter sido abduzidas são malucas de carteirinha? Talvez não. O que psicólogos que estudaram esses casos concluíram é que abduzidos provavelmente viveram uma alucinação indistinguível da experiência real. O cérebro é definitivamente um órgão bastante improvável.

# VERDADES DIETÉTICAS

O homem é aquilo que come. No original alemão de Feuerbach, *"der Mensch ist, was er isst"*, a frase se torna ainda mais saborosa, já que "é" (*"ist"*) e "come" (*"isst"*) têm a mesma sonoridade, evocando o bíblico "ele é aquele que é". O problema é que simplesmente não é verdade que sejamos o que comemos. Dietas, como mostra Alan Levinovitz, em *Gluten Lie* (A mentira do glúten), são terreno mais favorável à divulgação de teses religiosas do que de teorias científicas.

Levinovitz sabe do que fala. Ele, afinal, é especialista em história das religiões. Embora não seja expert em nutrição, fez a lição de casa, entrevistando cientistas, médicos e psicólogos. O que mais impressiona no livro é justamente a recorrência dos mitos.

Anunciado como nova verdade dietética, o perigo do glúten, por exemplo, encontra precedente nas exortações de monges prototaoístas chineses que prometiam a imortalidade para quem adotasse alimentação livre de grãos. Isso se repete com todos os vilões, dos glutamatos, à gordura saturada, passando por açúcar e sal. Tudo o que você puder imaginar já foi demonizado por alguma seita – e alguma dieta moderna.

A diferença é que agora a condenação moral vem revestida de discurso científico. Qual a evidência de que façam mal? De modo geral, não muita. É claro que, se você tiver doença celíaca, não pode comer glúten. Se for hipertenso, deve evitar o sal. Mas, para pessoas sem moléstias como essas, ou seja, a maioria da humanidade, nenhum alimento é venenoso.

Levinovitz talvez exagere ao exigir que toda recomendação, além de comer com moderação, esteja amparada em sólida evidência estatística. Para ele, a ciência da nutrição é tão complexa, e os efeitos deste ou daquele alimento sobre a saúde tão modestos, que dificilmente saberemos ao certo o que faz bem e o que faz mal. Pode ser, mas, se ele estiver errado, antes de contar com dados irrefutáveis, teremos indícios críveis.

# Créditos dos artigos

Os textos integrantes deste livro foram, em suas versões originais, publicados no jornal *Folha de S.Paulo* ou no blog do autor hospedado no site do mesmo periódico, nas datas indicadas abaixo.

**LIBERDADE**

O novo moralismo, 11/12/2012

A ética como meio, 05/02/2013

Às favas com a autonomia, Blog, 21/03/2013

O ovo da discórdia, 22/03/2013

*Big Data*, 31/03/2013

O suicídio, 17/04/2013

À flor da pele, 24/04/2013

O fulcro da questão, 01/06/2013

A lei, ora, a lei..., Blog, 06/06/2013

Liberdade de expressão, 18/10/2013

Paternalismo libertário, 21/12/2013

A vida que queremos viver, 25/12/2013

Cigarros genéricos, 03/01/2014

Limites do humor, 22/01/2014

Tolerar a intolerância, 11/02/2014

Maconha pelas razões erradas, 21/02/2014

Empáfia hipocrática, 04/04/2014

Ainda pior, 16/04/2014

Aborto e violinistas (publicado originalmente como "Aborto, eleição e violinistas"), 23/04/2014

Questão de responsabilidade, 25/04/2014

Entre a lei e a moral, 02/05/2014

O *big data* e o futuro, 27/04/2014

Lei dos zoos, 29/06/2014

Propaganda infantil, 02/07/2014

Balbúrdia teológica, 16/08/2014

Questão de sangue, 20/08/2014

Disposições finais, 08/11/2014

Uma defesa do insulto, 11/01/2015

E o amor?, 14/02/2015

Hipocrisia uterina, 13/05/2015

Do direito de morrer, 05/07/2015

Receita de fracasso, 19/08/2015

Igualdade no século XXIII, 30/09/2015

Da soberania do indivíduo, 24/10/2015

*Día de muertos*, 01/11/2015

Deu zika, 12/01/2016

## RELIGIÃO

Solidariedade tributária, 01/02/2013

A fé verdadeira, 12/02/2013

Missa em latim, 19/02/2013

Quantas divisões tem o papa?, Blog, 14/03/2013

A religião tem futuro?, 19/03/2013

Religião, homossexualismo e racismo (publicado originalmente como "O caso Feliciano"), Blog, 11/04/2013

O mal, 23/04/2013

Uma era secular, 26/07/2013

O lugar da alma, 08/09/2013

O fim de uma religião, 22/12/2013

Amarrados ao púlpito, 05/01/2014

Logicamente impecável, 02/02/2014

Pedofilia na Igreja, 14/02/2014

Uma história do ateísmo, 30/03/2014

Santo, santo, santo, 12/04/2014

O milagre da santidade, 04/05/2014

Gente do mal, 12/08/2014

Deuses alheios, 28/09/2014

Só uma teoria, 02/11/2014

Viva a avacalhação, 09/01/2015

Flagelo de Deus, Blog, 28/04/2015

Má-fé, 10/05/2015

Laico, *"ma non troppo"*, 21/06/2015

Estupro divino, 15/08/2015

A moral de Deus, 14/11/2015

A moral do terrorista, 18/11/2015

*Paradise now*, 20/11/2015

## HISTÓRIA

As entranhas da História, 13/02/2013

O continente selvagem, Blog, 04/04/2013

Santos e diabos, 10/04/2013

Destruição criadora, 14/04/2013

Traidor ou herói?, 30/06/2013

Lentes da História, 28/08/2013

As forças da História, 02/10/2013

Jesus, o homem, o mito, 27/10/2013

Culto a Mao, 28/12/2013

Comércio e solidariedade, 07/01/2014

Efemérides, 23/03/2014

Choques tecnológicos, 18/06/2014

Batalhas perdidas, 31/08/2014

Prisioneiros do tempo, 14/09/2014

Cristo e a escravidão, 17/09/2014

Uma defesa da desigualdade, 14/06/2015

Ironias da História, 30/06/2015

A uberização do mundo, 12/09/2015

Caça aos racistas, 13/12/2015

Trajetórias exemplares, 15/03/2013

## POLÍTICA

Comércio de facilidades, 14/12/2012

Favelas rurais, 15/02/2013

O conluio, 23/03/2013

Esquerda, volver, 09/04/2013

O nepotismo e o amor, 27/04/2013

Abaixo os vices, 14/05/2013

Virtudes e vícios da democracia, 04/06/2013

Cuidado com o que deseja, 28/06/2013

Imigração, um debate irracional, 11/10/2013

Mal do século, 03/11/2013

Questão de isonomia, 05/03/2014

O que faz um povo?, 07/03/2014

Desafios do feminismo, 14/03/2014

Porta de saída, 28/03/2014

Valores democráticos, 01/04/2014

Morte e impostos, 12/07/2014

Excesso de Estado, 17/08/2014

O peso das instituições, 09/11/2014

Direita ou esquerda?, 20/03/2015

Ditaduras dão certo?, 25/03/2015

Feliz dia da mentira, 01/04/2015

A terceirização e as vacas, 11/04/2015

Entre ficção e realidade, 22/04/2015

Limites da lealdade, 17/04/2015

Reação irracional, 24/05/2015

Polícia do mundo, 29/05/2015

Compromisso com o acerto, 02/06/2015

Fóssil do autoritarismo, 17/06/2015

Mania besta, 01/07/2015

Soluções e problemas, 28/08/2015

A foto, 05/09/2015

Medo de cara feia, 13/09/2015

## VIOLÊNCIA

Guerra a distância, 06/02/2013

Foi sem querer!, Blog, 28/03/2013

Maioridade penal, 12/04/2013

Os menores e as penas, Blog, 18/04/2013

Um caso de fracasso, 27/09/2013

Suspeitos de sempre, 08/11/2013

Especulação precoce, 16/02/2014

Escolas do crime, 18/02/2014

Respostas ao racismo, 11/03/2014

Veemência e ignorância, 19/04/2014

Massacre por uma bagatela, 21/06/2014

A biologia da punição, 24/08/2014

Derrota certa, 26/08/2014

Civilização ou barbárie, 22/11/2014

O racismo e a Justiça, 06/12/2014

Faces do racismo, 13/12/2014

Todos contra todos, 09/12/2014

Reforma da polícia, 12/12/2014

O dilema do pau de arara, 14/12/2014

Policiando o futuro, 28/02/2015

Com pena dos menores, 18/04/2015

Chacina altruísta, 25/08/2015

## COMPORTAMENTO

Lancheiras caninas, 17/02/2013

Lições de Santa Maria, Blog, 07/02/2013

Esteira de eufemismos, 01/03/2013

Em defesa do homossexualismo, 27/02/2013

A eternidade das pirâmides, 24/03/2013

Abaixo a igualdade, Blog, 25/04/2013

O cérebro farsante, 04/08/2013

Racismo em evolução, Blog, 16/05/2013

Propriedade e moral, 18/08/2013

Revolução silenciosa, 24/09/2013

O misantropo e o trânsito, 16/10/2013

Memórias, 29/10/2013

Corrupção com limites, 13/11/2013

Carnívoros renitentes, 04/12/2013

Um lugar para Mandela, 15/12/2013

Tribos morais, 26/01/2014

Raça e sucesso, 18/05/2014

Cotas femininas, 28/06/2014

Otimismo e pessimismo, 01/10/2014

Defesas patogênicas, 22/10/2014

Exercício da virtude, 14/11/2014

O tal de mercado, 25/11/2014

Multas, cultura e corrupção, 16/12/2014

Ideologia e saúde, 08/02/2015

A cultura do bode, 03/03/2015

Você roubaria se fosse senador?, 06/03/2015

Discriminação invisível, 08/03/2015

Desigualdade e inveja, 15/03/2015

Neutralidade de gênero, 29/03/2015

Dinheiro compra felicidade?, 10/04/2015

No fundo dos teus olhos, 01/05/2015

Injustiça patente, 20/09/2015

*Ai dona fea!*, 04/10/2015

A economia do logro, 11/10/2015

## EDUCAÇÃO

A ideia de infância, 18/12/2012

Contra o hiperativismo parental, Blog, 08/01/2013

O valor do diploma, Blog, 28/02/2013

Conversando com os mortos, 14/6/2012

Cultura matemática, 06/04/2013

A medida das cotas, 30/04/2013

Ficção universitária, 10/09/2013

Lagosta no bandejão, 04/10/2013

Gratuidade suspeita, 11/12/2013

Por que educação é importante?, 08/01/2014

Onde está o mérito?, 19/02/2014

Não há almoço grátis, 04/06/2014

Subornando os alunos, 27/08/2014

Gargalo da educação, 11/10/2014

Pátrio poder, 07/12/2014

O caminhão da mudança, 08/05/2015

O ranking do Enem, 24/12/2014

Entre a lei e a escola, 14/01/2015

Omissão de socorro, 20/02/2015

O valor dos valores, 21/02/2015

A mágica da reprovação, 13/06/2015

Ideologia de gênero, 26/06/2015

## CIÊNCIA

Origens da moral, 02/12/2012

Raça e genes, 26/12/2012

O pastor e os gays, 23/02/2013

Apelo à natureza, 06/03/2013

Chippy e os economistas, 05/05/2013

O fim dos peixes, 19/09/2013

A unificação, 26/05/2013

A luz da evolução, Blog, 13/06/2013

Os sibaritas e as patentes, 22/06/2013

Demografia do Nobel, 10/08/2013

Questão de igualdade, 11/08/2013

O mundo como ele é, 13/08/2013

Ciência e preconceito, Blog, 22/08/2013

Experimentação animal, 22/10/2013

Ritmo da evolução, 26/10/2013

De ratos e cães, 30/10/2013

Você mataria o gordão?, 29/12/2013

Jornadas improváveis, 01/03/2014

Abaixo a sustentabilidade, 16/03/2014

De funeral em funeral, 14/06/2014

Ciência e liberdade de expressão (publicado originalmente como "Ciência e liberdade"), 08/10/2014

A mãe-natureza, 29/10/2014

Vai morrer de quê?, 30/11/2014

Ética em pesquisa, 22/03/2015

*Mezzo* genes, *mezzo* ambiente, 31/05/2015

Discos voadores e abduções, 16/06/2015

Verdades dietéticas, 16/08/2015

# O autor

**Hélio Schwartsman** é bacharel em Filosofia e jornalista. Na *Folha de S.Paulo* desde 1988, já ocupou diversos cargos. Em 2008-2009, foi *fellow* na Universidade de Michigan.

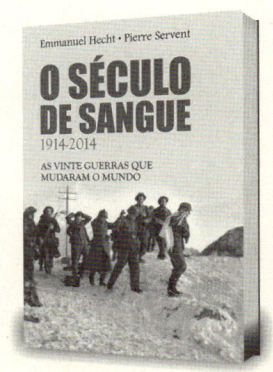